一线视频人手记

未来3年，
短视频这么想这么做

朴某不才
赖俊宏

◎ 著

中国铁道出版社有限公司

CHINA RAILWAY PUBLISHING HOUSE CO., LTD.

内容简介

　　本书聚焦于短视频创作，由一线短视频团队资深从业者亲笔撰写。书中不仅有对短视频领域前瞻性的观点，也包含自我提升与学习心法，更有从0到1打造爆款短视频的制作技法，通过实战案例全方位解读短视频的内容创意、生产、运营，让读者切实了解一线短视频公司的工作流程。

　　本书取材新颖，案例丰富，把握短视频发展前沿，内容通俗易懂，图文并茂，有较强的操作性和指导性，适用于内容营销的品牌方和企业主、专业短视频制作团队、自媒体创业者及个人短视频制作者等。

图书在版编目（CIP）数据

　　一线视频人手记：未来3年，短视频这么想这么做 / 朴某不才，赖俊宏著 .—北京：中国铁道出版社有限公司，2021.9
　　ISBN 978-7-113-28012-3

　　Ⅰ.①一… Ⅱ.①朴… ②赖… Ⅲ.①网络营销
Ⅳ.① F713.365.2

　　中国版本图书馆 CIP 数据核字 (2021) 第 104691 号

书　　名：一线视频人手记：未来 3 年，短视频这么想这么做
　　　　　YIXIAN SHIPINREN SHOUJI: WEILAI 3 NIAN, DUANSHIPIN ZHEME XIANG ZHEME ZUO
作　　者：朴某不才　赖俊宏

责任编辑：张亚慧　　　编辑部电话：（010）51873035　　　邮箱：lampard@vip.163.com
编辑助理：张秀文
封面设计：宿　萌
责任校对：焦桂荣
责任印制：赵星辰

出版发行：中国铁道出版社有限公司（100054, 北京市西城区右安门西街 8 号）
印　　刷：三河市兴达印务有限公司
版　　次：2021 年 9 月第 1 版　2021 年 9 月第 1 次印刷
开　　本：700 mm×1 000 mm 1/16　印张：19　字数：351 千
书　　号：ISBN 978-7-113-28012-3
定　　价：79.00 元

抱歉，我们不一样

嗨，你是谁

揣着钱准备入局短视频领域的创业者？想要在行业新风口中更清楚方向的营销人？不甘在风口时期落后的传统企业主？好奇同行都在说什么的短视频从业者？又或者只是单纯对短视频行业感兴趣的普通人？

无论你是哪一类，这本书正是给你们准备的。

我们是一群从业时间不算太短的短视频人，来自一家叫作"来画"的互联网公司。如果你对国内的短视频行业有些了解，也许听说过我们。

来画是全球数字创作创意平台领域的先驱，推出了国内首款动画短视频创作平台、全球首款短视频协同办公应用平台，帮助过许许多多非专业的个人与企业实现像做PPT一样简单快速制作短视频，并利用它对外营销、对内办公。自2015年至今，已在整个互联网拥有2 000多万注册用户。

同时，利用这一生产力之便，我们很早便组建"来画梦工厂"，进入创意内容营销领域；从商业短视频策划与制作到基于抖音、哔哩哔哩等平台的账号孵化均已落阵。星座自媒体大号《同道大叔》的视频化转型、新华社改革开放40周年献礼刺绣动画《绣华年》、刷屏级系列科普书《世界杯球迷指南》、影响24国的《画说战"疫"》公益防疫科普系列短视频、千万级虚拟IP短视频流量矩阵……这些作品的背后无不站立着我们的团队。

在过去的五年中，我们见证了短视频行业在中国的大爆发，并深刻参与到其中，成为为数不多的在内容、技术、运营、经济、工具、教培这几项短视频行业细分科目中均有深度耕耘的团队。

问题来了：有这么多主业要做，我们为什么还要分出神来写这本书呢？关于这本书的创作缘起就说来话长了……

当下短视频领域正是人人瞩目的风口，于是市面上的相关书籍自然少不了。但如果你是个足够细心的人，就会发现这些图书的作者有的是培训机构人士，有的是职业作者，有的是媒体营销人，但真正的短视频行业一线从业者却寥寥可数；而在有限的从业者中，也多是因为半路出家而不具备长期积淀的经验和足够宽广的行业视野。

本事从来都是练出来的，而不是看出来的。当作者普遍缺乏足够的经验与洞察力，写作的内容是很难不出问题的。

于是我们发现不下数十种短视频的图书，这些图书往往有着差不多的结构、差不多的内容，仿佛一个老师教出来并且发过标准答案一样。仔细一看，许多相互因循的答案又往往似是而非、经不起推敲。

短视频不是那种客观精确的学问，对于和它有关的各种问题谁都可以出来谈一谈。大家各自抒发观点本来无可厚非，但如果笼罩火爆的短视频知识市场的总是这些来源不明、似是而非的观点，那就有问题了。

而想要解决这个问题，只有真正一线的业内人士多表达、多发声这一个办法。在此之前我们也询问过一些业内优秀同行有没有写作这方面书的打算，但大家有的是因为工作繁忙闲暇时间太少，有的是因为团队长于行动但不善于写作，有的则单纯不愿意写作，总之愿意行动的并没有多少。

于是我们决定自己做，作为热爱短视频行业的一分子，我们有义务站出来，分享作为从业者的经验、建议和我们的从业心得体会。

对于这个行业，我们首先是驻守一线的"老兵"，其次才是这本书的作者。所以我们这本书的呈现必须是丰富经验下的知识观点与浅显通俗的平易表达同时具备的，既能满足"小白"建立认知的需要，又能与行业内的朋友们切磋探讨。

所以，也许这本书和你翻过的大多短视频书都不太一样，如果你想找的只是一本普普通通、随便就能阅读的工具书……我们得先说三声："抱歉！"

1

［抱歉，"百度"上的东西，我们不搬运］

当然，这句话不是针对百度，我们想表达的是这本书我们绝不用"搬运"的方式来创作。

因为在短视频图书的海洋，用搬运法来写书再常见不过了。一如我们上面所讲的，缺乏足够的积累和经验是目前大多数作者的通病，单靠"看"和"想"来写一本书，确实很难写出优秀的作品。

讲一个有趣的故事吧：在一次线下分享的中场休息中，一个听众热情地来找我聊天，并告诉我她很早以前就在一本短视频书的推荐下成为"来画动画"的用户。我很好奇是哪位作者这么热心地帮我们做推广，她说回头找过来给我看。

当天晚上，她拍了几幅照片发给我，我看到上面写着"月薪3万的运营人都在用的三款动画软件"，其中介绍了我们的软件和另外一款软件。看到这里我突然哭笑不得，除了是因为从介绍上就不难看出这个作者根本就是在没有用过我们软件的情况下乱讲，我还似乎知道了这段内容的来源……

提醒我的是"月入3万"这几个大字，因为一个小段子的缘故我对此印象格外深刻。

大概几个月以前我偶然在抖音刷到了一条"干货"分享短视频，标题就是这几个字，视频紧接着的就是一段关于我们产品宣传片的剪辑。我当时觉得有趣，就把它发到了公司群里，和同事们调侃道："咱们研发团队的小伙伴们工资都没能月入3万，真羡慕我们的用户"。结果紧跟着，同事们一个接一个地发进来了各种视频，不同的账号、不同的达人，但是讲的都是一样的内容，只是有的推荐两款、有的号称学会可以月入10万……

从这个案例就能看出，从视频、课程到图书，短视频教培市场上的搬运行为有多普遍了。

而除了这些"无脑搬运"的选手，还有一些职业写书的高手，他们的操作就相对有水平了。这些人会运用一种叫作"结构化写作"的方法：先靠着强大的逻辑快速拉出一套面面俱到、巨细无遗的宏大框架，然后靠现搜、现学、现搬来填充内容。

这样做出来的东西是"编辑出来的"而不算"写出来的"。如果说有什么价值，那应该就是它们的搜罗之功了，这些编者成体系地帮助读者整理了许多天南海北的知识和观点，省去了他们自己查资料的时间。但关于"内容是否具有价值"这一致命的问题显然还是没有办法解决，毕竟作者自己都缺乏辨别和验证信息价值的足够资历。

但这本书不一样。作为真正在行业一线打拼并仍在坚守的人，我们有着许多旁人轻易无法掌握的东西：

首先是知识。我们所写的几乎都是我们公司成立以来几乎每天都要去实践、去思考的东西，如果它不靠谱，我们自己首先要遭殃。它们不见得绝对正确，但一定是从实践中来到实践中去的，并且支撑过一个认真的团队挨过了5年。

其次是视野。 外行看热闹、内行看门道；外行看局部、内行看全盘；外行看一时，内行看十年；外行听舆论，内行靠践行。

再次是经验。 无论是搞定具体操作的问题，还是了解各色人群的想法，解决他们关于短视频的问题和满足他们的诉求，我们都擅长且熟悉。我们清楚在这个行业的各种说法中哪些是重要但是被轻视的，哪些是原本简单却被搞复杂了的，哪些是精力有限的情况下是最低限度要掌握的，哪些是持续留心可以带来复利效果的。

最后是技巧。 我们每个部门都有常态的内部培训，没有套话、空话，只讲实际问题；我们有许多"休息"的小技巧，保证我们在连续加班几天后的"宕机续航"下也能平稳输出；我们也有着各式各样的"新人法则"，看似机械地规定许多不可理喻的制作细节（比如不准用纯黑和蓝色），但实际却是适用于大多数作品并能保证让普通人在达到80分前至少不跌破60分。

上面的各种成果，我们都会转化成知识点在接下来向大家介绍。这些基础知识早在决定创作这本书之前便已存在，所以我们不会纸上谈兵，也不需要东拼西凑。用真的东西和真的求知者对话、切磋，是我们创作本书最大的心愿。

2

［抱歉，我们不打算谈论任何"捷径"］

上面提到我曾经邀请过许多优秀的短视频同行创作发声，其中有一位朋友来自国内知名的MCN机构，一手打造的4名千万级粉丝达人都被大众熟知并在细分领域稳稳占据头把交椅，在我看来，年轻、深刻、健谈的他非常适合进行这样的分享。

然而我还是遭到了他的婉拒。紧接着他开始陈述具体原因，显得格外认真：

在他看来，现在的短视频图书市场就是个"韭菜天堂"，充斥着人工的焦虑、浅薄的观点、搬运的内容。这一切的制造者就是我们一直在提的外行作者们，他们中的许多曾在各个领域当过"专家"：成功学、执行力、微商、区块链、短视频、直播……总之什么东西火，他们就会在那个领域迅速拥有"资深经验"和"成功案例"，然后用最快的速度发文、讲课，打着"速成""秘籍""玩赚"的名义把知识包装成无脑消化的快餐……总之割韭不辍，只争朝夕。

而在这些"韭农"的辛勤培育下，这片土地上的"韭菜"也不负众望、长势喜人。不管多么不靠谱的观点，只要包装得法也还是有人相信这就是一条"捷径"；而当讲的人越来越多，这样的听众也就跟着多起来了。于是在短视频这个风口覆盖的市场，"割韭菜"成了最主要的事，反而和这个行业专业的从业者没有多大关系了。

对于这个情况，短视频业内人不是没有关注，事实上很早便有一些朋友在公众号、微博、知乎等各个场合抨击过这种行为，但并没能改变什么，于是渐渐使短视频行业和短视频图书市场成为两个"平行世界"。

所以对于出书表达，他觉得并没有必要：

"有一种围城，不管城外的、城里的都不愿到城墙对面去，这时强行拆掉中间的墙就非常多余"，"对于只想要简单速成的人，掏心掏肺的良心之谈反而会给他/她们添堵，所以还是让'韭菜的归韭菜，专业的归专业'，大家都痛快"。这是他让我印象最深的两段话。

坦白地讲，他不是这个行业中唯一这样讲的人，用这个理由拒绝我的他也不是第一个。但他诚恳的态度让这些话格外触动到了我的神经，因为我深刻感受到了这背后的无奈。

只是面对现状上的共识，我们却仍然选择了坚持发声。之所以和朋友们的选择不同，是因为我们相信，"韭菜"读者不代表短视频读者的全部。

愿通过阅读图书来解决疑惑的人是可贵的。公众号、问答、帖子、短视频这些碎片式的知识渠道已经可以解决许多问题，但他们仍愿选择图书，是因为他们仍然相信这里能够获得更成体系、更有质感、写作者更负责任的内容。

对于这些人中的大多数，我不相信他们会从骨子里相信捷径的存在。也许他们会因为本身不够了解短视频而会被一些玄虚的说法一时唬住，但这并不代表他们就甘于成为他人的"韭菜"。

当他们目力所及的满是千篇一律的谬误、过度包装的常识和看似正确的废话，想要不中招就只有绕道而行。但无论怎么选择，我们相信：有分量的知识、有质量的观点、有效果的技巧，一定始终是图书读者们不会泯灭的追求，无论是"被韭菜"的还是暂时避而远之的那些人。

所以，在这本书里不讲"从零基础到精通"、不讲"从小白到高手"，也不讲"108招玩转"，我们只来有一说一地贡献朴素的认知和建议。其中的内容有复杂的也有容易的、有能取巧的也有必须硬啃的、有眼下必须开始做的也有建议慢慢沉淀厚积薄发的……总之不故弄玄虚，也不恶意简化，尊重每个问题和它自然的解决之道。

没有别的——敬畏专业、敬畏知识，也敬畏读者。

3

［抱歉，入行5年，很多事上我们都想"抬抬杠"］

当书稿完成大半的时候，我们突然发现了一个问题：我们似乎不是一个平和的阐述者。

文学理论讲"不平则鸣"，想必我们正是如此，有太多想吐槽的、想纠错的、想讲述的长久以来郁积于心，于是在下笔的时候就不自觉地喷涌而出了。

本来想扮演个温文尔雅的讲述者，结果不小心就成了一个犀利的"杠精"。我们商量了一下这样不行，于是统一对一些锋芒毕露的篇章进行了改写，于是最终就成了温文尔雅的"杠精"——温柔地吐槽，悄悄地抬杠，暗戳戳地使坏……

不过这样也好，我们就是想要让读者听到一些不同的声音才决心创作的，一点态度和棱角也是无须避讳的，这样更能突出我们与其他作者见解中的不同之处。况且有了这些内容，让输出多一些反转、让文章多一些个性，也可以让读者阅读的时候不那么苦闷。

那么哪些方面是我们主要抬杠，在其他书里又很少看得到的呢？

第一，关于短视频的一些基础认知。 不同于现在多数图书所讲的"短视频"就几乎等于在抖音、快手拍内容，我们这本书所讲的"短视频"范围更大、视野更宽：不光讲实拍，也会讲动画；不光讲做账号卖流量，也会讲其他许多短视频行业的细分角色与围绕短视频的相关场景的应对方法，比如MCN与代运营的问题，又比如作为甲方怎么获得高性价比的视频外包服务——这些都是短视频经济里同样活跃的板块。

因为真实的短视频就是这样多元复杂、影响广泛，也正因如此它才能提供远比你想象得更多的机会。

第二，底层知识和思维心法。 坦率地讲，短视频不是魔术，它只是一个工具。工具能发挥多大作用，自身的材质、手感固然重要，但它再好，影响都是有限的；关键还是要看谁来用、怎么用。

所以在介绍短视频的时候，不光要介绍怎么做，还要介绍怎么想；不光要关注视频，也要关注用视频的人。读者越是希望它能产生实用价值，这一点就越发重要。

因此，除了互联网经验帖里常说的所谓"干货"，我们也会来和大家谈谈思想建设，讲讲底层知识，比如到底什么时候才是"短视频时代"、短视频人的自我修养、和它相关的营销学、传媒学知识等。从业以来，我们在大浪淘沙的行业中博得一席之地，并持续坚挺发展、做出特色，靠的恰恰是这些"软实力"——在我们看来，这些才是真正的"干货"。

　　第三，短视频行业的现状和未来。在外行的眼里，一个行业可能只有"非常好"和"不行了"，但在内行人眼里，这个行业时时刻刻都是一半问题、一半生机。所以对于短视频的现状中的机会与弊病，几乎是我们每天都要思考和讨论的，在这本书里自然也少不了。

　　对于那些为了成就一番事业而来了解和学习短视频的读者而言，这些内容能帮你避免被人云亦云的误区（甚至有些"国民级"误区）带到"坑"里，也能帮你在混沌中看到值得投入的价值点与增长点，显然非常不适合错过。

　　而关于未来这个话题的内容更有趣。不同于大多数同类图书开篇只是用几个表格泛泛地告诉你"短视频很火、势头很猛，接下来将带来更大机会"，我们真的给大家畅想了一些短视频在未来可能出现的新趋势、扮演的新角色。这些会不会一一成为现实不知道，但至少不是空想，而是我们根据对行业的不断观察、试验得出的，并且自己也坚信不疑的方面。对于寻找机会的朋友们来说，这也许会对你"先人半步"未来的布局有些启发。

　　第四，具体操作视角方面的规正。如何评价一个餐厅的三文鱼沙拉好不好吃呢？先盘点一下蔬菜的种类，评估一下五味是否齐全；再考察一下三文鱼的成色：肉质是否紧实多汁、是蓝鳍还是黄鳍的；最后再研究一下沙拉酱，根据它的浓稀程度、热量情况、糖分配比综合评级……是这样吗？

　　还是干脆直接吃掉，用味蕾和口感来评判？答案当然是显而易见的。这样处理虽然简单粗暴，却是最实在的办法；而"三步走"看似科学合理、头头是道，却把简单的问题复杂化，是根本不会存在的办法！

　　事实上，在短视频制作、运营方面也有许多方面的内容是这样的。许多书中会把一个问题论述得天花乱坠、逻辑也无比自洽，但偏偏是一些作者不切实际的臆想；真正上手做这个的从不会这么想，也不需要这样解决。

　　对于难以分辨这些"套路"的许多外行的读者而言，这些"知识"的危害是显而易见的。所以在这本书中，在讲述我们的办法时，也会不时提到一些市面上流传甚广的谬误，帮助读者朋友正本清源。

　　总之，这是一本和你常能见的不大相同，并且有望给你带来惊喜与启发的短视频书籍。它的种种得益于一个务实努力的公司、一群坚韧优秀的短视频人的付出。

　　因为想要突破一家一姓的视野局限，也怕被当成一家公司自我营销的"广告书"，所以没有以公司而谨以个人名义署名；作者栏虽只体现了我们两人的名字。

但除了我们，这本书的完成也离不开下面几个人的努力：

马丽娜，来画梦工厂项目总监。在专业、高效的商业短视频团队打造方面经验丰富，曾带领团队打造多项商业爆款短视频及获奖作品，持续专注研究更加贴合市场需求的短视频服务方案。

杨寒，来画梦工厂内容主管。资深新媒体运营人，虚拟IP流量矩阵策划人、负责人，参与发起并主持"Knowledge Over Fear"防疫科普动画海外传播公益行动，该项目海内外影响巨大。

廖礼耕，来画梦工厂高级营销策划。传媒科班出身，5年营销策划经历。公司整合与内容营销团队核心成员，操盘项目曾多次获营销行业奖项，对传媒营销见解深刻。

李俊，来画西南大区商务公关总监、课程研发负责人。主持与负责公司短视频实战课程研发的工作及商务公关板块，已帮助十几万零基础个人、企业获得短视频创作能力，同时具有丰富的B端大客户服务经验。

同样，也感谢为本书提供设计的杜咏明、何俊成、鲁霁郦，他们都是来画梦工厂优秀的设计人才。

感谢他们工作之余为创作付出的汗水以及过去远超"10 000小时"的专业积累。向他们致敬！

作　者

2021年6月

目　录

观点，
一家之言

此刻，你或许在书店浏览这本书，或者干脆把它买回了家里。无论怎样，十分感谢你关注到我们的声音。

但几乎没有悬念，你应该不是冲着我们来的，你之所以捧起这本书，应该是因为这个词：短视频。

也许你只是好奇这正处在风口上被人天天念叨的行业到底是怎么回事；也许你正想跟着抖音的热潮成为一个内容创业者；也许你所在的公司因为疫情正让你负责研究如何用短视频做营销；又或许你也早就是我们这个行业中的一员，只是来关注一下又有哪些同行发表了怎样的言论……

无论你因为哪种原因选择了本书，我们认为，你接下来八成是要使短视频的知识落地做事的。如果真是这样，那我们有个建议：不要放过这一章。

时间是流逝的、行情是动态变化的，没有任何一本书可以提供永恒适用的参考意见。所以对于想要做事的人来说，充分了解一个行业的潮流、趋势和某些问题，要有个相对靠谱的认知，获得对于这个行业独立分析、思考的可能性，要比用几本书里的"干货"应对这纷繁变幻的世事更为实在。

就像一个在河里驾船的人，当你开始行程的同时，意味着你将和前方种种的不确定做伴，也许驶入一个漩涡，也许误入一条支流，都可能让你找不到方向。

这时无论你去百度，还是翻看前人关于这条河的游记，那些片面的知识都无法帮助你，因为别人创造这些知识时的情况很难和你的一模一样，上游的不同于下游的、夏天的不同于冬天的、甚至你们所处的年代情况都有可能千差万别。

但如果你刚好是个地理达人，手里有张这条河流的水文图，了解它的历史变迁、流经地势、涨落规律，还能根据沿途不同的土壤、植被、生物获得提示，那么即便仍然无法避免全部的意外，但至少能在遇到突发情况时不至慌乱，并有可能随机应变地分析出可行的做法。

所以，先压抑一下你"直取干货"的心，不妨先来听听我们对于这个行业的看法。其中有对于过往的如实总结，也有关于未来的大胆推测。虽然是一家之言，但无不务求合情合理、有所依据；也无不是基于我们在这个行业一线深耕多年的经历产出的。

这些内容不求被绝对认同，但求能够给你带来启发。

1.1
短视频的上面，是一层泡沫的壳

这几年短视频很火，在很多人的眼里它是"横空出世"的，就像孙猴子从石头缝里蹦出来一样。

之所以有这种说法，一方面是因为它确实来势凶猛。大众还没看明白，大批玩家就已经进场了；大众才拿它当个消遣的玩具，又听说已经有好多人靠着它月入几十万了……而这一切就发生在短短的几年里。总之一切发生得太快、太震撼，让普通人摸不着头脑。

另一方面是源于一些人为的有意识的引导。这些人主要是一些短视频培训机构、相关媒体以及一些资本操纵者。大家神化短视频的直接原因各不相同，但根本原因却无非是为了让自己做的事看起来更值钱。

但被奉为神话的终究与实际有所差距，随便听听、充个谈资还可以，但如果要踏实做事情，信了那一套可就麻烦了。

先不说世上根本不可能有无源之水、无本之木，只说一个东西横空出世那就相当于看不见头也看不见尾。我们看不到它从哪儿来的，也自然很难分析推断它将往哪儿发展，这就使得这件事压根无法把握，只能在事情实际发展情况的后面亦步亦趋，判断形势乐观还是悲观完全看最近一段时期事情的短暂表现。

事实上，人们看待短视频这件事已经出现了这样的情况：一些人过度夸大了短视频的能量，还有一些人提出短视频已经到了"下半场"。我们觉得这两种都是盲人摸象，片面地看事实从而得出来的不正确的观点。

:: 1.1.1　狂热现象

大众对于短视频的追捧之狂热，想必大多数人是深有体会的。

我进入短视频一行是在5年前，那时候这还是个相对边缘的行业，一大半从业者甚至处在基于爱好的兼职状态。

后来，当从业者们开始统一起来，自觉地以"短视频行业"的名义向外发声时，人们虽然开始熟悉这个名词，却认为这些软件和作品不过是些装点门面的事物，是调剂胃口的茶余小点。

再后来，尤其是当抖音如一匹黑马般暮地"杀"出，一切有了很明显的不同。就像"新零售""区块链""人工智能"一样，"短视频"也一下成了一个你不需要懂，听到了却一定不会无动于衷的热词。别管你是什么行业，打一个"短视频+"的概念的词是最起码的标配。

在这个过程中，我们作为一路深耕的从业者，当然也充分享受到了水涨船高所带来的红利。订单越来越多、条件越来越好谈、公司收到越来越多的融资、个人也有了越来越大的名气。只要亮出"短视频"的名头，参加新经济论坛时座位肯定就在前面；开个公开课，随随便便也有几百号人来围观……

而这个行业的其他角落也是这样，短短几年，从业者就迅速激增，尤其在"短视频创业"的说法被叫响以后，媒体人、运营人、微商、教你一夜暴富的各种"大师"等，各行各业的人纷纷如同百川归海一般一下涌入；又有一些公司趁机自立山头，以MCN为名，甚至向4A公司发起挑战……

凡此种种，轰轰烈烈，像一场变革。至今不过匆匆数年，却已大浪淘沙、江山浮沉了好几轮，一时产生多少豪杰。即便如此，那则传说却从未改变。

横空出世的短视频，仿佛拥有着"神秘"力量，能让普通人一夜暴富、比肩明星；能让普通企业轻资产掘金、分得时代红利。

笔者曾经多次在各种场合被问到对于这些现象的看法，我的观点从来是一样的：

一方面，这些现象、几千万人用行动做出的选择，显然说明短视频的时运、能量、先进性是毋庸置疑的；另一方面，这些行为又过分夸张，超出了短视频本身所应该承受的。

而这一切，究其原因是因为短视频横空出世带来的"神秘"，大家不够真正地了解它，才容易在各种片面夸大的观点中听风是雨、以讹传讹。所以如何恰如其分地评价短视频，并分析它真正值得被大家挖掘的价值，还要回归到对它的前世今生客观、冷静地了解上。

这一部分我们会在1.2：前世今生，短视频不是无源之水里详细介绍，这里我们先说结论：

短视频目前爆发出的巨大能量源自它的真正价值：它作为人类传媒发展到这个时代应运而生的产物，能够高效率地传递信息；并且借助移动互联网的便利，在更短的时间内触达比过去多达数百倍之多的人群。

说穿了，传媒信息是液体，短视频只是承载它的瓶子而已。它装的信息是水那它就是水瓶、装的信息是酒它就是酒瓶。先前扮演这个角色的还有演说、文字、图文等多个载体，我们熟悉的书籍、报纸、杂志、公众号、PPT都是这种东西。

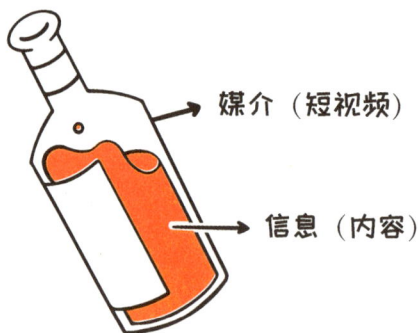

媒介（短视频）

信息（内容）

所以大家对待短视频的评价，都应该来自它在信息传达和人群触达效率上的表现，而不是任何将短视频等同于任何具体的产品后或根据某些个案片面塑造出的"神话故事"。

在我们看来，短视频行业继续发展，其长远的趋势一定是从个别场合（如自媒体、宣传片、广告片）走向日常场景（如办公室汇报、亲友祝福、朋友圈发的状态）；从少数专业人士垄断技术走向多数普通人享有技术。

唯有这样，短视频才能真正作为一个朴素、基础的"瓶子"，为社会做出更广泛的传媒贡献。就像今天的PPT、公众号，刚出现时它们也曾被人仰望，但它对社会帮助最大的时候恰恰是现在——在这个人们对它们习以为常，甚至熟视无睹的时代。这种状态的实现，依赖于技术的全面突破，也需要人们首先破除对于短视频的过度迷信和狂热。

短视频，唯有真正达到"百姓日用而不知"，它的时代才算正式来临。

:: 1.1.2　悲观论调

所谓的"下半场论"是近两年大家在普遍狂热的背后，悄悄渐渐显现的一种言论。

毕竟短视频行业自2013年便已出现了，发展到现在，美拍、秒拍、小咖秀这些第一批KOL涌现的短视频平台已经基本没落，而时下主流的抖音、快手从数据上看涨势也都放缓了。江湖格局基本稳定，其中留给资本的空间也越来越小，所以现在的时段不仅属于下半场，而且是下半场中的下半场。

那么这个观点对吗？

不对。至少我们，在这个行业从业平均5年的这群人，不这么认为。

李白之后中国诗歌就进入"下半场"了吗？

乔丹退役后篮球运动就进入"下半场"了吗？

邓丽君香消玉殒后华语乐坛就进入"下半场"了吗？

我们不认同短视频的"下半场论"，就像不认同上述这几个观点。

所谓"下半场论"的最主要问题是把短视频行业的发展片面地理解成一下科技、字节跳动这些具体的个别公司的发展以及它们所代表的短视频KOL内容经济；从而将这一家一姓、一种模式的生命周期状况强行等同于一个行业的发展情况。

现象级的巨星对于行业的发展而言从来都是双刃剑。它们的出现，会用巨大的能量吸引人们广泛地关注这个新兴的势力，同时也会掩盖其他业内同伴的光芒。这时，外行人就像前面所说的那个缺乏系统认知的船夫，只能依靠目力所及的信息建立认知，他们将这些巨星的发展状况和行业的发展状况画等号也就在情理之中了。

事实上，目前的短视频行业可以细分为制作方、平台方、内容方、技术方、MCN机构、代运营机构等多股势力。而继KOL内容经济之后，其他细分从业者也将以更多新形态的产品和场景、模式丰富这个行业的内涵。

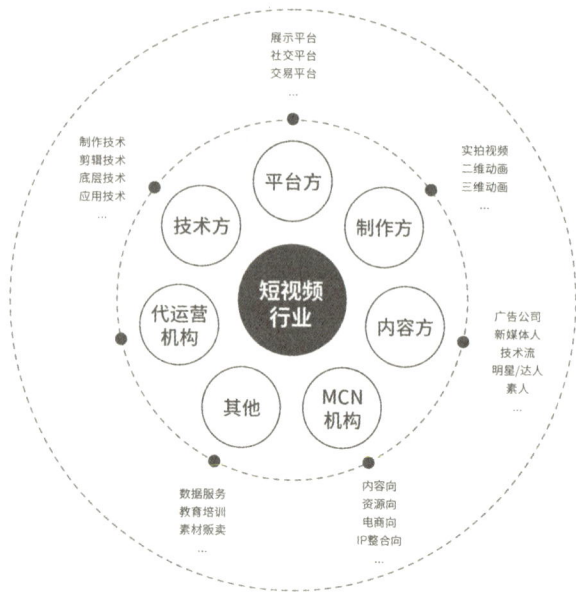

像前文所说的，动画短视频是近两年商业短视频的新宠，连续三年的市场份额涨幅已接近300%。但目前这一形式的应用也仅仅停留在商业短视频领域，只有少数专业公司才能把它玩好；它远远没有像实拍短视频一样，借助智能手机和各种好用的App就能被普通人自由使用。

但庆幸的是，先前一直限制这一发展的技术门槛已经被突破了，陆续有短视频技术企业提供了自己的解决方案。比如战略合作伙伴、针对广大政企进行服务的来画动画与来画视频，深耕阿里巴巴生态、专注服务中小电商卖家的米咻视讯，都能够帮助普通人快速上手、拼合乃至原创属于自己的动画短视频。

而当这一技术从行业生产进一步运用到社交、泛娱乐板块，短视频的江湖又将掀起新一轮的机遇，我们现在所见的实拍短视频几乎都可以被动画重新做一遍。而当整个社会可以自由地在实拍、动画和更多短视频形态间自由选择时，又将有多少新的火花和机会迸发出来……

所以，当我们能够放开视野、客观冷静地考察短视频行业，就会发现现在甚至连"上半场"都没打完。

短视频对于新的时代，会是一种底层、基础的主流传播媒介，更加爆炸的信息量必然赋予它更为重大的承载使命。这个行业发展还有很长的路要走，长到足以褪去青涩、洗去浮躁，以更加沉稳的形象向更加冷静的大众揭示自己的价值。

1.2
前世今生，短视频不是无源之水

通过上一节我们不难发现：无论是过度狂热还是过度消极，都是由于人们对于短视频认知的不成熟。因为不成熟，所以难免从经验出发、从片面的分析出发、从人云亦云出发，最终得出失实的结论。

但你可能会说，短视频毕竟是近年来突然冒出来的东西，它存在的时间还不足以让大家建立起相对客观、理智的认知体系。所以人们对它认知不成熟，或许在某种程度上是一个必然。

对这一点，应该不难猜到——我们并不苟同。

如果我们把短视频仅仅当作一个"横空出世"的新东西，那它确实很难被分析，不仅是时间太短，如果它的出现还包含着极大的偶然性，那分析就更加无从下手了。

但如果我们能把短视频还原到它的本质——把它当作信息传播的一种介质来看待，我们将会得到不同的思路。从这个角度看，短视频其实是人类传媒发展中的一个阶段。

传媒是什么？也许你的答案会是报纸、杂志、电视……但这些实际上都是传媒的一种"手段"而已，并不是其"本质"。

关于传媒本质的说法众多，我们也有自己的理解。如果用人人都懂的大白话来讲就是：把"我"的思想包装一下，通过使用一种易于接受的载体，让"你"收到、理解，进而接受、喜欢。

在不同时代，传媒会披上不同的"马甲"来执行任务，上面讲的种种传媒手段就是这些马甲。而短视频的本质也就是这样一个"马甲"的性质，虽然它是最符合潮流趋势和内在需求的爆款之一，但归根结底还是在前面众多"马甲"的基础上发展起来的。

所以当我们想要研究它时，科学的方法应该是去分析传媒发展至今都换过多少种"马甲"、每次换"马甲"是什么原因、这当中又有着怎样的规律……而不是傻傻地盯着这件马甲本身去看、去猜测。

下面我们就来顺着这条思路盘一盘传媒和"马甲"们的故事。

:: 1.2.1　传媒的代际情况：短视频的前世今生

在中国古代，判断一个人是个什么样的人，总喜欢查他的"祖宗三代"：不光看他的言行过往，还要考察他的父亲和爷爷是什么样的人。即便在现在，我们在填表时也还是会发现一栏内容的名称叫作"家庭成员"。

前传媒：演说	传媒1.0：文字	传媒2.0：图文	传媒3.0：视频	传媒4.0：虚拟现实
媒介：语言	媒介：书籍 报刊杂志	媒介：画报 公众号 PPT 易企秀	媒介：视频	媒介：虚拟现实
KOL：口才好的人 演说家	KOL：文笔好的人 作家	KOL：媒体人 自媒体	KOL：自媒体 主播	KOL：不明

这是因为很多事情是能够传承的。生命不能像神仙剧里演的那样说延长就延长，但依靠一代代的接力传承，这一愿望也就变相地实现了。

因此，研究一个有传承的东西，我们一定不能仅仅局限在研究它本身是什么时候出现的，发展、经历了哪些阶段，而是也要查它的"祖宗三代"，把它所传承的"前世"的情况一起来看。

前面说过，短视频出现虽不到10年，却是作为传媒行业大河的一段出现的。因此可以说，早在短视频出现之前，它的生命就开始了。想要真正看懂短视频，想通如何应用短视频，预测短视频的生命周期，就要顺着一条脉络来了解——我们称为"传媒的代际"。

从传媒的本质上来看，有三个要素不可或缺："我"想说的、一个载体（介质）、"你"的接受和后续反应。

这里的"我"就是传播者，"你"就是受众，这两个要素是自人类出现至人类消亡都一直持续存在的。所以三者中唯一的变量就是中间的这个载体。不同时期技术条件不同，这个载体不断变换，也就造就了传媒的进化。

于是，迄今为止，传媒可以大致分成下面这样几个时期：

1.前传媒时代：口语传播

为什么叫"前传媒时代"呢？

因为口语确实算是承载信息的介质，但它却是天然的、不具备具体形态的。虽然它仍然在某种程度上执行了传媒介质的功能，却不是社会自觉进化、选择并作为先进生产力存在的载体。

而传媒本身关注的更多的是那些人们依靠技术突破而发明出的、具有实际形态且在相当一段时间内被视作先进生产力的载体。在这一点上，口语算起来就显得比较牵强。

但这不代表口语传播就是个"没有故事的小同学"。中国有上古流传的诗歌《国风》战国策士的涛涛雄辩；西方有吟游诗人在街头诵读史诗、雅典广场振奋人心的演说，口语传播的高光照耀了人类文明的千载长河。

在那个时代吃香的是那些能说会道、很会讲话的人。这些人有的开宗立派教授门徒、有的游走列国笑傲公侯。一卷青史，半是金戈铁马王霸争雄，半是辞令锦绣舌灿莲花；强权之外，唯舌辩能争富贵、得人心——这些人，就是当年的KOL。

2.传媒1.0时代：文字传播

从这一阶段开始，真正意义上的传媒正式出现了，文字被写在草叶上、石块上、帛上、纸上，它们开始承载人的思想并被传播流传。

这一过程中的代表形式是各种各样的书、信、报纸。写作是一个被大写加粗强调的技能，文学是一等一的学问。多少大人物煌煌事功，最终却仍念念不忘著书立言名垂千古；而如果你刚巧是个有一书傍身的人，不说什么天下知名，在邻里之中一般还是会被高看一眼的。

这个时代的KOL们，就是那些文笔好的人。小到在一个单位里是这样，不信你回忆分析一下小学最为得意、提干最快的一般是语文老师还是体育老师？大到一个社会也是如此。

这一段时间持续了很久，我记得上中学的时候，老师都还专门开课着重训练我们写信、写申请书、写汇报的能力，并郑重其事地告诉我们：不管你以后干什么，笔杆子硬发展才能好。

市场经济搞了这么多年，这样的观点仍然被着重强调，可见文字传播的社会功能有多么深入人心。

3.传媒2.0时代：图文传播

这一时期的代表媒介是画报、杂志、PPT、公众号及图文类H5。

人们不光能够用文字表达信息，还可以给它配上相关的图片或用文字来诠释图片。要么图配文、要么文配图，总之同时调用人的左右脑，两套解码系统同时工作，让信息接受更高效。

这个时代，KOL仍然是那些有文字功底的人，只是除了要会写，也要具备一定取悦受众视觉的能力，而发展到后来，甚至与美术相关的审美能力、表达能力、创意和制作能力也加入了进来，这就使得他们与1.0时代的KOL们有所区别了。

对十多年前的"新旧媒体之争"，不知道你是否有印象，甚至亲身经历过？现在细细地回顾这件事，我们会发现这件事当中其实包含两组冲突。

一组是一系列利益之争，矛盾双方一边是主张话语权中心化的传统媒体人，另一边是主张去中心化的新媒体人。另一组则是关键技能之争，矛盾双方一边是传媒1.0时代操控文字的那些能力的持有者，另一边是如上所述满足了2.0时代新能力要求的人们。所以这件事本身可以视作时代对KOL基础技能要求改变的侧面折射。

现在看来，这个事件本质上是传媒从1.0到2.0进化的特殊时间背景下，"文人"内部的分歧和争论，与时下传媒2.0到3.0转变中的"文人"与"非文人"争天下是不同的。

4.传媒3.0时代：视频传播

这一阶段的代表媒介是长视频、短视频，所谓的"短视频时代"就出现在这一阶段。

从"前传媒"到传媒1.0时代，经由传媒2.0发展到这里，我们说它是一种进化。是的，"进化"就是说它不是随机、偶然的单纯丰富，而是有着一定规律、一步步向更优方向发展。所以传媒3.0时代确实是比起前代有着某种程度上的优越性。

嗯……这样讲会不会有点儿武断呢？

写到这里，我也第一时间问了自己一下。经过了一番深思熟虑，我的回答仍然是：是的，是这样的。

这主要是因为从"前传媒"开始，传媒一路发展下来明显的一个规律在于：利用技术的变革，通过不断引入新的感受机制的形式增加信息触点，从而实现传播效率的提高。

有点儿拗口，怎么理解呢？来看下面：

从口语传播到文字传播，表面上看好像就是把原来口头表达的内容记在了纸上或其他载体上，但实际上这样做相当于把信息的接收节奏的控制权交给了受众，所以变相地提高了效率。

有阅读习惯的朋友们一定清楚，我们在阅读文字时其实很少会一个字一个字地顺着读，而是一片一片地"跳读"，所以效率就大大提升了。常年阅读的高手甚至仅仅扫一眼一团团的文字，就能根据文字大致的样貌猜测出其中的内容，这样就更快了。

而从文字到图文，既保留了文字阅读的信息接受机制（眼睛+左脑），又引入了读图的信息接受机制（眼睛+右脑）。而且更奇妙的是，当这两者同时发生，有时图片对文字做直观的体现，有时文字与图片分别呈现两种信息，不管是哪种形式都使同一时间内信息的接受效率提高了。

至于从图文到视频就更进一步了。视频里有"前传媒"时代的听觉接受（同期声配音），有传媒1.0时代的视觉+左脑接受（画面中的文字），有传媒2.0时代的视觉+右脑接受（画面本身），而且在这些基础上，动效、镜头、音效、背景音乐，这些前代没有的元素又分别是一种语言。在观看视频时，我们的感官被充分调动，在同一时间接受这么多有着不同来源的信息，效率更高了。

另外，从这一时期KOL的变化也可以从侧面看出传媒3.0时代的"特异之处"。

我们之前提到过从传媒2.0时代过渡到传媒3.0时代，"文人"和"非文人"争夺KOL的身份，具体来讲就是：由于视频可以创作，也可以是对真实世界的记录，所以这个时代的KOL就可以是任何人：明星、手工艺人、青年，等等。总之什么人都可以，不必非是"文人"。

其实放下"文人本位"观念，只从KOL嬗变的角度看，这又何尝不是传媒进化所带来的话语权的转移呢？在不同的时代，由新的一群人掌握新兴的信息生产力，岂不是一件再正常不过的事？

不用觉得这种说法夸张、颠覆，也许未来的传媒会更加不可思议。

不出意料，未来传媒还会继续开发、利用人类目前尚未解锁的感知系统来传递信息。至少到目前为止，其中的嗅觉、触觉、味觉、潜意识还没有被调动起来，也就给了未来传媒形态发展带来更大的想象空间。

短视频之后，还有哪些传媒会来接过薪火呢？又会有哪些意想不到的人群陆续成为引导公众认知的KOL？关于这些我们尚不得而知，所以对未来更加充满期待！

:: 1.2.2　如何判断此时此刻处于哪个阶段

了解完上述关于传媒代际情况的理论，你也许会想：现在我们所处的就是传媒3.0时代吗？

表面上看起来是的，全社会都在风传"短视频时代"的说法，短视频的猛烈势头也随处可见，这样想怎么会错呢？

然而，我们依旧不这么认为。

代表性的传媒手段出现并不能代表它的时代已经到来；同样的，一个传媒时代过去，它代表性的媒介也未必会消失。

事实上，在我们现在的日常生活中，口语、文字、图文、视频就都各自发挥着作用，我们每天也会不自觉地综合使用这些属于不同传媒时代的产物传递信息。所以传媒迭代并不是像很多人想象的那样，以改朝换代、新生旧亡的那种方式进行。

那么，这个问题到底要如何来解决呢？

如果你对短视频的上面，是一层泡沫的壳的那书内容还有印象，就会知道我们的答案：一个传媒时代到来的标志，就是属于它的代表性媒介走下"神坛"，开始从少数人垄断到人人皆可使用、从特定的狭小场景到日常的广泛场景的过渡。

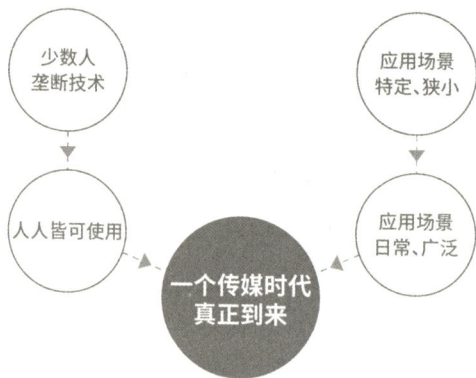

寻找得出这一结论的原因，仍然要回归到传媒的本质问题。前面讲过，任何一种具体的媒介形式都是传媒这件事的"小马甲"，而传媒本身是个再朴素不过的东西，它只关注是否能让传播者的思想被受众接受，没有其他稀奇古怪的附加门槛，是面对所有人的。

所以，任何一种传媒形态都将最终走向多数人和多数场景的普及。如果一时还没有，还被当作一种多么了不起的事物，只能说明它的人群渗透还没到火候。

不信我们看一下，无论是传媒1.0时代的书籍、报刊，还是传媒2.0时代的PPT、公众号，哪个开始没有伴随夸张的追捧，又有哪个后来没有走入日常、"百姓日用而不知"？

而现阶段的短视频乃至更早出现的长视频，显然没有达到这种程度。人们还没有习惯把它们用在日常的工作、生活中；技术上也远没达到人人可用、人人会用，专业团队仍然是这一生产力的主要持有者，所以"短视频时代来临"云云还言之过早。

通过这样标准的分析我们发现，传媒在不同时代在中国的对应时间长度体现是下面这样的：

前传媒时代	史前~3世纪中期	共计几千年
传媒1.0时代	3世纪中期~21世纪初期	共计1700余年
传媒2.0时代	21世纪初期~21世纪20年代中期	预计25年左右

此时此刻生活在中国的我们仍然处于传媒2.0时代，但却正在向传媒3.0时代过渡。但按照目前短视频技术的发展态势来看，它的技术普及和观念养成也许会用5年左右完成；所以我斗胆预估在2025年左右，将正式迈入传媒3.0时代。

至于视频的时代能够持续多久呢？这也是一个有趣的问题。

人们对于信息被高效率传达的诉求根植于人性，所以阻碍我们向新传媒时代迈进的，原则上不会是我们的主观愿望，那就只可能是客观的技术。

而如今我们的科学技术与生产力发展越发迅速，突破一道道技术门槛的进度也就可能越来越短，从而导致传媒代际更迭的速度越来越快——这也符合上面呈现的规律。

据此，我们虽然不能确切推断传媒4.0时代将在多久取代传媒3.0时代，但应该会比20年更短。基于现在传媒3.0时代的势能还远未释放、有助于开发人类更多信息接收触点的技术也远远没有露出成熟发展的态势（虚拟现实技术也许是当中最成型的一个，但也仍处在发展的早期）的情况，所以保守估计属于视频的时代至少还有10~20年。现在布局短视频，还是有可能大有可为的。

总之，"传媒代际"的理论可以给我们许多启示，仔细品味还能得到更多有趣的认知。不过，在另一些时刻，也建议大家不要太过强调不同传媒时代之间的那道"沟"，因为不同的传媒时代是相互传承的。

比如说技巧，研究短视频的技巧时，如果能够灵活融入一些前传媒时代到传媒2.0时代的智慧成果，那也是极好的。

比如演讲的开场技巧和情感设计，如何不能用来帮助你的视频抓人眼球和具有良好的感染力？文学中的"脱胎换骨"如何不能指导视频的选题改编？音韵气息和段落理论如何不能帮助后期加大节奏张力？设计中的"对比""亲密"和"重复"原则又何尝不是剪辑和分镜的技巧？

所有媒介形式都是传媒身上的"马甲"，这些个演说、文学、设计方面的种种理论心得也都在探究如何更好地包装信息并让人更顺利地接受的问题。

如果谈到短视频，我们只会局限于这短短十年不到的时间寻找答案，那能思考的终究是有限的；但如果能够打开格局、用贯通代际的视野来研究，上千年的智慧都能为你助力。

—1.3
5G新基建时代的第一场仗，也许就打在短视频领域

"5G"和"短视频"一样，都是这两年的热词。本就声势浩大的新概念像被按下了加速键+放大键，伴随着浩浩荡荡的"新基建"大潮形成一股越发不能回避的趋势。

向来被叫作"趋势"的都有一个特点：就是不管你承不承认，它都会我行我素地出现。而在这个过程中，许多行业都会再次洗牌，拥抱它的攫取红利、无视它的留下遗憾。

因此，虽然5G尚未全面普及、新基建也刚刚拉开大幕，但关于它们的好奇、关注甚至焦虑已经开始了。面对这个注定会产生的趋势，大家都想抓住机遇、避免掉队。下面我们就来有针对性地聊一聊。

∷ 1.3.1　思考5G新基建红利时，我们先要看向哪里

回答这个问题，我们应该想明白：新基建来临到底会带来哪些具体的改变。

你可能会说5G时代来临，万物互联、无人驾驶、智慧园区，这些事情都会相继实现；而新基建更加广阔的外延必然会带来更多可能性。是的，这些观点都是正确的，官方也好、相关专家也好，都在各种场合提到过。

但我们要清楚，这些都是战略高度的回答，对于我们普通的企业和个人而言，我们思考新基建能够带给"我们"的机会的时候，这些不见得是适合的答案。

我且问一句，上面的这些概念现在确实都已出现了，也已经有很多力量在探

索，但进展程度如何？多久能够成熟？多久能够商用？又有多久能够形成规模，从而影响社会呢？如果这些都还早，那这个趋势和"你"的结合又应该出现在什么时候呢？

所以，我们张嘴就来的标准答案，并不一定是能够帮到我们的答案。我们想要找到我们和新基建的具体结合方式，就一定要在这些答案中加入时间的尺度——哪些是会先来的？哪些是会后到的？想要攫取趋势红利，要么结合深、要么下手早，这才是务实的思考方式。

那么关于这个问题我们是怎么看的呢？

当然，这已经没有什么悬念了，这一节的标题就已经告诉大家了。新基建浪潮中第一波强势发力的具体有哪几个行业我们还不好说，但可以非常确定的是，短视频行业一定会在这当中。

第 1 章 观点，一家之言

:: 1.3.2　短视频为什么是5G新基建的第一场仗的战场

首先，短视频行业目前已然发展成型，并飞速迈入成熟阶段。无论是社会认知、行业分工、商业模式、市场基础、软硬件条件都已基本就绪。只要5G网络条件一就位，这个行业几乎就可以第一时间切入进去，并释放比现在更大的能量。

其次，短视频行业的逐利属性极强，行动快速且粗暴。互联网的行业基因、火热的商业氛围、资本的推动介入以及低门槛带来的有着复杂构成的从业者，共同决定了这一结果。

也许随着行业更加成熟、格局更加明朗后，秩序会慢慢有序，行业经营会越来越规范，大家也会慢慢稳重；但至少这两年，狼性扩张应该仍然是这个行业的主基调。所以不难想见，当新基建时代正式到来的第一时间，短视频行业一定会毫不犹豫地涌进去"跑马圈地"，用自己的方式定义这个新时代。

最后，短视频行业既能乘势，也能造势。所以不管新基建对短视频行业的眷顾到底有多少，这个行业的从业者都会在第一时间向外发出信号：这个时代，短视频为"王"。

而偏偏短视频就是当下最具效率且顺应趋势的成熟传媒手段，短视频从业者更是擅长利用它操纵舆论的人，所以这样的信号声音必然会以极迅捷的速度扩散。当你高度依赖的平台和KOL都在释放这一信号，你有多大把握能够不中招呢？

在这种攻势下，社会认知和人的行为被影响、改变也就可以预见了——事实上，这样的情况已经不止一次出现了。那个时候，不管新基建本来是不是属于短视频的，它都将成为公众认知的事实。

所以发现了吗？已然成型的行业就像已经聚成规模的军队，具有极强的行动力的风格就像配备了烈马坐骑，能够造势的能力又使他们有了极具杀伤力的武器。三者合一，短视频行业就宛如当年的铁骑重生在信息时代，快马弯刀，横冲直撞。

已成规模的行业

这样的情况下，他们怎么能不在5G新基建时代开始便脱颖而出呢？

1.4
5G新基建背景下，短视频行业的发展趋势

现在，我们就顺着上面的话题，具体讨论一下5G新基建背景下短视频行业发展的趋势。

这有助于大家在更长的时间中、更广的视野下审视短视频这个散发无限魅力的东西，也唯有如此，才能在正确的时机结合自身条件做出正确的行为，顺势而为，攫取时代的红利。

当然，我们不是预言家，对于尚未发生的事情，我们当然也不敢说我们的一家之言绝对正确，虽然我们自己对此坚信不疑。但只能说，这些都是我们基于从业多年的感受以及对行业的认知、体察进行的推断。

所以在阐述的时候，除了抛出观点，我们也将对推论过程进行简要说明，大家

可以通过对事物发展的来龙去脉的体会判断我们的观点是否可靠、在哪些程度上能够帮到大家。如有任何问题或有不同观点希望来与我们讨论。

闲话少叙，下面直接上观点。

:: 1.4.1 工具崛起，短视频行业主题再次转变

和"短视频到底应该用来干什么"一样，我们对于"短视频行业到底是干什么的"也有着认知上的误区。

站在此时此刻，关于这个问题，我们当然可以脱口而出一个看似确凿的答案：短视频行业，代表就是抖音、快手等几大平台和围绕着它们的MCN、达人们的游戏。拍内容—攒粉丝—流量转化获利大致是它的核心逻辑。

但显然我们对此并不完全认同。

主要原因在于，这一认知是基于"短视频行业的主题是内容"的认知而来的，但这一情况只是近几年呈现的趋势，是特定历史时期下成立的认知，过去不是这样的，在未来也不会一直是这样。

前面我们讨论过"下半场"和"传媒的代际情况"两个话题，明确了短视频不是无根之水，自然也不会昙花一现，在接下来的时间里仍然会带着使命，作为人类信息传达工具的主力军而存在。

而一个在发展的行业是不会靠着一成不变的玩法和玩家存活的，短视频行业的从业者们，是会推动短视频的车轮不断向前，而不是单纯依附它碾过的任何一段车辙而存在的。短视频在不断变化，短视频行业自然也会不断地自我更新。

唯有富于变化，才能成其寿数——这是历史的规律，也是支撑我们判断的主要理由。

就目前而言，短视频的行业主题已经发生过一次变化：

在我们几个人入行的时候，短视频行业的主题还是短视频代制作服务，AE、PR、Flash就是这个行业的先进生产力，而懂得使用这些工具，帮别人制作短视频的公司、工作室和个人就是主力军，定制服务费是短视频行业在那时的主要转化获利途径。

制作 ▸ 流量经济 ▸ 生产力工具

短视频行业主题演变

在当时，虽然已经有一些团队开始进行内容的创作，但势力尚小、声音尚弱，远远构不成气候。

它们真正的崛起是在2016年前后。一方面得益于秒拍、小咖秀等平台"开大"高调杀入了大众的主流关注当中；另一方面也有赖资本、受众、创作者们经过多年的发展，能够自觉意识到这些不由官方也不由专业团队产出的内容一样具有广泛的商业价值。

于是许多创作者从公众号、微博这些相对成熟的图文媒介借来"内容""运营"两面大旗，开始了声势浩大的"革命"，短视频行业也开始从"关注皮"转向"关注瓤"，一步步纳入"流量经济"的版图当中。直到快手、抖音崛起，更成野火燎原之势。

这就是此时此刻我们所面对的短视频环境，但须知这里并不是结局，只要目标还在远处，短视频的巴士便不会在任何一个站台永久停留。而当它驶离这一站，行业的主题又将面临怎样的改变呢？

我们给出的答案是：工具，国民级短视频生产力工具。

为什么？

第一，我们在前面讲过，短视频的本质是一种传媒形式，它的使命是帮助每个普普通通的个人更清晰、更高效地表达思想、传递信息。所以从垄断到广泛、从精深到平常，是它必然要经历的转变。

而这样的状态在生产仍然依靠专业软件和少数掌握它的从业者的条件下是不可能实现的。所以真正迎来短视频时代，这一层生产力必须首先突破，我们必须拥有比起Adobe系列更为傻瓜、易用、高效的工具，让更多普通人成为短视频的生产力的推手。

这一情况在美拍、秒拍、快手、抖音抢走"爱优腾"关注的时候就已经迈出了第一步，普通人通过智能手机配合软件已经有望实现完成生活的记录和一定内容创作；而伴随着网络基础建设和短视频工具的发展，这一变革还将进一步深化，更深度、更广泛、更彻底地继续解放生产力。

第二，这是短视频匹配5G新基建时代的客观需求。"新基建"是指国家面向智慧经济世代，吸收新的科技成果而开展的基础设施建设，5G就是其中的"排头兵"。而我们相信短视频行业一定会在5G落成的第一时间进场，那么我们不妨设想一下是怎样的场景：

首先，更宽、更快的"网络高速公路"会被放入更多像狼一样灵敏、机动的短视频玩家，于是短视频内容会爆炸式增长；

其次，对于受众而言，更流畅的体验、更低的门槛、更稳固的习惯会使人们对于短视频内容的需求加速增长，从而反向刺激作品的产生。

但在传统实现技术的限制下，十分有限的生产力是无法负担如此庞大的需求的（也许你会说，现在也并没有出现不平衡的状态啊，没关系，我们下一小节讲），因此一定要通过"自产自用"、将众多目前不属于短视频生产力推动者的普通人转变为生产力的方式来实现。而这又离不开国民级的短视频生产力工具的使用。

因此，虽然内容将永远是"短视频"的内核，但却不会一直是"短视频行业"的主题。江山代有才人出，各领风骚数百年——在5G新基建实现的同时，短视频行业也将完成主题的更换。社会呼唤更符合时代的生产力，也会有一批优秀的短视频生产力工具应运而生，成为下一个时期"短视频行业"的代名词。

所以如果你投身短视频行业有着面向未来的动机，建议是：一定要先行一步，提前针对这一趋势进行一些思考与布局。

∷ 1.4.2　关注重心改变：从"内容 + 形式"到"生产力 + 生产关系"

你是谁？

是希望成为短视频达人的个人？帮助别人产出、运营短视频的机构？还是想要通过短视频的使用助力营销的企业？

不管你属于上述哪种情况的人士，要么是关于内容、要么是关于形式，我猜你关于短视频想得最多的至少是这两方面中的一个。

"做什么选题才能火？""我是不是更擅长讲段子而不是聊美食？""这个创意有没有真的体现我们品牌的特色？""为了超过竞品的销售，是不是需要一个更棒的故事？"——这些就是内容。

"做动画还是实拍？""做长视频还是短视频？""要不要多加2 000元换一套更清晰的设备？""要不要挑战更博眼球的表现手法？"——这些就是形式。

想更精进、想更值钱、想比别人做得更好，我们似乎总绕不开这些问题。事实上，这也正是现阶段短视频行业的关注重心。

但这个时候我们又要出来讨人嫌地说句推断：这只是暂时的，只是因为此时此刻短视频的行业主题还在"内容"上面。而当再过几年这一主题变了，即便你把这两件事都做好了，也还是可能会输。

为什么呢？

因为当5G新基建的全面铺设伴随着"工具"成为短视频行业主题一同实现，"生产力 + 生产关系"将代替"内容 + 形式"成为主要矛盾、成为短视频"军备竞赛"中的重点。

怎么理解呢？

我们仍然回到上一小节的那个推论场景中：新基建带来的新环境和人们对短视频越发的习惯，共同激发了社会关于短视频的庞大需求——短视频满天飞的时候，再迟钝的人也该发现自己不搭短视频的车不行了。

到了那个时候，2~3条每年（按2分钟每条算）之于许多企业、3~4条每月之于一些媒体，这样的短视频使用量已经远远支撑不了它们对于人们注意力的抢夺，在信息更加爆炸的时代，这种放弃自身存在感的行为将是严重致命的。

参考现今职业短视频自媒体的更新频率和普通企业、媒体图文媒介的推文节奏的情况，2条每周的短视频用量也许是5G时代完全到来时对有意愿对话广泛人群的个体来说毫不夸张的一个标配。

也许这前后的差距有点儿大，大得有点儿夸张，但试想：哪一次随着时代转变的变革是温柔进行的？事实上，这也许还只是窘迫的开始，如果你仍然在用传统的思路应对新形势。下面我就以一位"张先生"的名义来推演一下那个时候我们许多普通个体用传统方式解决问题时可能遇到的情况：

面对关于短视频应用的倒逼，张先生首先决定去找他过去合作得不错的广告公司来帮忙制作。但很可惜视频代制作的市价每分钟要价一般都要几千、上万元，一年做几条还成，现在一周就要做这么多，一年下来这钱还真烧不起。

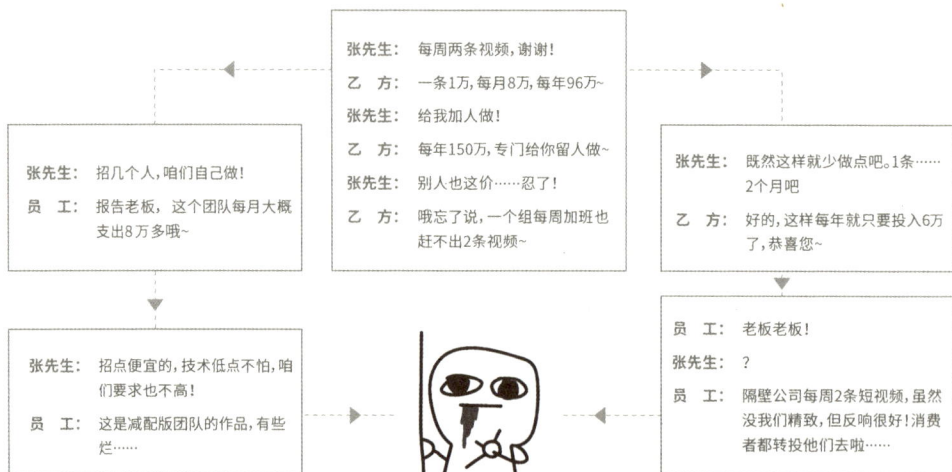

张先生：每周两条视频，谢谢！
乙 方：一条1万，每月8万，每年96万~
张先生：给我加人做！
乙 方：每年150万，专门给你留人做~
张先生：别人也这价……忍了！
乙 方：哦忘了说，一个组每周加班也赶不出2条视频~

张先生：既然这样就少做点吧。1条……2个月吧
乙 方：好的，这样每年就只要投入6万了，恭喜您~

张先生：招几个人，咱们自己做！
员 工：报告老板，这个团队每月大概支出8万多哦~

张先生：招点便宜的，技术低点不怕，咱们要求也不高！
员 工：这是减配版团队的作品，有些烂……

员 工：老板老板！
张先生：？
员 工：隔壁公司每周2条短视频，虽然没我们精致，但反响很好！消费者都转投他们去啦……

而且水涨船高，短视频的需求更大了，但会做短视频的团队还是那么几个，这个行业逐渐转入卖方市场，这个价格只能越来越高。

考虑到"天下乌鸦一般黑"，张先生咬咬牙接受了无奈的现实。但万万没想到，按照传统短视频制作技术的制作速度，一个项目组一周加班加点地做也就能赶出不到2条短视频，这并不能匹配新的频次需求。

而且广告公司开门做生意，每个项目组同时开着好几条项目线是基本常态，完全为一个项目全情投入只是理想状态，所以实际上每周能够达到的效率可能更低。面对这种情况，张先生只能要求这家广告公司留出两个组专门服务于他。

面对这一特殊请求，精明的广告公司充分考虑到了宝贵的机会成本，狮子大开口开了一个天价。张先生再次忍了，但合作了半个月，发现花了这么多钱，拿到的结果说白了就是一文件夹的MP4文件，投出去也并不会听到多大的声响。

这时心疼"荷包"的他开始认为所谓的专业团队也不过如此，既然这样还不如自己招人，搭建自己的视频团队。但粗略一算，发现建立这样的团队至少也需要10个人，按照正常市价人均6 000~7 000元的成本来算，数目也不小。

正在为难间，他的朋友给他提了一个建议：既然人不能少，那何不试试"减配"呢？对于普通需求来说，片子没必要做得那么完美，让公司现有的设计转岗现学，或者招点刚从培训学校毕业的生手，凑合着也能用。

但万万没想到，视频制作只有0~20分、70~100分两个档次，别说"小白"现学很难，学艺不精的人也很难做出过得去的东西。60分上下要求的制作看起来可期可及，但实际上却很难实现。

于是兜了一大圈，张先生还是回到了最初的起点，仍然找到那家广告公司，但不再坚持一开始的要求，而是退而求其次，要求他们按照1条每2个月的节奏来出视频，不过一定要保证内容和形式都是十分完美的。

就在这种成本和效果相对平衡的状态下，双方开始了持续的合作。但万万没想到，在半年后的某一天，张先生绝望地发现，在过去5年多一直与他势均力敌的一家竞品竟然在这段时间里靠着内容、形式均属平平的一批自制短视频，使品牌销量远远超过了他。

原因无他——更新快、发布多而已。在品牌营销的背景下谈短视频，高频次推出的60分视频要比低频次产出的90分视频更能抢占大众的注意力！

而在成本付出合理的前提下实现这一超出传统极限的制作标准，无疑需要从突破生产力开始，即使用前一小节内容中所说的国民级短视频生产力工具来生产短视频。

所谓的"生产力工具"能够帮助我们实现短视频的制作，但却不同于短视频的"制作工具"。制作工具的终极目标是要让人能做出好作品，甚至艺术品；而使用生产力工具的终极目标则在于把原本不是短视频生产力的人变成生产力，把原本是短视频生产力的人在极端条件（时间极紧、任务极多）下的生产效率进一步提高起来。

在未来，借助这样的生产力工具，会有大量需要短视频赋能的普通人掌握自主创作短视频的能力。一方面，自己最懂自己想要的，省去了与被委托的视频团队反复沟通创意的时间；另一方面，以生产力提升为核心的工具比起以Adobe系列软件为代表的制作工具更"擅长"提升效率，两相综合使视频生产的效率得到极大的提高。

而生产力的发展总会伴随着生产关系的变革，当这样的新兴生产力工具被普遍接受，"甲方—乙方"的委托式生产关系也将不再是唯一选择。相信"需求方=内容方=制作方"的生产关系将渐渐成型，一家公司有多少个员工，就可能有多少个短视频的生产力，他们可以消化80%的普通视频需求，只留20%高标准的视频让专业人员承制。

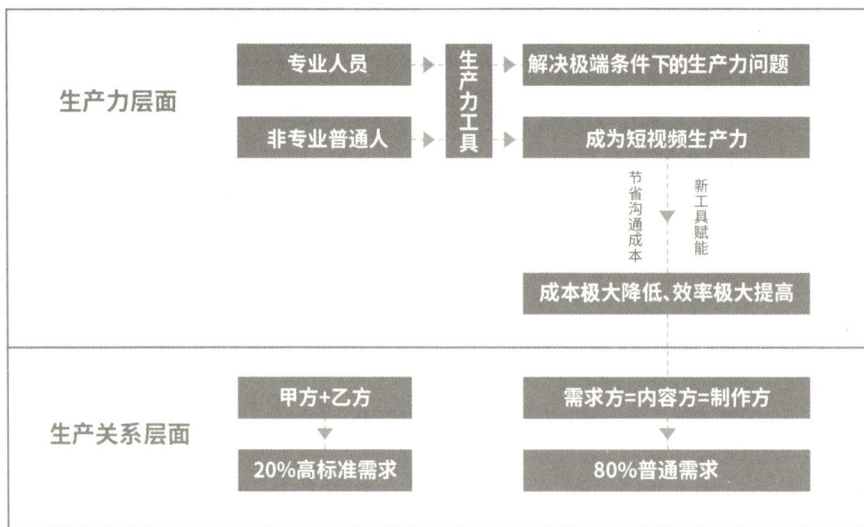

新型生产力工具使每个普通个体都有机会获得短视频这把枪，而与之匹配的新型生产关系，将使容纳这许多生产力的企业拥有一挺多发子弹的机关枪，在竞争对手都在用冷兵器或手枪点射的时候肆意"扫射"。

也正因如此，有多深入掌握短视频这样的生产力，多快匹配这样的生产关系，将是继"内容+形式"之后，短视频"战争"中的下一个关键制胜点。

这样的情况对于现在的人们而言也许还有些难以想象，但在不久的将来，当新基建的野望成真，这些都可能成为真实。毕竟纵观历史，现实变化的剧烈、离奇从未向人类的想象力服输过。现在已经有了以"来画动画""来画视频"为代表的此类生产力工具出现，普通人像使用美图秀秀修图、制作PPT表达一样，动动手指便能创作属于自己的短视频已经成为现实，更让我们有理由相信那种奇妙情景的实现已经指日可待。

而对于想要在趋势下"弄潮"的我们，当务之急当然是提前布局，从认知到技能，全面做好准备。

第2章

常识，不可不知

这一章我们讲常识，从短视频是什么开始……

等等！先别急着合上书，事情可能并不像你想的那样。

短视频并不是一个新东西，相信看这本书的你也不是一无所知的"小白"，真的开辟出一章来讲短视频、剪辑、后期这些东西的定义，既没营养，也非我所愿。

还是前言的那句话：能"百度"到的，我们不用。所以这一章我们所说的虽然还是一些基础性的问题，却是一些误区。

站在特定的历史时期，受限于特定的时代经验，被一些强势的声音左右，我们很容易接受一些看似天经地义实际却不然的观点。

这些观点第一眼看似是对的，但再看一眼就会品出问题，真正的问题就在于：对于这些"常识"，我们偏巧不会去看第二眼。

因此可以这么讲：此刻虽然我们通过这本书同是在讨论短视频，但我们所说的"短视频"很可能与其他书里提到的是两个东西。想吃桃子就绝不要去苹果树上采摘，所以在深度探讨相关事宜之前，我们首先要统一思想，把一些基本问题的观点调到同一频道上来。

当然，下面抛出的观点也只能代表个人的看法，但在这些观点的指导下，我们团队几年来取得了不错的行业成绩。所以无论你为何捧起这本书，一定先收起直取目标的急迫心情，先好好看看这章。

过于轻易得来的观点常不可靠，无论它出自何人、即便它一时鼓噪，因为你也不知道它是在什么背景下、基于什么立场提出来的。

值得我们指导实践、寄予期望的，总还要是自己用心思考过的，尤其是当你对它还要赌上时间、金钱的时候。

2.1
短视频的定义：关于短视频，你可能想歪了

我们首先要统一认知的，就是对"短视频"本身的理解。

坦率地讲，这也是现今常识性误区的重灾区，不光是普通路人，就连一些行业从业者也时常要走"灯下黑"的道，现今关于短视频有许多影响甚广的观点都是存在偏谬的。

理不辩不明，下面我们就试举几例，为大家分解。

∷ 2.1.1 短视频，不等于内容

"短视频不是拍视频，是做内容""做短视频就是做内容""短视频内容为王""短视频行业就是内容行业"……只要你近些年关注短视频领域，这些观点应该耳熟能详。

但我们想说，上面的这些观点，或多或少都存在偏颇。

前面我们讲过，短视频的本质是一种承载信息的媒介，是个瓶子。瓶子确实为盛酒而生，但要说瓶子就是酒、烧瓶子就是酿酒，那就有问题了。

上述观点中最妥帖的应该就是"内容为王"了，媒介形式的价值确实在很大程

度上依靠内容而产生，但它并不适用于所有语境。

我们来想一想通常我们听到这句话是在什么时候：

第一种是谈论做短视频什么因素最关键的时候，和内容放在一起做选项的还有制作技术、视觉美术。这种时候要分情况来看，如果是做抖音这种社交性质的短视频，内容为王大体是没有问题的。但如果是做一板一眼的宣传片、功能片，或者偏视觉系、概念系的广告片就不一样了。

对于前者，内容上把信息如实传达就好，甚至堆叠得有些枯燥也实属正常，但是否能把握一个便于理解和接受的讲述节奏、在关键处恰如其分地标示重点、用视觉友好冲淡乏味就显得更为关键了。

而对于后者，内容往往比较简单，关键撑场面的还是视觉：是用五彩缤纷的道具配合调色营造"蒸汽波"的感觉；用昏暗的灯光、老旧的场景配合金属、霓虹的后期加工做成"赛博朋克"；还是追踪一个光点、让它随着音乐不断变化成线、成面，形成更多形变，带来抽象的感官感受才是重点。

第二种是在话题涉及短视频创业、短视频行业的时候。"内容为王"的呼声实际上是被图文传媒时代的新媒体人带进短视频行业的，这是他们变换阵地又能平稳过渡的关键契机。现在做抖音的很多人就是当年做公众号的那些人，而他们运营抖音的思路大体也还是做图文的那一套。

这是合情合理的，因为媒介本就为内容而生，内容板块是短视频的关键板块，短视频经济的一只脚也踩在内容经济的版图上。但是请注意，它们的交集只是一部分，当我们从行业的角度来看待短视频时，一定不能以偏概全。

我们在上一章提到过短视频行业包含很多不同的业态，有吃内容饭的，也有吃技术饭的；同时，发展内容经济也只是短视频发展的一个途经阶段，并不见得是永恒主题。

所以在看待短视频的时候，带有图文传媒基因的创作者、运营者和受众，不光要看到它与图文一脉相承的部分，也要看到它的独特性。这个说起来就太深了，我们先不讲，但大家要理解，短视频绝不是让图文动起来这么简单。

总之，把短视频行业与内容行业画等号并不科学。短视频很包容，因其包容方能久远。所以即便你不擅长创造内容，也可以在短视频行业拥有一席之地并创造价值。

⁞⁞ 2.1.2　短视频，不等于"抖音"

这是我们要说的第二点。这一偏误在此时此刻分析可以说是正当时，是普遍存在且根深蒂固的问题。

现在一提短视频，好多人都觉得就是做抖音、做快手；好多人口口声声地短视频创业也就是拍视频、攒流量、接广告、带货；许多以"短视频××"为名的公众号的内容几乎全部是抖音、快手的制作运营技巧、网红大号分析、平台数据动态信息……

在这样的观点下，抖音、快手一家一姓的起落波折，就被许多人放大成了一个行业的跌宕起伏，甚至出现了上一章提到的盲目狂热现象和"下半场论"。关于这种现象的不合理之处我们在上一章已经讨论过了，那么这一部分我们就主要来谈一下这样的偏谬是怎么产生的。

首先，当然就是"巨星代言"效应。短视频行业虽然发展近十年，但真正作为街谈巷议的话题进入绝大多数人的视野，是快手、抖音。很多人因为它们记住了"短视频"这个名词，感受到了短视频的浩大声势，体会到了短视频的变革性力量。

而多数人对于和自己关联并不那么大的事情，总是从片面的经验出发积累认知，于是就像那首情诗："因为你，我爱上了这个世界，从此对我而言，你便是世界"，被抖音、快手塑造和颠覆认知的那些人，便不可避免地陷入了这样的误区之中。

其次，和上一个话题一样，图文时代内容制作、运营的相关人员的流入也是一个原因。对于他们来讲，当放弃了熟悉的公众号和微博，在诸多更有未来的新媒体阵地中，抖音、快手无疑是最接近他们原本经验和习惯、方便他们与时俱进的阵地。

这些图文时代"移民"的涌入，通过嫁接，为短视频创作和运营注入了更多成熟的基因，也依托抖音、快手创造了大量有影响力的内容。于是强势的平台与强势的KOL一起，向外界发出了强势的声音。只是可惜，这些声音里很少提到这个行业格局中他们自己之外的那部分。

最后，这是资本、媒体"带节奏"的结果。这两种势力虽然一个为了利益、一个为了任务，但都有几个共同特点：（1）都重视宏观描述；（2）都擅长使用权威语体；（3）都喜欢在圈外看问题；（4）都拥有较大的影响力。在这几大特点的共同作用下，快手、抖音被拔高放大、过度概括就难以避免了。

了解了这些，你会不会感觉求知的路上充满了陷阱呢？

是的，就是这样。现今正处于泡沫之下的短视频"江湖"中这样的陷阱还有很多，不管是以讹传讹，还是有人刻意为之。

所以，如果你正准备把大量精力、资金、热情投入到短视频上，请千万留心回顾一下你的出发点。因一个错误的前提认知而创业，无异于把一箱金条拴在悬崖边的一根松枝上。

深度思考、谨慎求证，多找专业的实践者聊天，作为曾经的短视频创业者，这是我们由衷的建议。

:: 2.1.3 短视频不是长视频的取代者

短视频快速崛起的这些年，不绝如缕的还有对于长视频的唱衰。虽然这些人每天也都会去"爱优腾"刷最新的剧、追最火的综艺，但仍固执地解释道："人们爱它只是因为承载的内容，而作为载体的长视频本身已经'行将就木'了。"

对于这样的论调我们并不惊讶，因为人类社会长久以来就喜欢用比较的方式做评论。如果歌颂新事物，那就最好捎上它的前代"踩一捧一"。

但事实上，客观世界并不愿以如此狭隘的面目存在，新锐现世，之前的媒介更多是以"退休"的方式撤离让位，但仍然会以另一种角色继续发挥作用。

你看我们之前讲的"传媒的代际情况"中，口语、文字、图文这些媒介至今都仍未绝迹，同样作为传媒3.0时代的长视频，又怎么会因为短视频而成为过去时？

不可否认，在短视频的高光时刻，长视频确实略显暗淡，围绕它的流量、报道、资本、舆论都略逊一筹，但这又何尝不能解释为短视频的"新手福利"？

就像两个轮番登场的演员，后一个在刚刚亮相的那几十秒享受全部的灯光和掌声岂非合理合情？我们可以因为这样而认为先登台的演员就不受关注了吗？

所以一定要有清晰的概念：短视频和长视频并不是取代和被取代的关系，在属于视频的传媒3.0时代，这两者将差异分工，共同拼就更加完整的视频传媒格局。

短视频擅长抓取人们的碎片时间，却难以容纳十分具体的内容；而抖音、快手等坐拥流量的短视频平台又因泛娱乐为主的人群所限，在承载内容的深度方面也具有局限——但这些刚好可以被长视频所补足。

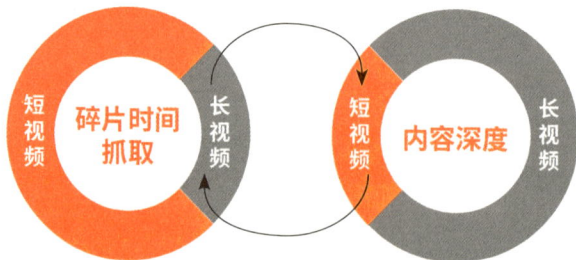

一个健康、完整的传媒生态，一定是"抓眼球带流量"与"深解析做内涵"齐飞的。就像图文做主角的传媒2.0时代，要以微博的短内容炒话题、促讨论，也要有公众号、知乎、垂直媒体的长内容来充分表达。

成熟的营销离不开用长、短内容搭配组织起来的"组合拳"，在即将到来的视频传媒时代依旧如此：用短视频抓眼球、长视频做深度。

那么你可能会说了：短视频有抖音、快手，那长视频江湖中扛旗的有谁？

就目前而言，成熟的长视频平台比短视频更多，被短视频打劫了份额后，大家都在积极探索属于自己的差异化打法。而在这当中，哔哩哔哩（以下简称B站）的发展态势我个人非常看好。

只要你是互联网社交的中度用户，八成会对B站近两年的一系列拉风操作存在深刻印象：从精彩绝艳的自制春晚，到高品质的纪录片；从财经版块携深度内容兴起，到名为《后浪》的现象级演讲……

总之，这个在十多年间以"鬼畜""二次元"为标签的长视频社区终于破圈而出，成为民众热议、各方热捧的"香饽饽"。而B站作为目前为数不多没有被泛娱乐过度攻占的主流视频平台以其高质量的流量和文化素质较高的用户群体优势，为承载具有深度的长内容在视频领域获得载体提供了又一选择。

这不是西风压倒东风，东风又压了回来这么简单。挑战造就成长，经过短视频冲击后再度回归，以B站为代表的部分长视频平台已然归位就绪，准备以不同的定位发挥更加久远的价值。

请相信：接下来徐徐展开的，将是一个前所未有的、长短视频共生互补的新时代。所以站在2021年，除了做好短视频，用心经营B站的长视频也会是一个有价值的选择。

∷ 2.1.4　直播不是短视频的取代者

"直播"是这两年的又一大热词、风口，常被大家与短视频相提并论。这当中有两种常见认知是有误区的，我们分别说一下：

一些人会将"短视频直播"作为一个词来使用，认为直播是短视频呈现的一种新玩法——这是误区一。

直播与短视频同样具有全民可玩、流量火爆的特点，也同样具有在"新基建"完成后展现庞大红利的潜质，但它们仍然具有很大的差异：

首先，短视频是有时长限定的，通常会在3分钟以内，即便宽泛点也不超过5分钟。但直播则不限定时长，1分钟还是1个小时，都属于直播。

其次，短视频的优势在于"攻占"人们的碎时间，获取其碎片化的注意力。但直播的优势更多在于实时互动展示，掌握碎片时间并不是动辄占几个小时的它所"擅长"的。

所以它们是两个东西、两个风口、存在两种机会的新兴传媒方式，那么存不存在替代关系呢？换言之，在短视频火爆的三年后强势崛起的直播，是不是短视频风口的终结者呢？

一些人认为会是的，因为时间进入2020年，直播的存在感和国民对其关注度几乎完盖短视频，当年发生在短视频身上的狂热似乎又出现了……

但很可惜，这同样是类似于一阵"给后上台者的掌声"，这样的认知就是我们要说的误区二。

首先，短视频与直播的优势不同，在功能、作用上也有着很大的差异。短视频目前所在的领域仍然是内容场景，而直播则在电商、教育方面占据胜场；短视频以精心编排、剪辑的内容、精心安排的节奏引爆流量，而直播则以主播随机的表现和产品的卖点、价格撑起人气。

其次，这两者实际上是互补的。短视频的内容生产都是"过去时"，呈现的都是经过设计、编排的内容，呈现更为丰富、精致、有层次的信息是其所长，也是其义务——擅长品牌塑造。

而直播的内容生产则是"进行时"，所呈现的是不可编辑、不可删改的即兴内容，更适合呈现主播的真实状态，配合其互动增进亲和力——擅长转化收割。

短视频
精心呈现的
"设计之美"

+

直播
随机亲和的
"人格魅力"

完美选择

从受众的角度分析，通过短视频关注一个人的才艺，再通过直播领略他/她的性格魅力是可以的；通过直播发现了一个"宝藏主播"，再通过短视频享用他/她精心准备的作品也是极好的。

而从创作者的角度分析，利用短视频的高传播力引发关注，从而向直播导流是自然而然的；而利用直播的高互动性通过粉丝观看其短视频增加对账号的黏性也是十分妥当的；利用两者的分别优势在"品"与"销"的消长之间找到平衡，也是科学、明智的办法。

总之，短视频就像妆容整洁、衣着光鲜的状态，直播就像干净素颜、平易居家的状态。能把两种状态集于一身的女孩魅力一定不一般，同样的，把短视频与直播恰如其分地搭配运用，也将带来1加1大于2的效果。否则抖音、快手这样的平台也不会如此费心地将这两者集于一体发展。

短视频和直播正是时下品牌营销与自我营销的倚天剑与屠龙刀，对于有志通过新媒体在流量之海拥有更大影响力的朋友们，我们奉劝大家两手抓，并致力于探索它们的融合之道，万勿因为上面两种误区而自断一路、错失红利。

2.2
更长久的时间里，短视频应该充当什么角色

大家注意，这里我们讨论的不是此时此刻短视频正在社会充当着什么角色——这一点无须多说，某种程度上讲多了也没有意义。

因为在我们看来，当今社会对于短视频的定位极有可能是暂时的：万亿级风口？轻资产高爆发创业项目？传统行业的转型跳板？极具广告价值的流量洼地？当泡沫消散、行业格局趋向成熟，这些定位中的事情都将成为历史，这些情形只是一时的。

我知道现在一定已经有许多人因为各种不同的初衷瞄准了短视频，正摩拳擦掌准备出手，但如果可以基于更加长远的可能性分析来做规划，无疑可以让你的行动更加科学稳健、方向准确。所以如果上述那些都只是昙花一现，在更加长久的时间中短视频到底会以怎样的社会角色稳定存在呢？

答案仍然是那句话：卸去光环、回归本质，更多地实现其作为信息传播载体的价值。说法略微抽象，下面从企业、个人两个方面来具体说一下。

∷ 2.2.1　对企业：用PPT"吃饭"，用短视频"穿衣"

对于企业而言，短视频要怎么用？

时至今日，企业利用短视频制作广告、宣传内容已经不需进行多讲了，而以抖音蓝V号这类专门瞄准企业开发的短视频产品也早已出现，为短视频与企业的结合提供了通道。在未来，两者的结合无疑将更加紧密。

那具体会是怎样的情景呢？对于这个问题，如果你发现头脑中闪现的还是一些来自新闻报道、道听途说的零散画面，那不妨先跟着下面的这条思路走一下：

我们知道短视频的本质是信息传播的载体，是一个装载信息的容器，那么使用它就一定意味着有信息要传递。对企业而言，有哪些信息是需要传递的呢？

简单来说，分为对内和对外两种：

对内：内部通知、企业新闻、年终总结、会议内容、档案报表、员工培训、活动回顾等；

对外：企业介绍、产品宣传、公关报道、广告推广、招聘启事、自媒体内容、公众演讲等。

然后我们把随时可能编辑修改的，有必要来回跳看的，需要配合口头同步讲解的从中去掉，因为视频的成品通常是不可编辑的只读文件，而且在播放过程中是以线性的形式从头播放到尾，跳看、暂停十分影响表达。

于是在上述内容中把"会议内容""档案报表""公众演讲"剔除后，剩下的就都能用来以短视频的形式做。如果你是个企业的管理者，不妨对着回顾一下，你的公司是否已经把短视频的用途充分解锁了呢？

企业短视频应用场景

内
内部通知
企业新闻
年终总结
员工培训
活动回顾

外
企业介绍
产品宣传
公关报道
广告推广
招聘启事
自媒体内容
公众演讲

短视频时代，把适合短视频呈现的信息统统短视频化是个大体不会错的选择，用更符合人性诉求的方式更好地传递信息，无疑会在各种程度上提升企业的工作品质。

过去大家之所以仍然只将短视频用在极为有限的场景之中，一方面是固有习惯使然，更重要的也是因为普通企业并不容易获得高效、简单生成短视频的能力。但随着技术的突破，现在已有诸如来画动画、来画视频等成熟的短视频创作工具，企业们也就可以自行落实这些事情了。

当然，短视频的全面引入并不意味着Office办公套件可以退出；相反，对于业内"短视频将全面取代PPT"的观点，我们认为是过度神化、盲目乐观的看法，并不敢苟同。

如果以一个人来打比方，企业日常的协同办公就像吃饭，满足自己的生存需要；品牌公关与营销就像穿衣，解决别人对自己的看法的问题——这两个都是生存所必需的，在如今许多企业的观念中，分别由Office工具和短视频来负责承担实现。

办公需求
解决自己生存
相对稳定
习以为常
易被忽略

营销需求
解决他人印象
迭代较快
存在感强
不易被忽略

作为社会动物，我们可以马马虎虎地在私下把自己填饱，却总不愿在人前展示自我的时候草草了事，所以我们分配在穿衣上的精力总是比吃饭多。

基于类似的原因，品牌公关及营销也比日常办公更能引起企业的注意力，于是品牌课程天天上，营销风口天天跟；今天一个短视频，明天一个直播，更是让企业们无比敏感、趋之若鹜。

但PPT等Office办公软件就不一样了，不擅长和营销公关搭关系，三五年一变的所谓"风口"也就和它关联很小。二十年来也就老老实实地蹲守在日常办公的一亩三分地，靠谱稳定、习以为常到大家时常会忽略它的存在与重要性。

但不管怎么说，穿衣就是穿衣，吃饭就是吃饭，不管短视频在未来能够接下同为演示载体的PPT所覆盖的多少场景，专业办公软件也仍然不会完全消失。至少上面几种不适合短视频实现的场景，仍然是Office所擅长的领域。

:: 2.2.2　对个人：联通世界，开放人生的另一种可能

对个人而言，短视频意味着什么？

仍然是上面的思路：作为普通的个人，我们平时都在哪些场景中需要传递或留存信息？

比起企业，个人行为的目的性没有那么强，所以需要利用信息的场景便更是数不胜数。但考虑到短视频本身从便利性上和口语表达方面并没有竞争力，所以我们就要更侧重分析有哪些看重仪式感、影响，传递更加便捷的信息使用场景。于是便有了下面这些：

节庆问候、情侣告白、日常状态更新（如朋友圈更新）、分享知识经验、输出自媒体内容、记录生活中的美好。

对于这些，我猜大多数人都不会设想过用短视频实现相应的场景表达。没关系，慢慢来，从两件事开始：

第一是解放思想，更新"短视频观"。怎么做取决于怎么想，在不知道螃蟹能吃的年代，当然也就不会有香辣蟹、咖喱蟹、沙蟹粥、蟹肉煲和避风塘炒蟹。所以，想要在接下来充分享受短视频的红利，先要跳出固有的思维局限。

从社会上已经出现的现象出发进行理解、判断短视频是阻碍大家全面认知短视频应用的主要原因。想要突破这一点，就必须从短视频的本质出发。如果一件事既符合人性，又适合用短视频来承载信息，那这件事就可以做，"有没有人做"不该是限制判断的条件。

第二是要掌握技术，获取用短视频表达的能力。目前短视频在许多人的认知中还是在特定场合下特别使用的"重器"，因此对于短视频行业外的大多数普通人，掌握自由使用短视频的能力并不具备十分充足的动机。

但随着短视频的应用场景越来越宽广、技术门槛越来越低，渐渐将短视频拉下"神坛"、更广泛地将它用在日常的工作生活中，就不再是遥远的奢谈。总有一天，人们对于信息高效保存的本能诉求会使得短视频成为个人技能中的"标配"。

总之，互联网为我们每个个体架设起了广泛连接的基础，"新基建"的变革下，这一趋势又将进一步迎来重大突破。这带来的不仅仅是流量的红利、短视频的红利，更是每个个体面对世界进行表达的红利。

短视频应用能力的普及，让我们每个人都有可能拥有一个"电视台"，我们的才艺、知识，甚至微不足道的生活点滴，通过它和网络的放大，也难以不令数以万计的人喜爱和动容。

就在过去的5年，占据我们关注视线的已不再是那些精英和明星，平凡路人、小镇青年、赶海农民也通过短视频纷纷进入我们的视野。

当信息只需依靠影像和声音传递，财富、学历再也不能限制麦克风握持者的身份。接下来的3~5年，这一态势还将继续发展，会有更多的门向着我们敞开。选择一个、冲进去，也许你就这样又与世界连接一次了呢？

第3章

心法，短视频方法论

有人说，短视频领域是一块风水宝地，但我更愿意把它比作一片正在郁郁葱葱生长的森林：这里风景迷人、生机勃勃，充满着诱惑的同时，又四处藏满危机；一步走错，可能深陷沼泽或者遭到猛兽的攻击……

这就是短视频领域的现状。这样的森林就像一把"双刃剑"，而在进入这片森林之前，你首先需要了解这片丛林的基本生存法则。

本章我们就一起来探讨短视频的心法。我们之所以暂时不提如何使用软件、如何使用动画制作软件，或者有哪些拍摄技巧，是因为我们认为：心法更为重要。

何谓心法？

就好像武侠小说里高手除了会那些招式，还要修炼内功。心法，会让我们知道前进的方向，在短视频的这条路上才不会迷失。

记住，一旦走错方向，花再多精力，可能产生的都只是负面效果。你的这把剑，应该是用来披荆斩棘，而不是错伤到自己。

所以通过本章，我们希望大家能够了解到短视频工作的方法论和底层逻辑，从而在接下来的学习、实践中避免偏离航线，也会走得更快、更远。

3.1
做了那么多短视频，为啥一个都火不了

从属性上来看，目前在短视频领域跃跃欲试的勇士们，大体分为两个方面：

一方面，越来越多的企业和品牌主认识到短视频领域的价值，更愿意投入精力和财力做商业短视频，想通过短视频创造信息传播与品牌营销的奇迹。

另一方面，个人创作者也是一派较强的势力。当前，短视频成为大家茶余饭后的"杀时间"利器，它为我们开了另一扇窗口，联结起整个信息世界。公交地铁上，低头族们正在为此欲罢不能；深夜躺在床上，短视频好像有毒，一刷就停不下来，大家的睡眠时间因此而不断被压缩；孤独的人们也通过朋友圈、抖音、快手，拍摄日常生活的短视频，为亲朋好友们发行着"社交货币"……

> 而无论是其中的哪一派，他们中的很多人都会被同一个问题困扰："我也做了很多短视频，为啥没火呢？"

这同样也是我们作为一家专业的短视频公司，在这些年被客户、朋友们提问次数最多的问题。那么我们如何来看待这一问题呢？

在我们看来，上述问题的内容过于空泛，一般都出自新手。严格地说，短视频的制作、运营和传播是一个系统工程，需要各路高手相互配合方能完成。个人短视频也需要时间试错，就算是顶级高手，也需要花时间洞察受众，并且找到自己与视频观看者沟通的合适人设，才能创造出优质短视频。

因此我们需要具体问题具体分析。下面我们就从四个关键词展开，讲述一个短视频被引爆所必须具备的要点——这也是传播学的底层逻辑，在未来相当长的一段时间也基本不会改变。

:: 3.1.1　IP定位：你的人设关键词，别人是否能脱口而出

众所周知，在这个自媒体崛起的时代，每个人既是内容的生产者，也是内容的传播者。

某天早上，你随手拍摄了一段宠物狗狗"撒娇"的短视频，发到朋友圈，这时你是内容生产者。深夜，你回到家打开B站，随手转发了你喜爱的游戏主播的短视频，这时你又是内容的传播者。

我们迎来了内容创作最好的时代，每个人都扮演着双重角色，短视频也成为大家信息联结的桥梁，变成了一种"社交货币"。就像大家用货币能买到商品或者服务一样，使用这种社交货币也能够获得周围亲戚朋友们更多的好评，或者更积极的印象。简单地说，你的任何视频的转发、点赞、评论都可以叫作社交货币。

而既然你想要获得人们诚心实意的点赞，那就要让人们认可你的人格魅力，这可能是因为你的风趣幽默，也可能是你的知识渊博，还可能是因为你颜值超高还会弹钢琴。

事实上，我们每一次表达或者传递信息，都是为了逐渐加深人们对我们的人格化印象。就算你要创作的是一个商业品牌的短视频，也需要借助人格化的载体来呈现。因为没有人愿意和冰冷冰的机器对话，或者每天面对着一堆与自己无关的促销广告信息。

正是基于这样的认知，我们便需要对我们的短视频进行"IP定位"。

短视频的IP定位，是指基于沟通表达的人格化定位，也就是你要通过短视频展现在大众面前的是一个什么样的形象。它包含了你用什么样的说话语气、语速、你的外形、知识结构、性格特征等。

内容角色的设置是针对的是你的观众，当他们打开你的短视频时，心中的期望是什么？

另外，即使是有一些缺点或者性格缺陷，也不妨碍大众对你的喜爱，因为很多时候看到你的成长和进步，也是他们所盼望的——不过，这里必须存在一个活灵活现的"人"！

IP定位，是短视频创作策略的第一步，它也决定了你未来必须一以贯之的前进方向。

当我们提及某一个IP时，总会有一些对他们的印象关键词浮现在脑海中。比如，"papi酱"可能是"好玩"和"犀利"，"李子柒"可能是"全能""仙女""办公室小野"可能是"创意""猎奇"等。这些关键词给我们强烈的代入感，在大众的印象中不是短时间内能够形成的。之前所说的那些经常询问为何自己"干做不火"的短视频创作者，无论是品牌还是个人，八成都没有做好这一点。

其实判断自己是否做好账号的IP定位也很简单：你可以找到身边看过你的短视频的5个朋友，问问他们是怎么理解你账号的定位的。如果他们都没有给出相对统一的回答，那么你的IP定位策略大概率是出了问题。

有一个好的定位，就意味着成功了一大半。不过这需要一定的时间来沉淀，目前许多短视频作者，特别是企业品牌IP，由于急于转化获利，最后反而容易把一个IP做成一个"四不像"。所以，如果你是一个企业品牌短视频IP的管理者，请给团队多一些的时间。

∷ 3.1.2　内容价值：你的内容有没有为大家创造价值

想要获得"爆发式"的关注"一夜成名"、想要魔术般盈利或暴富、想要不必上班并实现人生逆袭……现在许多人满怀期待地投入短视频领域，正是这些原因所驱动的，但事实上，这些都是一些急功近利的认知误区。

不过注意，我只是说这样的想法会有点儿"急"，而没有像你们的亲朋好友一样说这是不切实际的，毕竟这个行业从来都不缺少"奇迹"。但这里有一个前提：你的短视频内容要为观众创造足够大的价值。

在这个信息爆炸的时代，注意力早已成为稀缺资源。如果把长视频和博客、公众号相类比，短视频更像微博，更需要快速抓住人们的注意力。你可曾有过刷到一段短视频，看过几秒钟之后就直接关闭的经历？那一定是信息传递的速度太慢。

切记，人们有选择权，而且耐心非常有限。

所以短视频开头请直奔主题，要么直接制造冲突，要么颠覆认知——总之，让人们有往下看的欲望。在这里多啰嗦两句，是因为我们有见过太多类似的案例，甚至一个视频的片头都要10秒钟，除了已经对你有所了解的人，其他观众早就去往别处了。

就短视频内容价值的策略来说，首先应该审视自己，要看你擅长做什么有价值的内容，而不是什么内容能现在火。原因很简单：你需要的是持续不断的价值内容产出，这时找到自己擅长的方向就远比赶时髦重要一百倍。这些年我们见过许多客户和个人内容创业者一味盲目地追风口，反而忘了为什么出发。当一些企业看到李佳琦、薇娅带货火了，就招一些好看的女生拍抖音，还没潜心钻研这个领域的基本规则就盲目杀入进去，结果自然可想而知了。

大家一定要相信：说自己想说的话，比别人逼你说话更容易，也更容易感染人。以内容创造价值，本质就是在增强内容的"附着力"，让别人不至于左耳进右耳出，看完短视频之后总能留下点什么。

那么有哪些方式可以达到上面说到的这种效果呢？我们接着看下去：

1.情绪类

当我们看一段短视频时，总会有情绪代入。可能是一段搞笑的动画，让你觉得开心；可能是国外的自然风景，让你觉得惊喜；可能是一个煤气爆炸的新闻，让你觉得可怕；可能是某位值得敬重的人逝世，让你觉得悲伤……

我们的喜怒哀乐，都是情绪代入。当我们的某种情感的浓度达到一定阈值的时候，我们就会被强烈唤醒，从而做出某些行动，比如分享、点赞、评论。

想想你看过的短视频中，在你愿意分享或者互动的那一刻，是否绝大部分时间都被打开了情感阀门呢？

人都有七情六欲。因此，当你创作短视频的时候，请尽可能地引起观看者的情绪共鸣，这也是任何热门视频都要考虑的传播要点。

但我们也不要在创作时一味地想着调动情绪而不顾内容。我们在抖音、快手上也会见到很多劣质的爆款视频，比如在草原上烤骆驼，浪费粮食还要别人"双击666"的视频等。通过刚刚讲解的内容，相信大家也一定想明白了为什么这样的视频也能火。

面对这样的视频，大家也要认真地问一下自己：这类视频是你（或者你的品牌）希望传播的爆款视频类型吗？

2.认知类

这类视频多以知识输出为主，可能是一个你不知道的新知识点、新概念，也可能是颠覆了你原有认知的内容。在看完此类视频时，我们会有认知快感，从而愿意把它分享给更多人，或者自己收藏备份。这类视频也通常是在垂直领域深耕的作者会长期更新的视频，完成它需要拥有完备的知识体系。

3.整理类

我们把这类视频叫作"剪辑+再创作"，通常是剪辑影片的片段，再以自己的配音进行讲解的形式，比如抖音和B站上面的"1分钟看完一部电影"之类的形式。这类视频虽然原创成分较少，但也存在一定的价值，因为它帮助人们节省了时间。

不过，这类视频产生爆款的概率也相对较小，除非"再创作"的部分有自己较为新颖的观点或表现形式。这就像我们出席一个活动，记住的总是那些挥斥方遒、侃侃而谈的嘉宾，而很少是那些只是单纯帮助他们记录和转述观点的助理和主持人一样。

4.跨界类

这是爆款视频的"蓝海地带"。把两个看似完全不搭的领域融合起来，往往会有让人意想不到的效果。就好比幽默理论中一些不对称的冲突，往往会让人感到惊喜和有趣。

比如，B站上有人将电脑主机游戏的录像做成一段生动的电影，配上自己搞怪的配音和讲解，这是"电影+游戏"的跨界。再比如，有个短剧叫《一小撮恐怖》，甚至用恐怖电影的方式来吐槽社会问题，这是"恐怖+时事"的跨界，也收获了一大批目标受众。

也许你并不是某一领域的顶尖高手，但你可以成为两个跨界领域的佼佼者。就像有些艺人既是歌手也是演员，他可以成为"演员里面唱歌最好听的，歌手里面演戏最棒的"，是一个道理。

在如今短视频垂直领域已经饱和的情况下，大家可以多思考一下，跨界的哪些区域还是蓝海呢？这是我送给大家开拓全新受众市场的一个思路。

:: 3.1.3　关键人物：谁可能是最好的推销员

短视频的传播，也是遵循二八定律的。即20%的关键人物贡献了80%的流量。

记得我们曾经有位同事，个人公众号偶然间做出了一个10万+的传播案例，当他打开后台数据却发现许多流量都是由一个用户所间接带来的。后来通过调研了解到，这位转发者是一位在其所在城市非常具有号召力的名企高管，他的一个转发行为在该地域产生了裂变式的影响力。

每一个爆款的传播路径，也一定存在一些重要的裂变节点。就像这位企业高管，在这个10万+的传播案例中，成为最好的推销员。要知道，我们在创作内容的同时，也在构建着一个基于兴趣爱好的部落社群。在你的粉丝社群中，你有没有做过受众的分级管理，通过数据和策略分析筛选出那20%的重要受众呢？

关于粉丝运营的部分知识是个大课题，这里先简单给大家几点建议：

（1）看看哪些人是经常关注你视频的，请善待他们，他们也需要存在感。

（2）与你互动的用户，你应该礼貌性地回复或者去人家"客厅"坐坐。

（3）重视和关注最开始的100位粉丝。

（4）这是一个礼尚往来的社交网络世界，自己每被推介一次，记得推介其他人两次。

（5）对于那些数据较高的短视频，你一定要回到那时去看看发生了什么（比如数据流向、选题、风格等，总结并且在后续制作中加以借鉴）。

希望你从现在开始，能着手关注这些关键人物，并培养运营意识，不要再只是盲目地生产内容了。

∷ 3.1.4　传播环境：为什么有些以前的短视频突然火了

在短视频行话中，有一个不定期"挖坟效应"。在运营中我们发现，有些视频刚发送时并无声量，但过了一段时间，这个视频却突然火了。这实际上是由传播环境的变化和人们的注意力转移导致的。

比如前段时间发生了一件关于一名歌手"人设崩塌"的大新闻，在事情的最开始，对于事情的真伪社会舆论还是分作两派各执一词的。这时，突然有人挖掘出了当事人前女友在两年前发的几条信息，使得事情慢慢得到了证实，于是这几条原本湮没的内容突然重新又成为热点，并被"疯传"。

讲到这里，你应该就会发现一个爆款短视频的形成，天时、地利、人和缺一不可。传播环境就好比"天时"，很多爆款视频也是在机缘巧合的情况下诞生的。

那么问题又来了：我们该不该放弃自己的创作，改追热点呢？

我们的答案是——可追，但不强追。如果一个热点跟你的账号内容关联度较高，又能让人不反感，那么便是一个很好的借力和引流方式。但请不要"为了追而追"，一个好热点是可遇不可求的，而不是被量化的产物。

在疫情期间，很多企业和个人，也都想通过自己制作短视频表现一下责任感。但这个时候，我觉得做好自己的分内工作更为重要。洞察一下大众心理，"居家"了许久之后会有负面情绪，此时关键信息的传递就好比生命线。在这时，有些企业还想通过追热点来做品牌或者个人营销，对此人们往往是非常抵触的。

此时，你可以选择少发声，不占用公众舆论资源，或者通过做好自己分内的担当，展现企业社会责任感。比如，如果你是外卖App、打车软件、快递品牌、口罩生产商，就把自己的产品和服务做好，提供疫情期间维持大众生活正常运转与信息传递所需的资源。

传播环境决定了话题的流向与大众的关注度情况，爆款视频的制作与运营也需要考虑环境所带来的影响，应顺势而为。不合时宜和引发大众情感不适的"蹭热点"行为反而会适得其反。

本小节从传播学的视角出发，算是回答了短视频新人们关于"爆款"的问题。如果您还想详细了解流行的短视频如何被引爆，给大家推荐一本英国作家马尔科姆·格拉德威尔的经典著作《引爆点》，全书都在讨论如何"引爆流行"。这本书中详细解读了传播学的三个基本法则：关键人物法则、附着力法则、环境威力法则，是对本小节分享内容的深度延展。

这里送给你一句老话：冰冻三尺，非一日之寒。请耐得住寂寞。

3.2
先当个产品经理，你是否做好了这两门功课

现在短视频的制作门槛越来越低，竞争也变得激烈起来。即使是一个卖菜的大妈，只要她有一台智能手机、会使用App，她也能够生产自己的短视频内容。而且说不定大妈随手拍的一些手机视频比一个小团队制作的作品更受欢迎。

大家要明白，内容也是一种产品。内容创作者不只是在做视频，更是在设计一款产品。因此我建议每一个想靠做内容维持生计的人都先学习一下产品经理的思维。

为了让所有读者都能快速理解本小节的内容，我要先用一点时间介绍两个概念：什么是洞察？什么是定位？

如果你已经对产品经理的工作有所了解，或者你是一个广告"老人"，比如你是一个成熟的策划人员，你可以选择快速跳过这部分内容。但如果你并没有这方面的从业背景，那么我由衷建议你能够跟着我们的脚步仔细品味下面说的几点内容。

:: 3.2.1　洞察：带着一双鹰眼，关注产品和受众

来看看产品经理的脑子里都在想些什么。

产品经理在设计一款产品之前，通常都带着一双"鹰眼"，会做大量的洞察工作。洞察，是在重点关注两件事：一是产品，二是受众。而产品的洞察，又包括竞品洞察与自我审视。

就像一个好的平面设计师一定要看过成千上万张优秀的设计作品一样，产品经理会去分析当前市场的同类品牌和产品的优缺点。在分析过程中，他们通常会带着几个核心问题去有目的性地搜集。比如：这个领域目前最牛的品牌有哪些？它们最独特的地方是什么？他们都做过什么营销行为？他们的行为有什么规律？他们怎么对消费者说话？它们在网络上的评价如何……这就是竞品洞察。

而自我审视，是对比其他产品，看看目前自己的产品有哪些卖点、存在什么问题、有什么机遇和挑战、如何改进……这些问题也要针对产品的不同形态来拟定。

第二关注点是对受众的洞察。产品经理一定会对受众有清晰的画像：他们是谁？年龄多大？在哪里？关注什么？在什么场景下使用或者购买产品？什么让他们

感觉爽？他们还有哪些需求未被满足？什么促使他们行动（比如购买和分享）······

之所以要让大家了解产品经理的思考框架，是因为几乎所有的流量、创收和机会都是从洞察中来的。

一个成熟的内容创作者，在准备做一款短视频作品或者运营一个账号之前，大部分的时间都是在洞察与总结，最终形成一个系统文档，为市场定位做准备。

❖ 3.2.2　定位：风靡全球的理论——抢占受众心智

在很长一段时间里，无论是营销圈、广告公司还是企业家，似乎都很喜欢谈定位。那到底什么是定位呢？接下来，我用简练的几段话，先让各位了解一下这个被誉为"有史以来对美国营销影响最大"的观念是什么样的。

定位是指一件产品在目标消费者心目中，相对于其他同类竞争产品而言所在的位置区间，或者一个特别独特的记忆点。这件产品，可能是一种商品、一项服务、一个视频，甚至是你自己这个人。

而定位的核心，是抢占用户的"心智"。

大概在20世纪70年代的美国，随着经济发展，大多数的消费需求已经被满足了，市场上的品牌越来越多，产品的品类也越来越丰富。此时做营销和做广告的人们就发现：消费者的大脑中已经装不下太多品牌了！

于是便有人提出：要打造出一个有差异化、有记忆度的标签来占领消费者的心智，这就是定位理论最初的意义。比如，你是一个卖奶茶的，当别人有喝奶茶的欲望的时候，能首先联想到你，很有可能是因为想到了那句"杯子连起来可绕地球几圈"的标签，从而产生了相关的行动。

那么定位具体要怎么做呢？简单来说，定位理论的基本构成元素是：**类别+标签。**

所谓"类别"就是产品的品类，除了一个大品类，下面可能衍生出更多的细分品类。举个例子，计算机是一个大品类，下面衍生出更多的笔记本、工作站、台式机等细分品类，每个品类还可以往下细分，比如笔记本之下可能有办公本（更轻、更方便携带）、游戏本（散热好、显示更佳）。总之，消费者的使用场景与特殊需求会越来越精细化。

而"标签"是指给目标受众的差异化关键词，即他们能脱口而出的记忆点。

综上所述，要做好定位就要去想你想要在哪个领域、使用什么样的差异化标签、在受众心中占据什么样的位置。

∷ 3.2.3 短视频的定位方法

之所以在上节先介绍洞察和定位，是想让一些刚入门的读者了解一下这两种思维模型，以便我们接下来的沟通能有效进行下去。接下来让我们把视角切回短视频领域，短视频的定位包含多个维度。

经常有人向我们表达："现在做短视频好难啊，入行太晚了，坑都被别人先占了，我现在感觉怎么做都很难有流量。"品牌方也对我们说："现在老板让我们运营企业的短视频账号，我们总感觉有点儿无话可说，做不过那些大号，也没有人看。"

这些看法，其实都只说对了一半。的确，我们现在所处的短视频时代就像是刚刚讲到的20世纪70年代的美国，产品品类迸发、品牌林立、受众的基本需求已经被满足了。这也代表着我们现在很难像过去几年入行短视频这个风口领域的作者一样可以轻松"躺赚"流量，不过这并不是说便没有办法了。

事实上，现在的短视频内容时代，正是需要定位的时代。就像20世纪70年代定位能够帮助许多品牌在新的竞争下走入大众的视野一样，它也能够让我们的短视频在当今的局面下"闯出生路"。

下面我们从四大维度的9个问题出发，带你了解短视频的定位方法论。

1.领域定位：从"小而美"做起
问题1：我擅长做什么领域的内容

正如第一节提到的，你选择做的短视频内容，一定是你感兴趣和擅长的内容，因为你需要做到持续性的内容输出，以保证高品质、高频次的更新。如果你的创作总感觉是在"挤牙膏"，那就要考虑一下：是不是方向错了？

下面我建议你能拿出一张纸，罗列一下哪些是你既有兴趣又擅长的领域。记得要先把这个领域做切分，切分得越"垂直"越好，切得越细就代表着你所选的领域越垂直。你可以想象一个具体场景，比如：我擅长做饭→我擅长做川菜→我擅长做容易上手的川菜→我擅长做上班族10分钟就能搞定的川菜……这样领域就被切细了。

这时也许有人会问：如果这样过于细分，看我视频的人不是会更少吗？

是的，有道理！我们建议你在第一步这样做，一方面是为了让你更了解自己，并且容易在罗列之后做比对；另一方面，也是因为你要想在这个时间段切入，首先要抓住一个你最擅长的点、从吸引这一小部分的受众也是更容易的。有了这些种子用户，在日后可以随着不断发展再进行拓宽和定位调整。

就像某社交平台，最初的市场定位也只是一个校园网站而已。你总要先有一个你最能搞定的目标人群。

问题2：哪些领域的内容能展开更多的话题

这里我们以"来画"的一位合作伙伴的事业发展之路为例。最初，他只是在微博上发表关于不同星座人不同特征的小段子和吐槽，这些有画面感的能有共鸣的点，让大家对他留有深刻的印象。而经过一段时间的积累后，他则开始画一些搞笑的漫画，最后又在我们的帮助下升级到做以星座为主题的搞笑短视频。

他的产品定位本身是针对女性的情感与社交，因为女性在聊天的时候，总会时不时地提到星座，而几乎所有的事情都可以跟星座扯上关系。星座这个领域的内容，既能聚焦到独特的小众视角、抓住前期受众的眼球，又能扩展到生活的方方面面。加上他独特的幽默搞笑的表达方式，通过对女性心理的精准把控，便连接起了大批受众。

所以一个领域的选择，一定是有既能聚焦，又能发散到更多受众的话题的定位。

问题3：看看同行怎么做的

同行是最好的老师，在你脑子里没有想法的时候，一定要去看别人是怎么做的。去搜集你擅长领域的头部账号，以一个观众的视角去观看留言评论并总结出门道。

更重要的是，注意哪些领域是已经饱和的，哪些还是较为空白的"蓝海"地带，然后避开那些"雷区"。在你还没有修炼成一个顶级高手的时候，一定不想跟最强的人过招吧……

问题4：选取哪个领域？选择原因是什么

经过一段时间的洞察与总结，你一定会形成一个大致的方向。你可以列出一个矩阵或者脑图，给每个领域大致打分，最后选择一个高分值的领域切入。

同时别忘了罗列一下原因，下面一定会用到的。再提醒一下，别想一口气吃成一个胖子；小而美的东西比大而全的更容易展现个性，形成记忆度，并且更容易上手。

2.群定位：给出目标画像
问题5：目标人群的画像是什么样的

这里的画像是指一些关键词的确定，比如性别、年龄段、职业、表达方式、行为习惯等。

为什么要给目标人群画像？这个也跟当下平台的推荐算法有关。

在大数据时代下，我们的视频会通过平台的算法将视频推荐给一些特定人群。人群的定位你想得越精准，你的作品越能推送给你想要推荐的人。而如果你连你在对谁说话都不知道，或者定位模糊，平台又怎么能帮你精准推送、获得你想要的流量呢？

短视频是一种传播媒介，媒介的使命是把你想说的话用好看的方式包装好，然后传递给你想影响的人，能让他们在观看后有共鸣、有感动、有记忆。这也要求我们在设计短视频内容时需要带着"目的思维"，就如同每一发子弹都是为了击中目标。

这决定着在短视频创作之前，你就要明确认知你需要做什么，然后在过程中使一切行为都围绕这个目的展开，不要跑题、不要自嗨。要选择最能帮你取悦受众的内容、语言、风格和包装，在合适的场合说合适的话。

比如，如果是定位于年轻人的内容，就不要编织太过死板的句子和素材；相反，如果是针对中老年人的养生短视频，就不要在视频中放入太多无厘头的段子和当下最火的表情包。

3.价值定位：人性的优缺点

问题6：这群人有哪些人性的优点/人性的缺点

生而为人，都会有与生俱来的优缺点。所有的营销推广行为也都是在利用人性的优点与人性的弱点。

人性的优点：比如都愿意"成为更好的自己"，大家都想变得更好。所以我们看到商家在卖减肥药或者口红一哥带货的时候，总不会直接说"你太胖了"或者"你气色不好"，而是在呐喊"你可以变得更美"。

人性的弱点：比如趋利避害，我们总会对"双11"的全场半价感兴趣；再比如追求安逸，这个弱点也促使发明家发明了汽车，并得到大家的喜爱。

对于这个问题的思考会有利于你发现大家的需求点。所以当你不知道自己能带给他们什么价值的时候，请从人性优点和缺点的角度出发。

问题7：我能为满足他们的这些需求而创造什么价值

你为什么被人需要？你满足了他们的什么需求？我们要时常要求自己去回答这个问题，说不清楚自己有什么价值，账号就会缺少让别人来关注的动机。

我们还举上面提到的那个星座相关的客户的例子：星座这个领域，从人性优点的方向思考，为什么大家会对星座感兴趣并愿意相信呢？

仔细想一下我们便不难得知：星座这套心理学理论可以模糊地定义一个类别的

人，人们总愿意去相信好听的那部分，因为大家相信对自己更好的言论，觉得这说的就是我。所以，你可以走励志正能量和个人成长的路数。

而从人性的弱点考虑也可以找到创造价值的方向。你可以去吐槽金牛座的抠门、天秤座的选择困难症、处女座的洁癖等，因为人们总是自私并喜欢抱怨。

一个好的内容创作者，一定是撬动人性底层逻辑的顶尖高手。

4.差异化定位：找到壁垒和标签
问题8：我有什么壁垒

差异化的定位，就是别人较难模仿或超越的壁垒。内容方面的壁垒可以是一种技术手段，也可以是一种特殊场景或表达方式，甚至是一种话题切入的视角。

举例说明：拍定格动画是一种技术手段、"办公室小野"的思路是拟定了一个特殊的表现场景、"回形针"是在用通俗易懂的语言表达与科普不同的难以理解的概念、"papi酱"是以犀利的视角切入话题而引起人们的共鸣……这些都是有别于他人并让人无法超越的。

当然，壁垒也可以是由多个维度构成，这也将成为你整个短视频的核心竞争力。

问题9：我能给自己一个什么样的标签

最后，我们的定位也是需要形成标签向大众传播的。

综合以上分析，你准备给自己一个什么印象的标签呢？我们要确保我们的短视频账号能够在目标受众的头脑里占据形成一个真正有价值的印象。

薛定谔说："任何一个理论如果不能向酒吧的服务生解释清楚，就不是好理论。"对于短视频行业来讲，任何一个定位如果最后不能形成一个印象标签（或一句话）、让小学生都能看懂，就不算是什么好的定位。

对于上面的问题，我们建议大家可以认真地思考、分析，并在每次新开或调整账号方向时依次想一遍，做完这些功课并整理成文档之后，再着手去填充短视频的内容。

在这个过程中，如果你刚好发现有几个差不多的领域好像都适合你，那也不必过于纠结，你可以在初期把这几个方向都尝试一下，然后看一下哪个数据更好，让市场数据来帮你分析。

一般情况下，账号经过市场的检验需要大概三个月的时间。在这个过程中，我们在积累流量与社群的同时，也要不断试错与调整。通过实践，我们会对短视频有新的认知；同时对于定位不断深化的思考，也可以帮助你认清自己、少走弯路。

3.3
"风火雨林"计划：成长为一个优秀的短视频人

面对许多对短视频这片蔚蓝海域充满期望的新人，在这一部分，我们将为其制订一个提升成长计划，名为"风火雨林"。在过去很长一段时间里，这个计划也被视作我们内部用于新员工培养时评价一个成员是否合格的标准，甚至是考核团队的KPI指标。

古希腊人把世界物质的构成总结为四大元素，即气、火、水、土。而在创意产业中优秀的成员（短视频创作者当然也在其中）身上，我们也须具备一些独特元素，这些元素将构建起一个优秀团队所需的各种力量。它的具体构成如下：

- 风行——执行力
- 火眼——洞察力
- 雨露——学习力
- 山林——协作力

风行—执行力

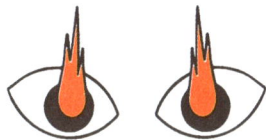

火眼—洞察力

雨露—学习力

山林—协作力

想成为一个优秀的短视频人，就要先修炼"风火雨林"这四种能力，这不是什么绝世秘籍，而是短视频人最基本的心法和自我修养。

∷ 3.3.1 风行——执行力

雷军总结的小米成功七字诀是"专注、极致、口碑、快"。最后这个"快"，即是风驰电掣地抢占时间，本质上就是在比执行力。

1.被拖延症耽误的"枕边梦想家"们

有这样一群人，他们陷入对未来的焦虑，觉得当下的生活只剩一地鸡毛。他们是枕边的梦想家，在失眠的夜浮想联翩，不甘心当一条咸鱼，但醒来后依然回到原路。

我们也能很容易在网络上找到他们的抱怨和吐槽。

"今天好像有点儿忙，工作更重要，明天再说吧。"

"这种短视频，我要是有时间，一定能拍得比他好。"

"就这？凭什么他就火了？"

……

又或许呢，他们偶然间投入了一些精力，真的做出了一个不错的作品，但热情只保持了三分钟，发现收益并不高或者结果跟预想的不一样，就开始自暴自弃、不敢再去试错。

如此日复一日地混到中年，还带着一口文艺腔调发了个朋友圈感叹："岁月终于让我知道，青春的梦想就真的只是一场梦而已。"

以上场景是当今诸多缺乏执行力的年轻人普遍状况的呈现，短视频行业如此，放在其他各行各业，这样的人也并不在少数。不知怎么的，好像又达成了共识——"哎，我好像没什么天赋，所以，就这样吧……"

然而事实是创意产业的天才理论，只适用于金字塔尖，毕竟，80%的人都是资质平庸的普通人。但我们对此并不必太过消极，因为如果能够成为这群普通人的队列里的前20%，也依旧不乏获取一定成就的可能。想要做到这一点，你只需要比他们拥有更强的执行力。换句话说，如果你自认普通却渴望通过短视频成功，你需要首先成为一个行动派。

2.从0到1，没有Low，只有执行效率

"一流的点子+三流的执行力"，不如"三流的点子+一流的执行力"。这句话放在创意产业再合适不过。不过一个很有意思的现象是，大多数人恰恰搞反了。这也与这个产业独特的提案机制有关。

在古典广告时代，无论甲方和乙方都在追求大创意，乙方广告公司或短视频供应商，甚至专门会针对一次重要提案，花很多时间包装一个大创意，他们称为"飞机稿"。这样做主要是为了在讲提案的时候让全场拍案叫绝，目的只有一个——拿下订单。

但这样做出的很多项目是没有考虑执行细节的，比如双方所能够匹配到的资源和时间成本。如果你是这个领域的从业者，相信你也有过类似的经历，一次次让你感到遗憾的经历。

一流的创意决定内容输出的上限；而一流的执行力则能够保证下限，即保证你至少能长期维持在同一水准而不翻车的底线。BIG IDEA在真实操作中可遇而不可求，但保持在内容出品的底线之上，我们可以用执行力来控制。所以在短视频创作中如果自我觉得创意一般，那就要用高标准的执行力把各个环节都做到严谨达标、不留遗憾。

如果你有一个一流的BIG IDEA，通常情况下，需要匹配一流的资源。而其实大部分的时候，人们看到的有效短视频内容，都是作者因为各种压力，向当下自己的才华妥协的结果。不要曲解这句话的含义，这不是让你刻意降低出品的标准，而是要学会在限定的时间内尽你所能，实现当下你能力所及的最好效果。请注意，我们除了内容质量，还有一个完结期限，意味着我们要抢占时间。

你花半年时间，只做一个几分钟的短视频，或许有机会成为大众疯传的作品、证明你兴许存在做一个电影导演的潜质；但一个短视频IP需要你保持高密度的输出，在这当中积累自身能量和培养受众认知的过程同样重要。这从0到1的过程中，谁又不是从Low开始的呢？

所以，如果你还在为你没有一个惊世骇俗的视频创意而苦恼，你大可以先动起来，试着用你的执行力去弥补创意的不足。给自己制定一个规划表，在这个时间段尽你所能地投入精力。比如，把每段背景材料整理提炼到别人看到后觉得"用心了"的水准、把每一句脚本文案雕琢到你所能做到的最好、把每一个分镜头做到你觉得至少不丢脸的合格的水准、后期剪辑时尽可能地用BGM和音效给视频加分……

或许几年后，当你回过头看那时你做的视频会起一身鸡皮疙瘩。那时的你一定会感谢当年的某个深夜，当别人躺在床上玩手机时，却在为短视频工作而努力向上的自己。

永远没有完美的作品，只有最好的当下

3.机会从不会留给那些"完美主义者"

在过去的几十年间，传统的人们总是被教育和鼓励要"三思而后行"，什么事情都希望想得更清楚、更准确之后才动手去做。因为人是抵触陌生环境和畏惧变化的生物，也因为这样谨小慎微地前进犯错的机会最小。

但现今的互联网时代，留给我们的时间已经不多，我们会更多地建议各位在对待自己的短视频事业时不要被这句话绊住。

在这个高速发展与万物迭代的时代，互联网彻底颠覆了传统行业的运作方式，我们如果不面对挑战和拥抱改变，终将被这个时代淘汰。

"来画"在成立之初，跟所有刚刚进入这个领域的人们一样，都在摸着石头过河。不管我们有怎样的宏图大志，账面上的资金确实是每天都在流走的，于是我们做事也就时常顾不上什么严谨、养成了看准了便落实的习惯，然后在执行中快速迭代。但这也让我们切实结识了很多优质的合作伙伴和投资人，他们从各自的专业领域也给了我们许多建议。

所以即便我们在之后的部分会展开讲述许多做短视频的方法、标准和原则，但也一定不要刻板地追求每一项都达到最理想的程度。整体靠谱、大错没有就先放手去做，小步快跑、快速迭代才是"第一要义"的行动原则。

某位著名企业家说过："哪个公司计划书做得越厚、越好、越完美，大多数情况下，它都死得越快。"在这样一个新兴产业，我们所开发的产品和业务都是在执行中逐步成型、日渐完善的，而很多问题只有是你亲身经历后才能应对并解决的；光靠团队内部头脑风暴也是绝对做不到的。

∷ 3.3.2　火眼——洞察力

《西游记》小说中，孙悟空在八卦炉里炼成了火眼金睛，从此便能一眼看穿妖魔；电影《教父》里说："花半秒钟就看透事物本质的人，和花一辈子都看不清的，有着截然不同的命运。"

短视频的创作也需要锻炼这样一双会洞察的眼睛，于是这部分我们就来讲讲"风火雨林"的第二项要素——火眼。

1.日常洞察力训练：高手和菜鸟的区别

为什么李佳琦能成为口红一哥？

为什么李子柒的短视频能走出国门？

为什么papi酱的犀利吐槽你不反感，而愿意转发？

为什么彩虹合唱团会把一个小众艺术做出影响力？

为什么GQ会成为最挣钱的商业公众号？

为什么手工耿的发明都不实用，却有广告主愿意植入短视频广告？

……

一个优秀的短视频人，尤其是做前期策划的职业选手，脑子里每天都会蹦出无数类似的问题。他们透过现象追寻事物的本质，把自己的触角伸向其他人无法探及的黑暗处。

高手和菜鸟的区别，就取决于你看待事物的角度和深度，我们把它称为"洞察力"。大多数人只是信息社会的消费者；而创作者需要透过现象看本质，追问并更多的洞察。

普通观众看一个短视频，只是被动地接受表层信息，满足基本的情绪或生理需求。比如，看完这条短视频，只觉得好搞笑，或是有点儿难过，再随手点个赞；而职业化选手，则会从一层逻辑深入二层逻辑，即多问几个"为什么"，追问事物背后的原因，并归纳总结成自己的心得。比如，一条视频为什么搞笑，背后用了哪些幽默理论？为什么点赞多，符合和验证了哪些传播学逻辑？为什么观看者愿意转发或行动，刺激了哪些痛点和痒点？如果你能找到一些真相，或者说尽力在接近真相，给自己一个满意的回答，那么你就具备了洞察的"第二层思维"。

而更进一步的高手，则会学会连接各种关系，运用自身的知识体系，构建一个更完整的矩阵模型或脑图，举一反三地应用到工作场景和创意中。

洞察类别	细分项	解决方案	备注/原理及模型
IP	差异化	用无厘头的方式，做严肃的事	幽默中的不协调理论
	人格化	朴实接地气，低配明星脸	个人IP
受众人群	年龄层	18~30岁年轻群体	泛娱乐领域
	人群特征	高互动、高活跃"自来水"	种子用户主动扩散

第3章 心法，短视频方法论

洞察类别	细分项	解决方案	备注/原理及模型
内容设计	互动机制设计	埋坑、钓鱼式	如故意笑场引出弹幕
	分享机制设计	品牌抽奖活动激励	趋利(人性弱点)
	情绪调动	有趣的、快乐的,多段小高潮	杀时间
	冲突设计	人在特定场景中的尴尬	痛点与痒点
商业化	壁垒	以专业技术驱动,较难复制	痛点与痒点
	转化手段	原生广告植入	
其他	小彩蛋	有前情植入	重复记忆点,抓住老粉丝
	初始10秒设计	无片头,直奔主题型	
重要总结与摘要	广告传播经历的三个阶段: 1. USP(Unique Selling Proposition,独特销售主张):强调独一无二的卖点; 2. ESP(Emotion Selling Proposition,情感销售主张):从同质化到情感价值联结,人们更关注品牌感受; 3. ISP(Irrational Selling Proposition,无厘头销售主张):想象力驱动,荒诞故事,更符合年轻人的口味,引发来自年轻人的围观与互动		

为了让大家理解此种工作方式，下面就以一位短视频成员的日常洞察情况为例，让大家来看看在做竞品洞察时可以归纳总结的矩阵维度有哪些。洞察的目标，是抖音上某个百万级短视频IP。

也许看完这个表格，你会有点儿懵，更或许存在一些让你难以理解的词汇，但这并不重要。因为这个表格原本就不是给大家看的，而是专业记录者的个人洞察。

记录一个洞察，你可以参考以上的洞察维度进行设计。当然需要具体问题具体分析，不能完全照搬。设计这个表格你至少需要做得让你自己能够看懂，针对某些特定的目标，你也应做得更精细。另外，洞察的目标不仅仅可以是头部的短视频IP，也可以是正要服务的某个目标对象、某个竞争对手的品牌或者产品，甚至可以作为自己短视频的一个复盘。

洞察力的训练，是帮助我们完成从表象到本质的逻辑推导，是"因为……所以……"是短视频创作策略的一条线索，也是往后自我迭代的方向。在每一个爆款视频背后，势必有一个精细的洞察，而作为一个职业的短视频人，需要切换自己的视角，站在用户或者当事人的角度去抽丝剥茧。

那么洞察要如何思考得到呢？请看下面：

列出不同的维度 → 提炼与归纳 → 沿着线索发问 → 记录洞察碎片 → 形成有价值的备份。

当你在随手记录洞察结果时，就像种下了一颗颗种子，量变一定会产生质变。做短视频的日常创作和头脑风暴时，更多像是在做一个排列组合，抓到核心痛点、卖点或热点之后，再发散到整个创意或者场景表达当中。

组织一场有效的头脑风暴会议

头脑风暴（Brain Storming）首先是大家把对于用户、竞品的洞察结论以自己的视角做一个阐述。而职业选手在做创意讨论的时候，通常不会像你们在电视剧上面看到的那样随意，我们有严格的流程。

对于如何展开一个有效的头脑风暴会议，一般建议分为以下几个阶段：

（1）项目通报

首先，由前端的项目对接人梳理Brief，并组织项目通报会议。这个会议一般15分钟就好，也可以线上发起，但必须上传Brief，让每个参会者清楚项目背景，并能知道准备方向。

（2）筹备与搜集

在会议发起人邀约大家进行正式脑力激荡之前，我们都需要去投入时间筹备，否则这将是一个低效率的会议。一次有效的会议说白了只是"阐述结论+拼凑解决方案"，一般时长不会超过1个小时。

我们特别反感那些参会人都没有准备好各自的洞察，就匆忙开始的头脑风暴会议。一次会议如果进行半小时后都还没有成效，那就请暂停会议，发布一个团队任务，然后大家根据Brief搜集整理各自的洞察材料，否则接下来的会议将是"干瞪眼"。

（3）正式的创意讨论

下面我们就来看一下正式的"头脑风暴"会议要怎么进行：

首先，选一个环境好的会议室，至少在大一点儿的地方，不要太压抑。参会者人数定为4~8个为宜，应邀请有各种专长的人互补。比如，有人擅长视觉表达、有人擅长文字、有人熟悉线上的新玩法、有人就是这个视频的典型受众等。

接下来每个人轮流发言，会议前参会者都把搜集到的洞察、案例、数据等各方面的素材整理好。我们非常不建议主持会议的人长篇大论，秩序、发言节奏把控好，并注意适时把大家拉回主话题（是的，创意人的发散联想，很多时候会聊到很远的地方）。

在会议当中，大家肯定会有争执和摩擦，但都不要紧，先记录下来。一般会议时长会控制在1小时以内，在会议最后的10分钟，一定要有人来阐述会议核心要解决的问题，就是为这次头脑风暴下一个结论，必要时可以进行投票表决。

当然事情还没完，会后牵头人需要为这次会议做一个总结和会议纪要，把结果发送至每个人，开始执行。

应该说，头脑风暴会议的本质，就是把大家的洞察汇总到一起，形成一个最优的解决方案。一个人能看到的角度很难是一个全景，大家坐下来，把我们能看到的拼凑到一起，就能构成一个全景的解决方案。

多做这样的洞察力练习，会帮助我们提高对热点的敏感性，让我们知道哪些热点可能是我们的用户感兴趣的，哪些是可以更好地与个人或品牌IP嫁接的，哪些又是不可触碰的雷区与不可逾越的红线。

所以透过现象看本质、培养洞察力的标准，即是"火眼"的核心。

:: 3.3.3　雨露——学习力

水润万物，没有雨露的滋润，我们终将枯萎。而对短视频创作来说，雨露便是持续不断地输入学习。

1.灵感只是持续输入后的喷涌

局外人通常认为短视频行业是一个靠灵感输出的创意产业行业，每一个短视频创作者都渴望拥有这种"化腐朽为神奇"的奇妙能力。

初入这个行业的人，很多是靠着兴趣，从模仿开始，他们的学习目标是那些自己所喜欢的IP和主播，立志有一天能够拥有一样的光环。他们偶尔也能突生灵感，正如我们也都曾经历过的那些灵感袭来的瞬间，灵感握住了你的手，有意思的内容会像泉水一般喷涌而出。

一般来看，灵感似乎更青睐年轻人。一个刚入行的项目执行专员（Account Executive，简称AE），也许能通过这种灵感讲出一个好笑的段子，写出一句吸引人眼球的标题，甚至是帮专业设计师想出一个场景画面的创意表达。但要知道：他（她）那时的能量是不可能完成一个短视频IP持续的内容输出与系统运营的。如果你的短视频内容创意还仅仅停留在"等灵感"上，那非常抱歉，你注定只能是一个短视频的边缘人物，成不了职业选手。因为灵感在大多数时候，更像被软木塞封存在瓶子里的红酒，我们手里恰好又缺开瓶器。

在职业短视频人的眼中，灵感不是创意的代名词，而是持续输入之后的喷涌。创意领域存在天赋，但我们不建议大家过分相信它，因为它即便出现也不能持久。我们更愿意推崇的是：一个优秀的创作者，其水平是逐渐被训练出来的。除此之外我们还要分享一点：这世上并没有绝对意义上的"原创"作品。为什么？因为任何短视频作品一定能在人们的生活里找到源头，可能是一本书、一部电影、一个网络段子、过年催你结婚的那张嘴、邻居家的猫和狗子，又或者是创作者在看其他短视频时的一个闪念。

职业创作者在创作过程中，更多是在充当一个信息的整合者。先把东西装进大脑，再经过一段时间的整理和发酵，最后喷涌而出。

于是提前做好充足的准备、构建一个足够大的"池"就格外重要了。人的大脑像电脑的内存条，而我们可能还需要一个更为庞大的内容池，那就得用到像硬盘一样的外部存储设备了。

2.滴水成河，现在开始建起你的内容池

信息爆炸时代，我们并不缺素材，缺的是对素材的整理归纳，并形成对自己有用的、能够便于我们大脑高效启动的素材库。

我在初入传播行业的时候，遇见过好多"牛人"总监，他们活跃在各自不同的专业领域：有的擅长视觉传达，有的写得一手好文案。每次在我想不出创意、找不出好选题的时候，我都会见缝插针地向他们寻求一些建议。当我说出我所遇到的难题时，他们总会闭上眼睛想一会儿，不说一句话，再过一会儿只见他们眼中闪过一道光，从包里拿出一个移动硬盘接上电脑，点开几个文件夹，指着屏幕给我看："这个！是不是你想要的感觉？"

是的，在好些年前云存储还没有普及的时代，这几个移动硬盘就是他们的秘密武器。我看到他们用严谨的命名方式将文件夹整理得非常干净，他们大多也都懂"搜索技术"，看那些更优质的内容。

后来有一次我问其中的一个人："这个素材库你花了多长时间整理？"

"从我入行的第一天……"他回答。

听完我很惭愧，我那时已经入职一年多，还没有意识到做这样系统的整理，没有自己的内容池，我在他们面前就像一个"白痴"。

后来，我自己开始有意识地积累一些素材，从广告行业的案例到新媒体的优质文案；从H5刷屏的案例到国内外那些惊艳的视频；从可以用到的短视频动效音效素材到各大短视频平台的最新政策……总之，随着传播行业的发展，自己的积累和这

个内容池都在同步迭代，我把它们分门别类地归纳整理，再贴上自己的标签，保存到硬盘或上传到云盘上。另外，平时的点滴闪念也被我及时地记录整理下来。听到这里那可能有人会问："在整理案例和素材时，有什么技巧吗？"

当然有。在做案例搜集整理时，我一般会用到下面这个表格。这个表格不仅适用于做短视频的案例搜集，甚至所有创意、广告和营销类的案例整理，都可以用这个方法填写摘要，这是一个非常值得常年坚持去做的工作。

维　度	内　容
广告主 (Advertiser)	这是哪个品牌做的视频
传播对象 (Object)	这个视频想对谁说话?达到什么目的
核心信息 (Message)	用一句话提炼,这个视频想要表达什么信息
创意执行 (Execution)	关于执行上的一切亮点,都写在这里 如拍摄形式、传播渠道、创意表达等
你的想法 (Idea)	关于这个案例,能引发你什么样的创意联想 或者你看完后想点评些什么
链接/视频附件 (URL)	附上视频的链接或是源文件,你可以随时快速地找到它

你可以用一张PPT或者一页Word记录以上的内容，不用花太多时间，也不用写得太多，只需要做到当你再次打开它时你自己能够看懂就行。

填写完这个表格，对这个文件的命名也很重要——要用你能想到的所有关键字，对上面这个表格的文件进行命名。一般我会写下6~8个主要的关键字，就类似于你在做短视频推送时，要给每个短视频拟写标签一样。请把这些标签用空格分开，我们方便在搜索关键词时，能够准确快速地查找到它。当然，你甚至可以把这个工作看成是给短视频拟写标签的一个日常练习。

可能我这样说，还是会有人不知道该写啥。为了让大家更直观地理解，以B站的视频短片《后浪》作为示例，让大家知道如何填写上面这个表格。我已尽量选择一个绝大多数人都看过的视频案例,这样我们接收的信息至少是同步的,如果你还没有看过,请先去网上自行观看。

维　度	内　容
广告主 (Advertiser)	哔哩哔哩
传播对象 (Object)	让B站的年轻人有共鸣想转发,让中年人开始关注B站
核心信息 (Message)	B站不只是二次元内容的平台,更是属于当代年轻人的开放平台
创意执行 (Execution)	形式:老戏骨何冰演讲,台词优美有韵律 渠道:投放央视广告,围绕"五四青年节"做话题公关 表达:B站知名UP主出镜做圈层引流
你的想法 (Idea)	B站的破圈视频案例,燃,以情绪煽动,成功刷屏 文案工整,层次清晰,易于大众模仿制作UGC 但后浪话题带有争议性,忽视了三四线城市青年的生存现状 "五四"节点切入,公关话题形式节省了投放成本……
文件命名	后浪 B站 视频广告 刷屏 何冰 演讲 年轻人 五四 破圈 神文案

好了,这时我可能想要写下的内容。

什么?你觉得有点儿看不懂,或者跟你写得不一样?没关系,这张表格本来就是个人的"存货",你只需对自己负责。万事开头难,你也许最开始写得并不专业,甚至只有寥寥几个字,但请你也一定先动起来。

仔细回顾一下,这件事大概在以下三方面对我帮助良多:

(1)提高审美,建立标准

持续地挖掘和输入,让自己的审美不断提高。有位设计大师曾告诉我,他招新人的标准,首先是看这个小孩看过多少个好作品,3 000个及格、5 000个能用、10 000个算优秀。内容眼界的拓宽,会让自己的手里有一把评判标尺,有了标准之后自己做出的东西不至于太"次"。

(2)形成系统化思维

在整理的过程中,系统的策略思维也会逐渐形成。别小看文件命名和整理归纳的工作，它会帮助我们整理，一级、二级、三级目录……那时做创意还没有"脑图"这种工具，但在做整理工作时，思维导图的方法就在不经意间得到了。

（3）大脑快速启动，效率提高

这点就很容易理解了。有了内容池，大脑的启动速度会快很多，你能在海量的素材中快速地进行信息检索，打开标签后再次看到曾经让你心动的作品，这会成为非常有价值的内容创意参考。

希望大家可以把这项工作看作一种最基础的日常积累，当你的这种文档越来越多，你会越来越有一种获得感，也会逐渐体会到"量变到质变"的飞跃，利用平时的碎片时间，也能堆砌一座属于自己的知识"城堡"，成为在这个行业里不能被轻易超越的行业天花板。

3.营养均衡：在不同阶段，汲取不同的养分

在短视频领域，根据自我的成长经历，把整个学习进程大致分为三个阶段，侧重点各有不同。

（1）初阶：兴趣优先，模仿起步

先找到你的兴趣点，做你感兴趣的内容。这一期间你可以从模仿开始起步，充分发挥你的优势，同时建立起你的自信心。在这个阶段，你的学习内容基本都是停留在自己的"舒适区"。

（2）中阶：建立内容池，更职业化

当你成为一个职业选手，至少从这个阶段开始，你要着手系统地整理自己的内容池、素材数据库。你需要更"职业化"，在这一期间，必须学会面对你不太喜欢的内容或选题（比如，你可能没有办法拒绝别人和客户的需求）。像上文提到的一样，内容创作更多的是在充分积累之后，从筛选到发酵，再到喷涌的一次训练，你也会在这个过程中成长一截。

（3）高阶：从垂直到水平，补齐短板

我们在选择内容的时候，通常会下意识地优先选择自己擅长的领域。就好像一个擅长文字表达的人，看电影时会总是盯着字幕，而错过一些画面细节。

当你到达了金字塔靠上的部分，相信你的业务能力应该是过硬的了。所以，这时的你必须更有全局观，跳出自己的专业工种去看内容，从垂直慢慢过渡到水平方向，以更开阔的内容视野打通跨界知识体系，并有意识地去补齐你的短板。高密度输出，必然对应着持续输入。让我们的精神世界保持"饥渴"，吸收阳光雨露，成长才会突飞猛进。

:: 3.3.4 山林——协作力

所谓"独木不成林",单独的一棵树无论多么挺拔俊秀,始终无法被叫作"树林";但偏巧只有树林才能与天空、大海、高山相提并论,为人所赞叹、歌咏。

短视频的工作也与此略有相似,它也主张一群人在一起的团队协作。通常我们会因为一个极为突出的个人而记住一个账号或作品,但当深入了解时,却发现好作品的成功总是来自这背后由众人组成的团队力量。

因此这一部分,我们来谈谈"山林"——这能够将众人凝聚成一个团队的协作力。

1.你不是一个人在战斗

多元化的圈层构成短视频这片山林的生态圈:平台、网红、广告主、制作公司以及普通参与发声的人们……这是一个需要高度协作的产业,你要清楚地知道你并不是一个人参与战斗。

有人会问:我一个人在做短视频,我会写、会拍、会剪辑,十八般武艺样样精通也需要协作吗?

要,当然需要。协作不仅有内部团队的协作,也有对外的协作,就短视频的传播路径来看,这个链条上你可能会遇见很多人,哪个环节断裂都不行。

另外,我们更建议那些想以短视频内容流量为生的年轻人,在创业前先加入一家商业化的公司。在这里你可以查漏补缺,学到商业化的运作、制作技巧以及积累更多经验。磨刀不误砍柴工,这对你的个人发展是十分有帮助的。不要只看着网红们光鲜亮丽的那一面,去掉表面的那层"泡沫"后,进入专业化的公司也能够验证你是否适合干这一行,给你更多的容错空间。

2.内部协作,融洽高效地展开工作

一个人在短视频领域的发展,除了看业务能力,还要看他是否能够有效地与人配合。

来画团队95%的同事都是"90后",因为所处岗位的不同而性格各异。比如我们的插画师和后期人员更重图像表达,而不愿说太多话,有时甚至他们心里有想要表达的意见,也不会主动说出来。这样的状态会让整个团队在执行出现问题时不能及时提出,因此导致效率低下,甚至会做很多无用功。

而且我们惊奇地发现性格居然也可以传染,如果你把一个爱说话的人放到一群

不说话的人当中组成一个小组，你会发现那个爱说话的人也不说话了！

因此，怎么解决这个问题也成为我们管理层主要面对的一个专门课题。我们对此专注研究了两年，才终于使情况有效好转。

事实上不只来画，这是诸多短视频制作团队都存在的问题。做内容创作的人中有很多都是"内秀"的人，这时如果解决不好沟通问题，大家就会互相影响；但如果能够解决，他们又可以形成相互赋能。

关于内部团队协作的内容，在此便不做过多展开了，市面上有太多相关的书籍资料，感兴趣的朋友们可以详细了解。这里我们仅和大家分享以下4条主要心得：

（1）尽量让一个小组拥有不同性格的人。性格往往关联着看待事情的角度和处理事情的方法，性格多元的团队往往拥有更强的互补性，不仅能够更好地相互赋能，也能彼此挖掘潜能，时不时还会发现一些"宝藏少年"。

（2）让大家学会及时内部求助。不要在明明单靠自己无计可施时还碍于面子一声不吭，要知道团队安排给你的工作不是为了帮你突破潜能，而是要你和大家有效率地带来好结果。

尤其是对于毕业不久的职场新人一定要特别灌输一下这个意识，因为他们过去十几年都是在讲求"遇到难题多钻研""自己答题别讲话"的校园教育模式下成长的，初入职场难免还会带有一些惯性思维。

（3）鼓励大家以各自的专长为其他成员赋能。这里的专长包括工种本身的业务专业，也包括个人的兴趣特长。比如你爱好篮球，就可以在一个关于NBA的项目中给文案当顾问；你爱听歌，也可以帮助后期找一首新近流行且特别适合项目的背景音乐。

（4）给内容创作团队留足不被打扰的整块工作时间。在具体工作中当然难以避免赶项目、压工期的情况，这时把一些工作拆碎、见缝插针地安排工作就成为非常规的应急方案。

但无论如何请尽量对负责内容构思的团队下最轻的手。不是因为文人娇贵，而是内容创意工作本就需要条理与缜密的逻辑思考，过度的外力催逼对这种工作的开展伤害极大。况且状态好时这一环节本就不必占用太长工期，没必要非要抢夺这么一点儿时间。

3.外部协作，整合多方为我所用

我们组成了群体，用互利互惠的方式完成自己一个人不能够完成的大事，这即为信息时代的战略准则。

短视频行业的外部协作，就PGC而言，主要是指品牌、平台、资源之间的跨界合作。每个商业化的团队擅长的方向各不相同，有的擅长动画，有的擅长实拍；KOL能更垂直、更精准地找到目标用户；MCN有头部主播、能带来流量；而品牌方可以调动4A广告公司和更多推广资源……在许多围绕短视频的营销项目中，这些不同的势力会联动起来、互相撬动，协作完成一次短视频的创作与传播。

因此如何"整合"相关的资源一起来做事情，也是一个短视频团队发展至一定程度后必须要思考的问题。这里也可以为大家提供几点建议：

（1）带有热点、公益或是社会倡议属性的方案一般容易促成合作。

（2）合作方如果存在相同的目标用户，合作的机会更大。

（3）合作方的竞品排他，即不会有两个同质化或同品类的品牌一起加入。

（4）尽量寻找同一能量级的合作方，如果体量相差过大，需要再考虑更改置换条件或增加一些合作费用。

（5）备好出路，因为执行时间有限，若某个方向上谈判不成功，想好Plan B的应对方案。

4.心中有江湖，守护这片山林的生态

上面的这些相信你一定看得懂并想得清楚。然而，即便是这样你可能也还是不会立刻重视起来这件事。

因为对于许多新入行的创作者及团队而言，有一个更实在的问题横在我们面前：当你发出一个合作请求时，好像时常并没有什么人来理你。解决不了这个问题，其他的这些似乎都是空谈。

那么要如何改善这种情况呢？

我们的建议是利用互联网更多建立起影响力，用专长撬动可以联结的资源。

是的，专长。你可以围绕着短视频这个方向想想你的专长，这其中有哪些途径可以更多地去联结外部、产生影响力呢？

如果你擅长写，可以去知乎搜集问题，从短视频领域回答一些你的见解；如果你擅长软件制作，可以去B站开设一些教新手使用软件的小课程；如果你擅长总结归纳，可以加入一个网络社区的小团体，去整理更系统的个人观点，从一个活跃分子做起，让更多人认识你，同时也认识更多人。

而如果你这些都没有，只是一个初入短视频行业的新人，那你也至少可以从一个观看者的角度在网上持续发声，只要是正向的、有意义的发声，都可以提高你的能见度。

当然，你也可以鼓励一下那些还没发声的朋友们加入短视频的行列中来。当你真诚地做出互动与倡议，你在网上就一定会收获更多真心的声音。对于一个创作者而言，那些看似微不足道的点赞和评论可以给初入这个行业的人更多的鼓励。

我们作为创作者，不能做短视频领域的一个消耗者，而要去做一个推进这个行业生态健康发展的行动者。即使仅仅是一个随手的点赞或一句鼓励式的留言，微光成炬，当你迈向人生更高的台阶，你的这些微小的动作都会让你收获更多的外部回报。

以上是我们为大家分享的，成为一个真正的短视频人所需具备的四种能力。在短视频领域，来画和团队的小伙伴们一起走过了10 000小时，我们不敢说成为多牛的人，但千帆过尽之后，终于可以坐下来一起聊聊成长。

我们衷心地希望你也能成为一个有职业情操、内心有趣的短视频人。

3.4
用导演思维，盖一座堡垒

"每个人都是生活的导演。"这句话曾是某个视频网站的推广语。

有人说，短视频降低了导演的门槛，因为再不用为资金和设备的问题而担心；也有人说短视频导演是最难的，因为他（她）必须要在最短的时间内，用连续出现的高潮留住观众。

在商业短视频制作的角色分工里，短视频导演是最重要的一个职位，他统筹和联结着所有的重要环节。他更像一个全能的艺术家，编剧、策划、演员、摄像、美术、后期等所有协作人员都视短视频导演为最高决策人。换句话说，项目里他最大。

成为一个优秀的电影导演是需要天赋的，就算把电影最黄金的时代和最顶尖的演员全都给你，你也有可能拍不出电影大师那样的作品。不过，如果给你一个短视频团队，经过修炼之后，你应该可以调度这些职业选手制作出一部不失水准的短视频作品。

如何把故事的开头构思得更有意思一点？

怎么给后期制作人员传递你想要的那种"酷"？

明天还要让摄像加一个特写镜头吗？

如何给投资人解释，并把广告不突兀地植入？

又有哪些手段可以让这个片子"又叫卖又叫好"？

……

当你临近下班正在想晚上吃什么的时候，导演的脑子里都还留着许多问号。

所以本节我们就来探讨和分享一下短视频导演做事的心法和思维模块，为你解构导演的大脑。

:: 3.4.1　原力：从人们最初的欲望说起

研究消费者心理学的学者们早就弄清了人类与生俱来共有的8种原始的欲望：

（1）生存。活下去，活更长。

（2）饮食。

（3）对性伴侣的需要。

（4）免于恐惧、痛苦和危险。

（5）追求更舒适的生活环境。

（6）关心和保护家人。

（7）攀比，优越感。

（8）社会认同。

这些欲望是驱动人们消费的原始动力。等等，讲短视频怎么又说到消费者心理学上去了？

你没看错，如果把短视频看作一种商品，看短视频的人们就是在消费内容和信息。就像他们买了一份报纸看今天的新闻，只不过现在这份报纸已经非常便宜，趋近于免费了。又或者说，为他们埋单的人是广告主和短视频平台方。

这8种最原始的欲望所驱动的、带来的行动，包括所销售的产品，比所有其他需求带来的效果加起来还要多。当然，现代人的需求绝不仅仅是这些，还包括一些后天养成的习惯，比如想要赚钱、想要提高自己的工作效率等。

这些人性的底层欲望，是导演思维中的洞察对象，也关联着短视频工作，对于标题的考量、内容的组织、选题方向的把握。下面的两张表格你将更清楚它们之间的关联。短视频导演就是通过洞察并触及人们基础的欲望与需求，打开内容创作的阀门。

编 号	原始欲望	短视频封面/关键字	标题文案
1	生存	野外生存	没有任何装备，女孩徒手闯东南亚
2	饮食	吃播的日常	在宿舍自制炸串！配可乐一次吃到爽
3	性伴侣	恋爱观	请用正确的姿势撩妹子
4	免于恐惧、危险、痛苦	某某医院的诊断书	怎样判断自己是否感染新冠
5	追求更舒适的环境	装修从零开始	10万预算，装修出大别墅的既视感
6	关心和保护家人	英国纪录片	萝卜还是大棒？如何养育孩子
7	攀比、优越感	敢来挑战吗	比肩声优，让人极度舒适的好声音
8	社会认同	后浪	献给年轻一代的演讲（小破站名场面广告）

编 号	后天养成的需求	短视频封面文字	标题文案
1	满足猎奇	1分钟看电影	一起发生在博物馆的凶杀案，警察居然束手无策
2	追求效率	搜索引擎技巧	8种技巧，让搜索效率提升200%
3	赚取利益	文案点金手	如何成为月薪3万的文案
4	获取信息	记忆术	我就是"过目不忘"本人
		More……	

当你看着以上短视频的内容标题，是否有似曾相识的感觉？这些大多都是短视频平台上面的高播放量的内容，也是高可见度的内容类型。

这个时代的传媒市场，早已转变成一个"买方市场"，内容构思首先就要换位到观众的视角，想想他们需要和关心什么样的内容。每个人都无法逃避原始欲望的驱动，这些欲望会伴随你的整个人生。

所以当你还在为流量和内容选题苦恼的时候，对照着大家的需求，找找这个源头在哪里。

有些短片即使没有经过技术手段的处理，也能通过与原始需求的内容关联表拥有很好的播放量。

类似的例子也有不少，比如在B站的《后浪》推出之后，也引来了一些争议，大家认为这个视频讲的只是一线城市的青年精英，跟年轻的普罗大众没什么关系。这时，一个标题名为《或许，这才是大多数普通人的后浪》的短视频在网上播放走红，播放量很快破300万。

这只是一个外出打工的年轻人用手机拍摄的短视频，甚至说有些粗糙。故事也很简单，这个小青年对着镜头自白，讲着自己的理想和对未来的想象。大城市生存不易，但他却一气呵成微笑着录完了整段视频，他希望多加一点儿班，因为这样每天都能挣到300块钱，他就可以带养育他长大的姑父去北京看看长城，他还希望找个女朋友……

如果把整段视频做一个拆解，对照原始需求进行一个分析，你就会发现一个3分钟的短视频触动了所有的原始需求，比如生存（大城市打工）、追求更舒适的环境（挣到300块钱）、关心和保护家人（带姑父去旅游）、性伴侣（想要女朋友）、社会认同（这才是真实的后浪）等，此外还包含不少后天养成的需求，不一而足。

这个案例也解释了为什么有些短视频能马上打动到你，为什么有些毫不知名的小人物突然成了黑马，甚至可能连他自己也没搞清楚——我也就是随手一拍，怎么这么多人看？

原始的欲望，就像大自然母亲呼唤自己的孩子一般，神奇而有力

了解了驱使人们行动的原力之后，你至少掌握了一个能留住观众的方法，稍微用点儿心思，你便能制作出一个拥有不错流量的短视频。

一些优秀的导演与我们谈到短视频时，都认为短视频的创作门槛并不高，只是一种基于基本需求的联想组合。而我们日常工作需要做的，就是培养一种联想与组合的习惯。

导演的脑子里，经常会把生活中看到的任何东西延伸、连接到别的东西上或带往别的方向。艺术源于生活，很多电影镜头在现实中都有原型出处。洞晓人性的能力，让导演们善于捕捉别人或许会错过生活中的每个精彩细节，或者留意每一个小人物的对话。

∷ 3.4.2　态度：除了洞察人性原力，价值观同样重要

上面所说的"原力"是把双刃剑，有人懂得善用，也有人是滥用。为了追求流量，某些短视频创作者就会滥用这些原始欲望，发布各种反主流价值观的劣质内容，而各种非常规手段的使用也让整个平台生态环境越来越糟糕。

驴唇不对马嘴的标题党、用低俗的封面图拉流量、用剪辑的手法造谣、制作假新闻……这些由营销号、反价值观账号生产出来的"内容垃圾"，正在用原力绑架着用户，也绑架着自己。

甚至在管理还不规范的时期，某些平台创办早期在推送短视频时，也用数据提取这类三俗视频，并称这叫"算法中立"，但实际上它们也已被流量绑架。读书的人总在说："不要从封面判断一本书的内容"，但当你点开视频内容后，你不可能知道里面藏着的是文化产品，还是一颗"定时炸弹"。

不过随着网络管理规范的出台、审核机制的完善，使一些平台也开始了自我净化。终于有人站出来说："算法，也要有价值观！"过去，不干涉可能是最好的分发信息的原则；而现在，价值观需要先行。当商业市场终于为价值观让路时，整个内容创作的生态才会健康发展，这是件好事。于是除了原力，价值观是导演思维中要考量的另一个维度——三俗的作品有可能很有流量，但价值观本就是不对的，不是吗？

人们的欲望是驱动内容产生流量的源动力，但价值观却有正反两条线。比如，主张通过自我的效率提升自我修炼一种新技能，用于追求更舒适的环境，是正向的价值观；而单纯地挥霍上一辈的积蓄或通过偷窃的手段来获得及时行乐的体验，则是负面的价值观。在一段短视频中，观点可以表现创作者的个性色彩，但符合主流的价值观是底线，要弄清边界在哪里；否则你的视频可能会审核不过，或者被平台过滤掉。

"三观正"是所有短视频该有的底线。当然短视频也可以是反讽的、带个人的见解和洞察的。相信你也看到过一些态度鲜明、人设丰满的短视频IP，他们用视频串联起日常生活里有共鸣的场景，但随着情节的推进，最后会给你当头一棒，或者用一个开放式结局引发观众的思考。这有点儿像一段社会寓言，也有点儿黑色幽默的影子。这些都是可以在创作中存在的，我们也鼓励这种"观点的传达"，它是剧情类短视频的"魂"，甚至要优先于对故事与表演的考量。

:: 3.4.3 故事：尝试把故事做一些处理，更有效地表达

故事的撰写，严格来讲是编剧应该操心的工作，但现在好多专业机构都要求短视频自己能创作剧本，或者将这些职业统称为"编导"。

小学语文老师教过我们如何讲一个故事，或者说得更垂直一点儿，可以把它理

解成新闻故事构成要素中的"5W+1H"，时间（When）、地点（Where）、人物（Who）、做什么（What）、为什么（Why）、怎么做（How）。在这个阶段，这个方法主要还是用于文字表达，这个模型能够解决如何讲述一个完整故事的问题，各个要素构成互补关系，让听故事的人可以全面地了解你所需要表述的内容、不遗漏信息。

但大多数人做短视频的目的很明确：要有人看，提高播放率、互动率、完播率和复播率。那么，我们就需要把思维模型换新，关注用短视频讲故事另外的三个原则。

1.意外原则：破坏性地创造

引起别人注意力的最基本方法是打破常规。悬疑主题的片子，编剧不会让你猜到下一秒会发生什么；而一段搞笑的喜剧，很多情况是因为意外的效果让人发笑。

意外引起了大家对故事的兴趣，并且让大家容易记住它，甚至是一些谣言——"在太空中能看到万里长城""手机辐射致癌"……这些你都听过，对吗？为什么这些谣言能被这么广泛地传播？没错，也是因为意外，这些信息颠覆了大众的认知、与我们的直觉相违、让你感到惊讶，人类的大脑更喜欢存下这些新鲜刺激的见闻。我们的故事创作，很多情况下都是"破而后立"，即是在破坏性地创造。在做案例搜集时，我们发现一个意外的统计结果：那些播放量相对高，且能被大家记住的视频中，越是短小精悍的视频，越跟意外有关。这个原则同样可以帮助你制作一则猝不及防的但又并不让人讨厌的视频广告。

下面我列出了一张表格，让大家了解制造意外常见的思考方式，我会逐一解析。

制造意外的一些方法

关键词	方法/原理	常见应用
惊讶	用夸张的手法	视觉冲击/广告
惯性	破坏观众脑中的推测	急转弯/三句半
反转	与直觉相违背	黑化/治愈

关键词	方法/原理	常见应用
反差	对比，制造不协调	反差萌/丑角
切换	语境或逻辑的断层	断句梗/歧义梗/谐音梗
缺口	填补"未知的世界"	真理/谣言
错位	打乱"已知的世界"	假如没有…，假如有…
荒诞	不真实的意外	无厘头

（1）惊讶

想让故事变得意外，可以制造一些让人惊讶的画面。思考流程大概如下：首先，找出你要传达的主信息；其次，罗列一些与这个核心信息有关但又并不常规的元素，再把这些元素放大；最后，破坏观众脑中的认知和推测，以一个更出人意料，但又在情理之中的视角来表达。

让我们做个简单的练习，这能让你更清楚上面这个抽象方法的步骤是怎样的。

假设一个企业，要在短视频中植入一段广告，表达"这个冰箱容量很大，能比一般冰箱多装很多东西。"你会怎么处理？

首先，找出主信息是：冰箱、大容量、冷。

其次，找一些打破常规的元素，你偶然想起了一段小品："把大象装进冰箱，需要几步？"

你略加思索，考虑制造一些意外的视觉冲击力。比如，打开冰箱后，里面真的装了一只大象！

不过等等，这好像并不符合情理。如果是一个视觉创意的平面广告，配合一句文案，效果应该还不错，但这是一段短视频。

于是你又想到可能需要再交代一些故事情景，比如这是一个小孩的大脑中的想象；或者把虚拟和现实世界分开，用AE做一段动画：打开冰箱后大象跑了出来，这样和谐多了。

不过在和客户确认后，发现他似乎并不太知道大象装进冰箱这个梗，于是你又把大象换成了北极熊。

所以最后，你设计了一个小故事：主线是一个小男孩，打开冰箱的超大冷藏室，脑中浮现了整个北极的景色……

（2）惯性

观众的思维也有惯性，会一直往你引导的方向去想象并推测，这时来个"急转弯"，就能制造出意外效果。

我们来看下面这个案例：

医生："你得了一种非常罕见的病。"

病人："罕见的概率有多大呢？"

医生："我们准备用你的名字来命名它。"

罕见的病，通常会让人惯性地联想到数据化的概率，但这个段子最终的表达则打破了观众的推测，这就造成了意想不到的效果。

（3）反转

反转，本质上也是与主观的预期相悖的。正反角色的身份对换，如正面人物突然黑化、反派突然治愈，或者表明自己是卧底，都算是反转。

参考反转类的电影剧本，你可以顺着这条思路，为你的短视频策划一个简短的故事。

我们不妨再做一个小练习，就为上面这个医生与病人的网络段子，接上一个反转的视频剧情，你会如何思考呢？

首先，想想最容易想到的但又意外的反转设计，是将医生和病人身份对调。

顺着这条线，继续往下想的同时要注意如果结局一定是医生、病人身份反转，那么在构思时一是要使剧情合理；二是要使你的文字能让编剧和同事们看懂，所以角色最好不直接用医生、患者，改用AB字母比较好。

所以我大概会这样完成这个练习，看看跟你想的有什么不一样的。

（以一个看起来像诊断室的场景开始对话）

A："你得了一种非常罕见的病。"

B："罕见的概率有多大呢？"

A："我们准备用你的名字来命名它。"

B："我好怕，我该怎么办？我还能活多久？"

（这时，一阵急促的铃声响起……）

B："时间到了，今天的游戏就到这儿，该回病房了，46床。"

（画面&动作：原本看起来是病人的B，开始扒A身上的白大褂）

A："不，求求你，再玩会儿嘛。"

（镜头外移：显示门牌上写着"精神科患者娱乐室"）

（4）反差

用视觉、人物性格、速度等反差来制造不协调，也能产生意外。ACG中的"反差萌"、小品中的丑角，都是符合这种方式的应用类型。

比如大家熟知的网络动画《十万个冷笑话》中，打破了哪吒的原有的人物设定，把他塑造成了一个拥有彪悍健壮身材的懵懂小孩，加上娃娃音的配音，"金刚"和"芭比"集于一身的巨大反差，是以让人印象深刻。

（5）切换

一句话在不同的语境中有不同的含义，你以为我在A，而我却切换到了B，通过这种办法制造语境和逻辑断层，故意使用歧义也可以制造意外。

我们以某段相声中的一个包袱举例：

"哎，我家热得快炸了。"

"那你开空调啊。"

"开空调没用。"

"怎么没用？"两人开始激烈地争吵，一系列冲突的剧情在后续阶段展开。

原来，那人说的是——他家的"热得快"（一种烧水的电热器），炸了！

（6）缺口

前文我们提到过"知识的诅咒"，它会让人与人的沟通产生信息不对称；而"知识的缺口"则会让人们产生更强的好奇心。

我们总感觉童年的快乐来得很容易，本质是因为我们知识的缺口很大，一件普普通通的事情就能牵动我们的好奇心。而随着知识越来越丰富，我们的"缺口"变得越来越少，一个通晓世界的人，便更不容易对事物产生好奇心。

我们的兴趣点和记忆点，通常都是那些我们不知道的未知领域。这就是知识缺口带给人们的机会。但这其中，我们一定要区分正反的两种应用，因为真理和谣言能快速传播，都是利用了人们"知识的缺口"。

知识分享类的，比如"地摊经济热"期间，《城市摆摊秘籍》的文档，在网络上得到了疯传。

比如长城是太空中唯一可见的人工建筑、2012年是世界末日，这些都是谎言、谣言的例子。

（7）错位

这种方式的思考源点在于"打通边界"。把不同时间、空间的几组事物放在一起，又或是大胆想象并打乱世界的原有秩序，都属于在制造错位。

网络爆红短视频IP《若是如此》，由搜狐视频独家引进国际艾美奖《What If》原版版权，剧情是以"假如"作为关键词，想象"如果有/如果没有"的世界会发生什么来展开的。全剧打乱了一个真实的世界，这种错位的想象力的创作，着实让人印象深刻。

其实，你即使不看视频，通过这些标题，每个人的脑子里也能构思出很多有趣的画面：

假如高考时现场直播、假如所有人都按时下班、假如是男人生孩子、假如这个世界没有你……仔细想一想，我们在抖音上看到的许多"爆款"视频是不是也是这样展开的呢？

（8）荒诞

最后说一说无厘头的荒诞派，即利用极不真实的剧情来引发人们意外的记忆点。或者说，这种方式更像是在故意说错话，是用来活跃现场气氛的小玩笑、藏在内容里面的小彩蛋。

但你需要思考的是，如何利用它合理穿插在剧情中，不然你的视频可能不会讨有些人的欢心，而是被他们视作无理取闹。

例如：考古学家在曹操墓里发现了一大一小两个头盖骨，

鉴定结果说：一个是曹操的，一个是曹操小时候的。

这就是荒诞。但如果把它作为内容，又一定是一个"槽点满满"、引人讨论的好内容。

以上是我对意外原则的洞察与分享，不尽完全，但我想大家应该能够看出这个原则在短视频故事和内容中，应用的比例是十分大的。"短"意味着时间有限，所以一定时刻提醒自己，要让你的短视频快速抓住人们的兴趣和记忆点。这时，制造意外无疑是很好用的一种思路。

2.感官的"钩子"

短视频是一个声画组合的表达形式，前面我们讲过，正是这一点使它比起口语、文字、图文来讲更能够有效调动更多感官，于是才成为至今最受关注的信息媒介。所以我们在制作短视频时一定要尽量合理地刺激人们的各种官能，把这一长处进尽量发挥出来。

比如我们现在要通过短视频介绍一家企业，使人对它产生极强的好感。这时我们有两种展示思路：

第一种是按照这样的思路来做同期声，然后配以相关的画面：某公司位于CBD的高端写字楼，刚刚接到一大笔融资，科技感和创新力俱优，工作环境很不错……

第二种是以一个游览者的角度来呈现场景。比如这个人一进门就看到了一面手绘墙，上面画着公司所在的城市，不仅画面美观，上面的车子和人居然在动。原来这是一面数码墙，展现着十足的创意。

径直走进去，开放的空间被分成若干格子，这里好像是画师们的办公区，他/她们都在专心地利用手绘板创作。室内放着一些舒缓的音乐，并不吵闹，但却能隐约听到这帮年轻人在激烈地讨论着什么。当主人公正看着墙上挂着的一些艺术作品，这时突然一只猫蹦了出来，胸前挂着"首席卖萌官"的小牌子……

对比这两种呈现思路，哪一个会更吸引你呢？不用等到我讲完，我想你心里也应该有答案了吧？

当然是第二种更加吸引你，这是因为第二种是一种具象的呈现思路，通过具体的情境尽量调动观看者的"五感"。在视频创意中，对场景的具象化表达就像是一个感官钩子，可以钩出观众大脑里面的联想记忆。

下面还是个小练习：

假设你需要构建一个美食类短视频的场景，作为导演，你会怎样最大限度地调动人们的官能呢？

如果是我，首先，我会去罗列各种元素。可能其中有些是你在电影或电视节目里经常看到的老掉牙的东西，但没关系，先写出来：

● 视觉：带着露水的新鲜蔬菜、在菜板上跳动的鱼、肉的横切面、精致菜品的特写镜头。

● 听觉：油锅滋滋的声音、开水咕噜声、筷子碰触到碗、打蛋器、菜板上的"打击乐"、舒缓的BGM。

● 嗅觉：器皿中的香料味、洗涤剂的清香、燃气味、油烟味。

● 味觉：品尝、咀嚼、吞咽，包含生理上的反应和言行举止。

● 感觉：干净明亮的隔间、码放整齐的调味品、正在享受烹饪的掌勺人、欢声笑语的客人。

接下来，要做所谓的创意工作，不过是"旧元素的新组合"。当然，组合时还需要符合你对整个故事的设计，这也需要用到刚刚提到的一些故事技巧。你有兴趣的话，可以试着在纸上继续写完它。

看完上面这个例子，你应该明白，用声画组合去打开观众大脑中的各种感官开关是一个多么重要的工作。调动人们的感官，需要把一些抽象的概念用更具象的元素表达。

3.简约，留住记忆点

快时代下的短视频创作者们，好像并不完全遵守循规蹈矩的讲述方式，有时甚至需要将注意力跳出故事的构成要素，用更精巧的编排去讲故事。原因无他——时间有限。

当你随手打开一条15秒的抖音短视频，你会发现现在短视频讲述故事时通常不会以"从前有座山"的方式开头，有些背景和人设是人们脑海中既定存在的。

再者，我们可以利用一下视频形式的特点，它比图文更有优势的地方是更容易将镜头、场景、声音进行组合，快速交代一些信息，从而让人更快速地进入视频制作者所讲故事的环境中。

精炼想法的使用有助于人们了解并记住核心信息，我们看过的谚语、寓言、朋友圈里的金句，每一个有人气的视频创作者在最后都会留下一句对于自己账号的定位流行语一样的话，总有一个"精炼+核心"的总结，以便黏住我们的记忆。我们需要不断思考如何为视频瘦身、做减法，让你的短视频更有记忆点。如果大家看完视频后，脑中没有留下任何印记，那你的播放量和互动量一定不会太高。

每当有人问我，这段要不要删掉时，我会说："删。"当一个镜头或文字信息、台词是可删可不删时，你最好删掉它，有时就该是这么简单"粗暴"地对待。

这也适用于你在和甲方客户沟通时。本着传播推广的目的，他们总会有过多的植入产品和品牌信息的想法，这时你需要告诉他们这条"简约"原则。

最后，建议尽可能不要一个视频同时讲述多件事情，如果你必须要同时讲几件事情（是的，有时我们不得不这么做。比如，你在处理一组甚至多组并列关系的内容时），那么你需要在条理和层次感上多用心思考，或者考虑一下，如何把它进行一下包装组合，以便你的表达更符合简约原则。

∷ 3.4.4 节奏：节奏对了，一切就都对了

同样的一个笑话两个不同的人讲，现场会有不一样的反应。为什么有的人讲能让你捧腹大笑，有的人讲却出现冷场？其中的区别就在于节奏感。

短视频也应该有自己的节奏，导演的大部分需要执行的工作也在这里。要思考用什么样的表现手法、什么样的排列组合、什么样的速度推进才能让你的短视频的感染力更强，或者"包袱"抖得更响。

关于采用什么样的节奏，不同的题材和播放场景有时是不一样的，所以在开始一段具体的短视频创作之前，要对应用场景进行分析，这也是导演日常需要留意的功课。

更广泛的用途变化太多，没法很好地概括说明，但我们可以先拿几个主流短视频平台来举例：

比如，抖音更偏好头部的KOL做的内容，以15秒至1分钟的时长为主，这就使短视频的节奏变得更快，你需要把握住推送机会，大家给你的时间很短，要的是及时反馈。

相比之下，快手的"去中心化"更彻底一些，流量会更关照普通人的内容需求——更接地气日常生活，节奏上更加紧凑，接受度相较其他更高。

而B站主要定位于"Z世代"人群，有独特的审核机制，视频时长更不受限，节奏也可根据内容长度和内容深浅而定，适合创造力的发挥，但毕竟以年轻人群为主体受众，节奏还是要尽量轻快、讨巧。

以上是当前市面上主流相关短视频平台的举例，也仅是我们对当下短视频情况的理解，平台视频制作的倾向也可能会因为各种原因发生变化，需要我们平时多关注短视频的发展趋势。如果你之后会主攻一个平台，那么在节奏感的设计上更会有自己独到的见解。

不过节奏感并不是一个抽象的感觉，我们在对它进行追求时是可以落实在一些要素之上的，对于这些接下来我们就来讲一讲。

1.时间意识

如果你就是从"图文时代"转入"短视频时代"的内容创作者，应该能体会到短视频中时间概念的重要性。

图文时代，文字可以变得有画面感，读者可以在脑内自行联想和补齐画面。同时，读者可以随意停留，可以在自己喜欢的字里行间反复地推敲，也可以用一目十

行的快速阅读、跳过自己已经掌握和熟悉的章节。

但短视频的节奏变得更快，它的时间轴是"线性且不可逆"的，对于这个时间轴的掌控，完全由短视频编导的思维决定。

当我们播放一条短视频，在不刻意跳跃观看的情况下，视频信息会严格按照时间的顺序依次呈现，无论是配音、文案还是画面，每个信息点都需要占用固定的时间，而观看者也必须依照时间顺序依次接收信息。

因此构思短视频可不是想好情节和文字就没事了，短视频时代，在创作者的思考中，必须有"时间"的位置。

一方面，短视频要把握整体时长，有意识地想好每条视频大致要做多长时间，并留意实际的情况是否会超时或过短，另一方面，也要给具体信息点设置合理时长，这涉及我们后续会讲到的短视频脚本创作。比如，一条关键的渲染情绪的字幕，需要停留3秒；演员吞下一口水两秒后再开始猛咳；一个回溯的场景交代完毕后，可能也需要设置几秒钟的转场情节过渡画面……这些都需要在必要时体现在脚本上。

2.镜头意识

很多新手朋友会把短视频做成PPT或随手一录的"录像"，究其原因就是因为不会使用镜头语言，甚至压根儿没有使用镜头的意识。

镜头的运用是个大学问，我们常用一门"语言"来类比它：它也有"词组"——比如特定搭配使用的一组镜头；它也有"句式"——比如很多行业默认的运用技巧；它也有"修辞"——比如用不同角度的镜头来渲染氛围、加上情感"滤镜"……这些语言要素要被精心设计出来，并最终呈现在分镜头脚本中，于是分镜又被视为短视频创作中继内容创作之后的第二次关键创作。

也许对新人来说，上面这段你会看得云里雾里，没关系，这不重要。你现在只需要知道镜头语言的设计既重要又复杂就好。大部分创作者并没有经过长年专业的摄影训练，但在学习他们的制作之前，至少你要在意识中先告诉自己：不能没有它！切记，正是镜头语言使得视频成为视频。

镜头就是用户的眼睛，也就是你要找到用户最喜欢的视角，所以必须重视。也许你会说：我并不打算把视频做到专业级，只是日常发在网上玩一玩，那确实不需要把自己套进专业精神的镜头知识体系中，但却有必要考虑一下最基本的一些方面：

首先，要保证清晰。一切能够让画面输出更加优质的手段都需要尽量做好，你不会希望大家在弹幕上打出"我瞎了？"或者"全损画质"的留言。比如，跟拍的时候，除了表达一些特殊场景外，尽量不要有太厉害的抖动，你可以考虑使用云台。

其次，保证有一个合适的取景距离，这也适合于动画和素材剪辑类的作者。我们在执行中发现，大部分人喜欢用中景，就是能看到人全身的一个距离，但事实上这并不是一个"万能"的距离。导演应该思考并判断，哪些地方适合用远景，哪些地方适合用特写，哪些地方甚至让镜头运动一下，适时切换镜头。让镜头动起来，可以让节奏更加明快。

最后，很多人喜欢"一镜到底"，特别是一些自拍类的制作者，长时间单一的长镜头表达会让人产生视觉疲劳，转换机位或者后期剪辑时做一些技术处理，会让视频加分很多。

更多高级镜头语言，如"升、降、推、拉、摇、移"，对拍摄的门槛更高，这些技术大多存在于专业的制作团队对场景的艺术表达中，可以用于渲染一种特殊的情绪、表达空间与时间的变化，也会在一些转场过渡中运用。

3.听觉意识

如果你非常想看一段恐怖片又觉得害怕怎么办？可以试看把声音关掉，是吧？

这就足以证明声音在短视频中的重要性。

短视频是声画组合的艺术，配音、BGM、音效都非常重要，这些也是让一个视频变得更有节奏感的最佳手段。比如，配合BGM的鼓点进行剪辑，可以把多个素材更加自然地联结在一起；找一些应景的音效，可以为画面素材在感官上的体验加分不少；一个有辨识度的配音，可以使整个视频的节奏变得更加明快。

于是在短视频的"同期声配音"工作中，听觉思维也占据着重要位置。一般的新手只是看到配音文案是用Word文档创作的，就以为这只是一项普通的写作工作，但这样又会掉进"图文时代"的创作节奏中。

短视频配音文案不同于文学写作，图文时代作品写出来的内容是用眼睛"看"的，而在视频中是要用耳朵"听"的。因此，对于短视频中的听觉思维内容的考虑，大家一定要接受每个信息点只能出现一次的事实。

再次强调：这与读文章时读者可以随时跳读和回顾的传播环境不同，多数观众没有倒回去重放的习惯。

4.文字和互动

除了必要的配音字幕之外，提炼一些必要的文字信息，可以帮助大家总结，提高对重要信息的记忆度。不要让这些文字像字幕一样总是出现在底部，这些视频文字更多的作用是可以"带节奏"，也可以用来强调一种互动。

别忘了，要刺激大家一起来玩。粉丝们也有参与发声的欲望，你可以适时地打上一些TIPS或者提出一个小问题，让你的弹幕留言更多。

最后，要有层次感地对关键词进行包装，让这些关键词在合适的时间、地点出现在屏幕上。这样会让一些原本琐碎的内容看起来更清晰，观众也更容易留下记忆。

没错，这符合刚刚所说的简约原则，也是文字能带来的一种节奏。

以上这些方面便共同构成了保证视频节奏的基础，同时这一部分内容也可以视作"短视频思维"，许多跨行业进军短视频的朋友总觉得自己很多时候做的东西仅得短视频之"形"，却未得短视频之"神"，问题就在于并没有用短视频的思考方式来想问题。

所以，视频外在的节奏实际是和它内在的本质要求是息息相关的，这一内一外一体两面，成为短视频至关重要的精髓。因此，我们也常会听到一些从业十多年的老剪辑师有"剪视频就是剪节奏"的说法——节奏之于短视频，远比你想象得更重要。

原力（Force）、态度（Opinion）、节奏（Rhythm）、故事（Tale），仔细一看，当我们把这4个关键词的英文首字母连起来看，刚巧就组成了一个英文单词"FORT"（堡垒），这确实是个惊喜的巧合。循序渐进地做好这些方面的修行、掌握一些导演思维，便是为你的视频制作构建起真正属于自己的"堡垒"。

第4章

技法，我们的"内训"大赏

这部分很特别。

它包含广泛，从选题、破题到文案、脚本；从画面拍摄到后期剪辑；从运营方法到转化获利手段……几乎是许多同类图书会用整本书来讲的内容。

但在这本书中，我们只是把它们作为一个章节来设置，虽然从篇幅上来看它是这本书的重头戏。这样做的原因是我们知道，这些技法在一个短视频从业者的生涯中只是入门的基础，想要真正发展好、赚到钱，还是要建立更广阔的认知维度、从多个方面同时下功夫。

同时，关于制作与运营的技法，是个可以无限简单也可以无限复杂的事情。它作为入门基础的内容本身并不复杂，但它充其量只能帮助初学者构建起一个认知体系，却无法做到可以直接上手实操。而若要实现实操，那就要走向专业，细致地把各项知识条理层层理清，这又远非本书的定位和篇幅所能支撑的。

这件事非但我们没有办法解决，市面上的同类读物其实也没有办法解决。它们看起来能用这样一些内容撑起整本书来，主要靠的还是把简单的问题复杂化、围绕着本不复杂的那几项包装出种种"干货"来。

然而这并不能解决问题，事实上不涉及具体操作和对于工具、案例的探讨，也没有这么多"干货"可言。同样的结果却占用更多资源，读者不需要，这对我们而言也着实不必。

因此，关于这一章的创作方法我们斟酌了许久，最后决定仍然以基础介绍和常识普及为主，但在其中融入我们团队在多年一线实践过程中总结的"大观点"与"小技巧"，既然不能带大家直接跃升到实践的高度，但至少能够领略一些我们实践的心得。

正是基于这样的考虑，我们把自己团队对于内部员工的"内训"资料拿出来，作为这一章节的创作蓝本，因为它不说假话、空话，也不故弄玄虚，反而会有许多实实在在、甚至接近"土办法"的技巧与心得——这和我们对这一章的定位方向是不谋而合的。

下面就请大家和我们一起来尝试一下这种新鲜的讲法，听一听我们的"大实话"。也许在多年后你已经积累了属于自己的实践经验后，还能回来翻翻本章，就着这些观点和心得，与我们进行思想上的隔空碰撞与交流。

4.1
选题与破题

万事开头难，选好题赢一半。

选题与破题，被许多内容创作者认为是最煎熬的阶段。更为重要的是，这段"黎明前的黑暗"的时间很可能会占用整个视频工期的一半。如果你还在为你的下一个视频选题而抓耳挠腮，不妨先停下来看看这一节的内容，我们将向大家介绍的是一个系统的选题工作流程。

那么，为什么有"选题"与"破题"的区别呢？

简单来讲，本节所说的选题与破题最大的不同在于有无带有商业目的。

选题是你自己想要表达的。你决定要说点儿什么，然后经过你的收集、整理、构思之后，最大化地用内容去驱动流量。对应常见的短视频工作，我们做短视频自媒体时更常做的就是选题。

而破题通常会有一个明确的目标，也很有可能会涉及商业信息的合理植入。同样是常见的短视频工作，我们针对甲方需求进行内容创作时，要做得更多是破题。

典型场景：你的抖音号，下周末计划
发布一个新的短视频

典型场景：客户让你在短视频里
传递一些商业信息

打个比喻：选题时，你是"卡牌大师"，你像在玩牌，手里准备一把牌，你的焦点是如何在这个轮次打出那一张最有价值的牌。而在破题时，你变成一个"赏金猎人"，你是在狩猎，为一个明确的悬赏目标找一个解决方案。

:: 4.1.1 选题篇：下周的短视频，拍点什么好

如同你最多通过六个人就能够认识世界上任何一个陌生人，一个好选题的诞生，通常需要五步，我把它叫作"五步选题法"。下面将结合下图逐一拆解步骤。

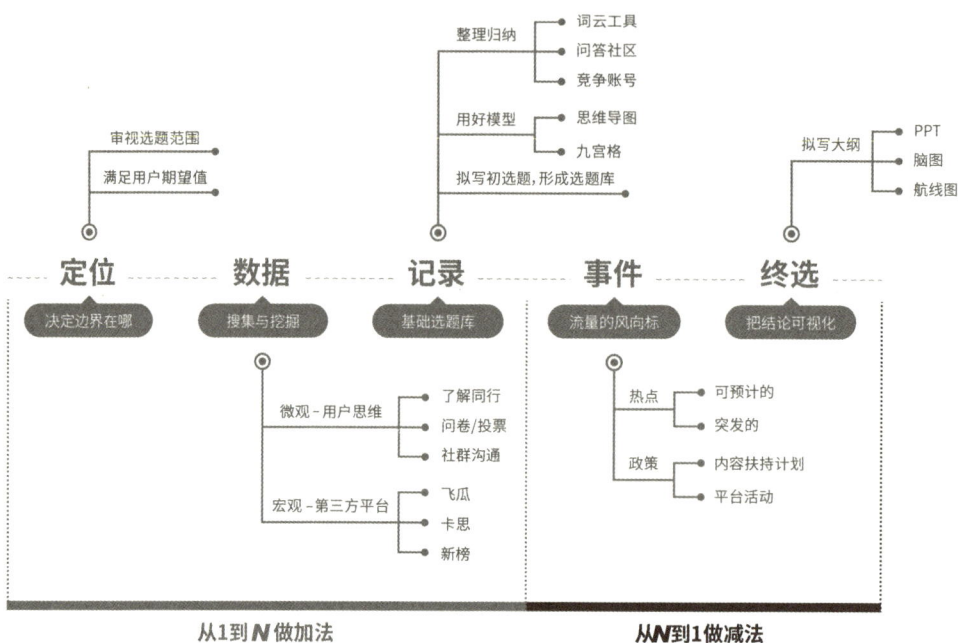

1.定位：选题的原始边界

首先说明这个选题流程针对的是已经有清晰定位的视频创作者，如果你还没有找到一个清晰的定位，可以翻看上一章节的内容。

我们进行选题工作的目的是让由这个选题扩展出的内容更具影响力，但这并不意味着我们可以完全天马行空地选择话题。在做选题之前，你应该有一个大致的内容范围，这个范围是跟你自身擅长做的视频类型有关，也就是跟定位有关。

即便你已经是一个在一些垂直领域做出影响力的科普视频主，在特殊时期你突

然想要做一期唱歌、跳舞的视频（比如做出100期的小彩蛋）展示下另一方面的才华，这也是可以的；但如果你总是在"反复横跳"，你的粉丝可能就不认识你了。

选题与定位是相辅相成的。选题映照定位、定位指导选题，==定位决定了选题的原始边界==。个人IP或一个账号的定位与选题是强关联的。也就是说，我们想表达的某个选题，跟用户心中希望看到的内容应该是大致相同的类型，这样可以让"人以类聚"的影响力得到最大化地发挥。

2.数据：知己知彼，用户数据说话

在自然流量下，你所产出的视频内容数据的效果一定会遇到高峰，也会存在低谷。理想与现实、目标与结果之间不一定完全一致，因此检验偏差的最好办法还是用数据说话。比如，高数据的视频内容可以检验你最初的人群标签是否定得准确，又或许能为你开启另一扇窗口。

（1）微观数据，回归用户思维

聪明的创作者总是擅长在用户身上寻找突破点，这就是"用户思维"。所以一定要保持沟通，让自己经常能听到不同的声音。

同时把这些声音变成数据化的信息，这样做是为了方便你做后续的对比和查找工作，让你更快地了解用户和同行的想法，以便使选题这支箭能够更好地命中"靶心"。这里所提及的微观数据，是指通过沟通与洞察在自己的用户身上匹配的一些数据。

首先，你可以看看粉丝们都关注了谁。你可以更清楚地知道哪些同行在跟你竞争；目标越清晰，越便于查找相关数据。

其次，你可以组织在线调查问卷与投票。这是低门槛与粉丝沟通的有效方式，你可以得出一些数据结论，并找到用户感兴趣的选题思路。

最后，你可以通过社群进行一对一交流。这有点儿类似于线下的市场调研，可以得到最真实的反馈，让你可能抓住一些小细节或选题的切入点。

（2）宏观数据，使用第三方平台

在没有用户基础或用户数量较多时，我们往往无法通过与用户直接沟通的方式自主收集反馈信息，所以常常会通过第三方平台数据反馈选题方向。

当前常用的宏观数据平台主要有三个，即飞瓜、卡思和新榜。这三个平台各有特点，需要针对不同的数据分析场景来使用。下表是我们对于宏观数据平台的使用体验及建议。

数据平台	覆盖领域	平台特点	建议使用场景
飞瓜	短视频领域（侧重抖音）	抖音监测功能强大,包含直播监测; 可监测单个视频、单个播主的所有数据; 可精准定向到细分品类、小标签	抖音短视频
卡思	整个短视频领域	数据大而全, 各方数据表现较为均衡	短视频矩阵打造
新榜	所有新媒体平台	侧重图文新媒体平台, 也在大力发展短视频平台方向	新媒体矩阵打造 (由图文过渡到短视频的创作者)

下面我们便以飞瓜数据平台为例，展示如何使用短视频数据平台。

在飞瓜平台上，我们除了可以监测单个视频、单个播主的所有数据，还可以根据抖音平台的变化更新功能。比如针对电商，细分了15个大类，其中彩妆大类甚至已经细分出了87个小标签。而随着直播带货越来越火爆，飞瓜数据也增加了直播的相关数据。

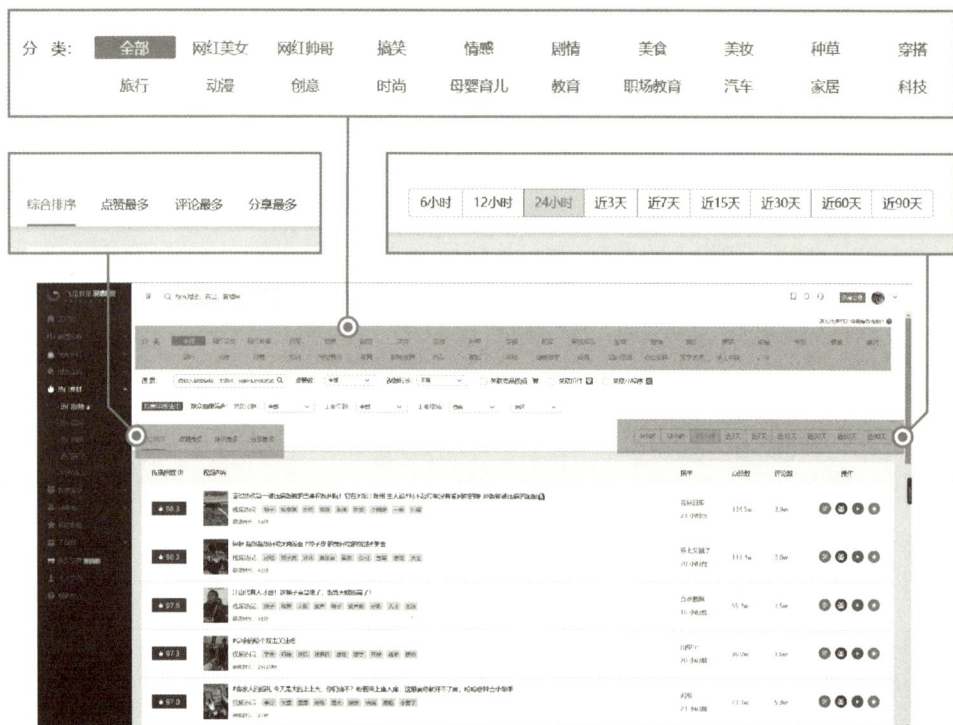

目前专业的短视频数据分析平台的基本原理是抓取平台的海量数据，由此得出优质短视频最直观的相应数据情况。比如通过飞瓜数据可以知道15个大类视频6小时到近90天的榜单，再按照点赞、评论、分享等数据进行排行。

除了按照视频排行，还能按照账号、商品、直播、音乐、话题、评论、今日热门等类目进行排行，这些都是基础数据。通过进一步查看相关数据，才能得到我们想要的数据反馈信息。

比如我们打算做动画账号，首先是按照账号进行筛选，选择"月榜"和"动漫"。我们发现在近一个月的榜单中，剧情向的账号数据不错，排行前30名的数据中有21个账号的方向是剧情向内容，因此我们可以继续查看单个账号情况。

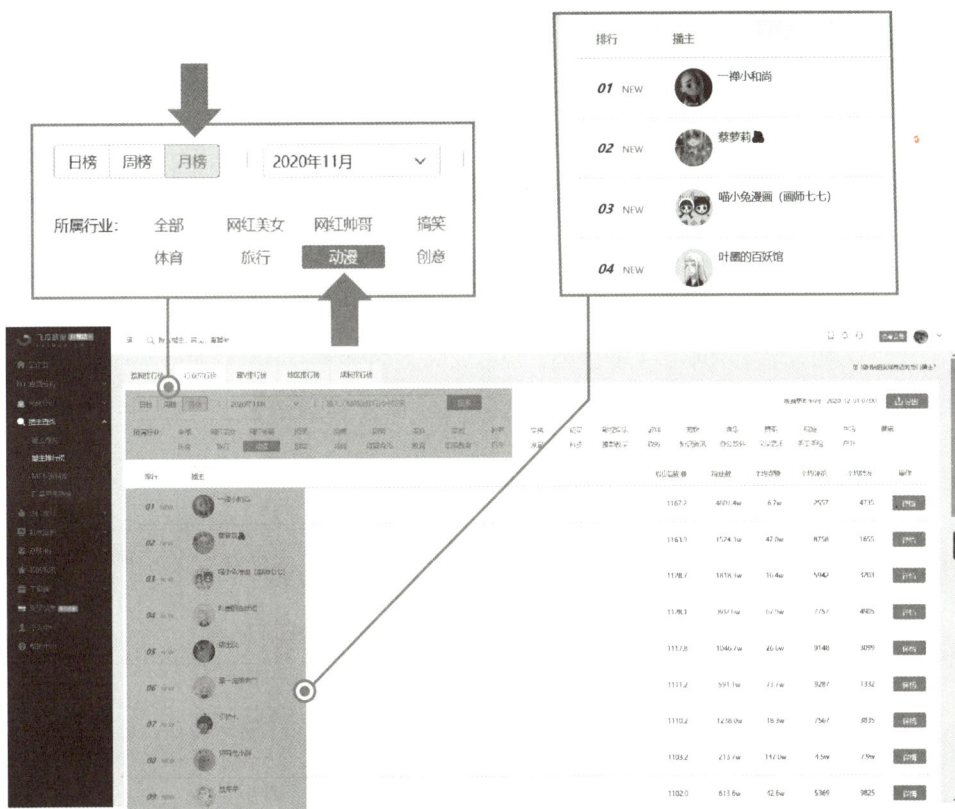

以图示账号为例，除了账号的作品数、点赞量、粉丝数，还有飞瓜数据的飞瓜指数，这个指数对评估视频、账号是否优质有一定的参考价值。最重要的是，你可以看到近90天内的账号数据情况。图示账号90天内发布了18个作品，平均每5天更新一期视频，考虑到春节的原因，账号更新频次是每周2期。

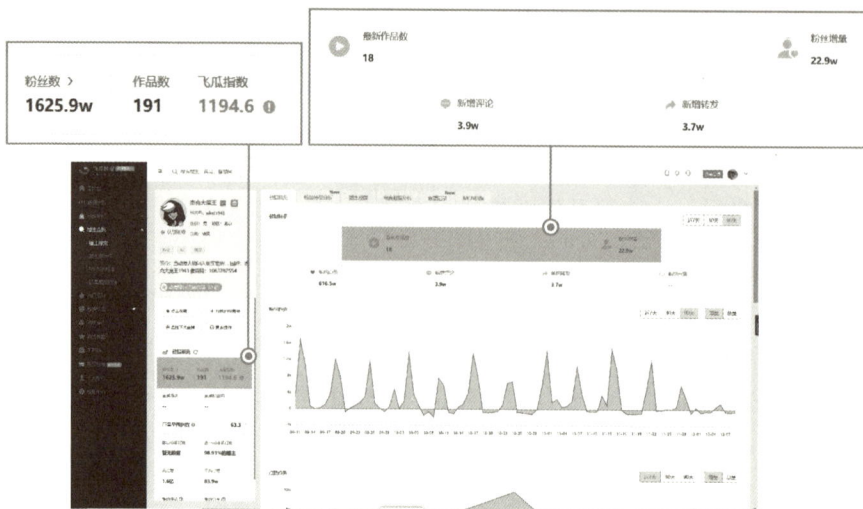

此外，这里还有账号的粉丝分析，可以看到粉丝的基础信息，什么地域的用户对该内容更感兴趣。从图中可以看到，广东粉丝数占比高达12.33％，那我们就可以思考以下三个问题：

（1）是否是加入了地方特色文化，比如方言？

（2）是否在前期账号推广时，限定了在广东进行推广？

（3）如果以上都不是主要原因，那么可以从内容上去思考，为什么广东人对此类内容更感兴趣？

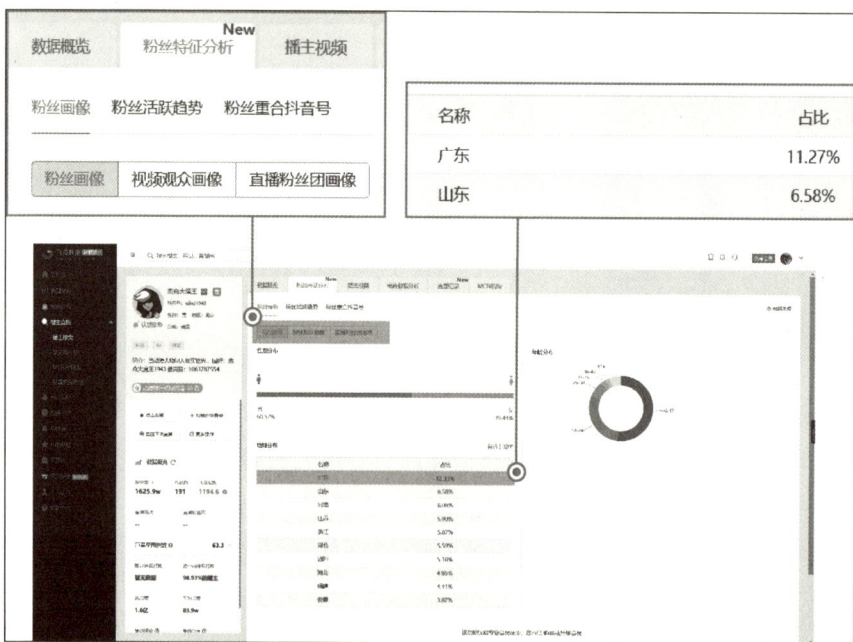

结合评论词云思考发现关键词最多的是游戏角色和动漫角色，而广东用户对游戏和动漫更有偏好、接受度更高，这就是原因。

所以你发现了呢？因为他们做了游戏角色和动漫角色的相关内容吸引到特定人群，然后用户又通过评论的数据反馈表达出喜好，这就是定位和选题的映照关系。

除了飞瓜数据，其他第三方短视频数据分析平台的使用方法也类似。数据平台是收费的，并且费用不低，建议新人先选择一个最合适的平台上手使用。除了短视频数据分析平台，常见的指数工具也可以关注，比如百度指数、淘宝指数、微博指数、微信指数等。

3.记录：整理归纳，形成选题库

第三个阶段是"记录"阶段，即整理和归纳，也是鼓励大家动笔的环节。在这个阶段我们通过使用一些工具和方法来拟写部分选题，形成基础选题库。

（1）用"词云"整理选题

评论词云具有很好的参考价值，我们选定穿搭、美食、汽车、宠物四个热门领域，通过飞瓜数据对词云进行分析，也发现一些有趣的内容，这有助于指导我们的选题方向。

账号类型	词云/高频关键词	初定的选题
美食	方便、三分钟、麻辣、教程、好吃…	教学类：简单易学的教程视频
穿搭	汉服、男生、搭配、显瘦…	科普类：如何搭配更显瘦
汽车	知识、多少钱、油耗、买不起…	盘点类：SUV的性价比
宠物	可爱、眼神、好帅、awsl、想养…	剧情类：宠物的拟人故事

美食账号中多次出现的词是"方便""三分钟""教程"等。因此，如果你是要做美食相关内容，那么简单易学的教程视频选题是你的首选。

穿搭账号中多次出现的词是"汉服""男生""搭配""显瘦"等，那么选择具有一定特色的小众服装，比如汉服、洛丽塔、JK制服，再着重突出显瘦特点的搭配的科普视频选题值得一试，如果能再加入异性喜欢的观点最好，比如男女朋友说好看的搭配方式会更好。

汽车账号中多次出现词是的"知识""多少钱""油耗""买不起"等。因此如果你是要做汽车相关内容，那么应该选择从汽车产品的实用性和性价比出发，借此你可以确定那句广告语"别问落地价，因为舒适无价"的表达方向并不是现在最好的选题方向，反而应当选择盘点一下当前SUV的性价比。

宠物账号中多次出现的词是"可爱""眼神""好帅""awsl""想养"等。因此如果你是想要做宠物的相关内容，那么选题方向是展示宠物的可爱，通过宠物的眼神做拟人展示的效果会更好，目前云养宠物的群体人数非常多，一定要注意营造代入感。

（2）问答社区：记录与整理大家都在关心什么

在寻找选题时，我们或许还会去逛第三方问答社区，看用户都在问什么，再将精华回答汇总。知乎、百度知道、豆瓣小组等都是常用的问答社区。这些相关问题基本上代表着该领域用户的痛点，只需要搜索关键词即可找到所需的内容。

找到合适的问题是要考验甄别能力的。你要学着过滤与筛选，部分问题的答案是没有参考性的，有些问题需要进行提炼或找到更精准的切入点。

（3）同类"竞争账号"的归纳与整理

如果你时刻关注竞争账号，那么就可以通过同类竞争账号去获取选题。为了保证具有可借鉴性及精准性，首先应该寻找与目标群体、账号调性、品牌定位相似度高的账号，他山之石，可以攻玉。看别人的账号就像在"逛闲鱼"，时不时会筛选到一些好"宝贝"。

我们通常每周会进行一次选题分析会，要求团队成员提交各自收集的材料。这时我们会重点关注以下类型的账号，进行多个维度的总结归纳：

> ● 对于播放量与点赞量偏高的选题，分析选题切入点、目标人群、牵动的人性弱点。
> ● 对于互动与评论次数偏高的选题，对重要评论做摘要和进行总结。
> ● 思考这些高播放量和高评论的视频选题，考虑是否能够栏目化。

所谓可以栏目化的选题，是指那些适合借鉴并可以持续生产内容的选题，而非临时热点事件类的选题。

此外，如果想做相似内容甚至想要超越竞争账号的选题，可以多看竞争账号视频的评论留言区，里面有"宝藏"。

大家记住，在归纳和整理竞争账号信息时，需要注意一些有效信号，并让它们为我们的选题提供指导方向。

如果我们发现那些话题曾经被这些账号反复提及，可以尽量规避重复话题，寻找独家观点和信息。

如果对于那些被他们做过的话题的数据走势有所了解，可以尽量规避冷门选题，更多地去思考热门选题还有没有突破口、拓展内容的空间。

如果掌握到了话题是有争议性的：可以考虑是否能从中寻找到不同的切入点，比如站在对立面来表达观点等。

所以，一个好选题的诞生不是横空出世的，这个过程是对有价值的信息进行整合。你的准备工作做得越用心，你的目标感就会越强。如果你没有太多的经验，一定要动笔，先记录下那些有效的关键词，再利用一些思维工具去做系统归纳、整理。

（4）利用思维工具帮助归纳：思维导图＋九宫格

从"1到N"的过程中，"思维导图"算是常用工具之一，可以帮助我们由1个关键词发散出更多的关键词，也可以把零散的内容整理得更成体系。这类工具通常用在已知主题方向，线性扩展出更多的选题内容。

这种方法比较简单，我以下图示意，不去进行过多讲述了。

另一种常用工具是"九宫格"，通常在已知"用户与品牌"的情况下，用于获取更多选题。使用九宫格法的整个过程中，我们必须保持不断思考、记录、组合。当你掌握了这种方法后，你不会再为"我想好的选题都被别人用过了"而苦恼。

在使用"九宫格"进行选题获取时，首先我们要问自己：我们的用户是谁，他们有什么需求？

在回答时，我们可以列举出一些关键词，并以九宫格的方式列出。假设我们做了一个家居生活类的账号，首先，需要影响的用户是"家居购买者"，填写的格式如左半图所示，你可以尽可能地把格子填满。

其次，再从品牌的角度去罗列。同样是自问自答：想要关联的品牌或产品有什么特点？填写方式如右半图所示。

最后，从需求和特点的两个九宫格中的词条中各取一个，进行"1+1"匹配，拟写出选题。比如：

物美价廉 + 风格多样 = 20 000元也能装修出来的经典混搭风格

物美价廉 + 设计师资源 = 上海知名设计师设计的家，家居总价仅90 000元

一站式购买 + 装修经验 = 装修"老司机"告诉你，一站式买齐看这里！

……

九宫格法是在引导你思考，将脑子里的所有创意进行联想匹配。与凭空想象相比较，是把问答题做成连线题，思考出来的选题也更有参考性。这样在实际操作时效率会提高不少。

至此，在经过前三个阶段的搜集整理，即"定位、整理数据、记录"之后，你应该可以拟定出若干选题，形成一个初步的选题库，完成"从1到N做加法"的过程。

4.事件：看看流量的风向标

通过搜集整理拟定出的选题库，我们完成了"修内功"，但我们在真正优化选题时，需要关注一些"外力"，这些外部因素影响着一个选题的初始流量情况。在短视频领域，这种影响主要来源于热点和政策两个方面。

（1）蹭热点

热点自带流量，而热点又分为突发类热点、可预计类热点。

对于突发类热点，我们通常需要做出取舍。如果一个突发类热点跟你的账号关联度极高，这时可能需要启动临时应急方案，重新拟定一个关联选题的热点来替换原有的选题内容。如果原有选题已经被撰写成为脚本文案，这个文本可以延后放出，适时调整排期和规划。

可预计热点的处理办法是关注和下载每月的营销日历，提前对下月中的一些重要节日进行标注。只要你用心总结，你就可以发现几乎每天都是节日。在确定选题后，根据热点将内容创作做一些调整，用相关联的热点做一些标题的包装，或者由热点进行开篇切入。

在实际操作中你会发现：同样的选题内容，巧妙运用热点视角进行切入，可以让流量提升十几倍。

与此同时，很多人对"蹭热点"还存在不少认识误区，我们要尽量规避：

首先，不要为了蹭热点而蹭热点。这种行为获取到的流量和关注度是无效的。同时如果有品牌或产品宣传，反而还有损害品牌或产品的可能性。

其次，不要"自嗨"式蹭热点。这是指蹭热点时只考虑热点，而忽略融合内容，这样只会加深观众对热点的印象。观众关注的依然是热点本身，这样蹭来的同样是无效的流量和关注度。

再次，不要忽略事实。这是所有制作人员必须要注意的点，尤其是当热点是社会事件时，一定要多考究事件的真实性，不要做谣言的传播者。一旦辨别失败，要在发现错误时及时更正道歉。

最后，不要触碰敏感话题。 对于涉及法律法规或道德伦理的热点，请谨慎选择，最好是不要触碰，否则很可能被封号处理。

（2）靠政策

除了热点是影响自然流量的因素外，各平台的政策也是外因之一，因此最好能够时常浏览一下所在发布平台的政策。比如，某短视频平台近期有一个针对动画类的短视频内容的扶持计划，你便可以在这一期间多加入一些动画形式的内容去转化获利。而如果你本来就在运营一个动画类账号，那你应该考虑是否在这个阶段加快作品发布的频次。

另外，也会有一些短视频推新人的活动或者某个垂直领域的短视频比赛，当你报名或加上标签之后，就会获得额外的流量推荐，这也会影响你的选题方向。

总之，选题作为短视频创作的第一步，应尽量去"靠政策"，为后续的运营多争取一些流量和爆款基因。

5.终选：确定最终选题

在提笔正式写稿之前，有经验的短视频创作者已经能够大体判断这个短视频有多大的"能量"，也就是说，当我们在不断构思内容、不断填充素材的过程中，这个选题的能量密度也会慢慢地呈现出来。

偌大的选题库就好像一片湖泊，里面有很多鱼。我们在湖上泛舟，不断地观察、搜集、抛锚或改变航道，最终就为了抓住那一条最大的"鱼"。

有时候，你可能想到一个很好的选题，但不久你也许会发现，以你的能力和资源很难去执行。理想很丰满，现实却骨感，光有一副好骨架不行，还得有"血和肉"。好比是厨师在做出一顿佳肴前需要基础食材，巧妇难为无米之炊，素材的数量和质量也会决定这个选题是应该被扔进垃圾桶，还是被列入下一阶段的创作环节。

假如你想做一个"TOP 10盘点类"的短视频，结果发现素材的质量参差不齐，数量也没有10个，这时建议你调整选题方向。当断则断，硬着头皮上会让你的后续执行进退两难。视频类素材的优先级是相对较高的，因为这种可视化的内容很难被替代，这跟从前图文时代的情况不同，你很难只用文字描述来弥补素材的不足。

在创作中，基础素材的质量决定了能量密度。在前期的搜集与洞察中，你也会逐渐形成一些闪光的想法，可能是一段勾起记忆的场景、一个有价值的知识点、一个独家的犀利观点、一种牵动共鸣的情绪、一个好笑的梗等，这会帮助你不断增加该选题的能量密度。

:: 4.1.2　破题篇：寻找一个最优的解决方案

在短视频创作时，除了遵从于创作者内心的声音，我们时常还会受到一些其他因素的影响。比如，你做短视频账号有了一定的影响力，有一个甲方品牌想通过你的短视频给你的粉丝传递一些商业信息（就是想打广告），那么你一定还会受到甲方需求的影响。

为什么甲方品牌会选择在你的账号上做广告呢？大多数情况下是因为这个品牌所要推广的信息和你的粉丝匹配度最高，他们觉得在这里能够找到品牌所需要的受众。所以在接到一个命题之后，你第一件事是要去思考这个选题的受众是一群什么样的人，他们最喜欢听到什么样的声音。

在这个行业里，创作者和品牌方始终都会存在一个矛盾：甲方品牌想传递出更多的商业信息，或者达到更多的商业目的；而乙方的创作者想让他/她创作出的视频内容有更多的人愿意看，也就是能给粉丝们提供更多的内容价值。但没有人愿意看一个布满广告信息的短视频。"商业目的"和"视频价值"你更偏向于哪一边，这就需要甲乙双方协商找到一个平衡点。

前文提到过任何商业短视频的制作完成都是各方共同妥协的结果。人们都习惯于站在自己的立场考虑问题，但你必须要考虑全局。下面便以一个经典案例来说说我们通常的处理方式，用"庖丁解牛"的方式让大家了解如何破题及故事是如何构思起来的。

2020年3月，来画梦工厂接到了一个订单——为某电商平台构思一期内容，并最终在某知名官方媒体上呈现。这个活动针对的是以"90后"为主的年轻人，本意是想让更多年轻人了解并来参与这次电商平台的购物行动，让大家为自己的房间添置一些小型家电，即便在租来的房子里也要尽情享受生活。

针对这样的需求，我们做了下面的这些工作：

1.体会需求

破题的方向要从实际项目需求中来，所以第一件事就是分析brief，拆解命题并细细体会。

在这个需求中，甲方是主流电商平台、受众是"90后"人群、宣传对象是一次促销活动，这几项条件中的每一项都是互联网内容营销中非常常规的情况。正常在这样的条件下，我们有许多路线可以选，目前主流的创意短片的技巧几乎没有哪个不适合用在这个案子中。

不过，这个案子最要紧的信息在于：这条内容最终需要呈现在官方媒体上。

首先，官媒发布的内容当然需要符合正能量的主流价值观，而且格局要高、不能流于浅薄庸俗，尤其对于"消费主义"相关话题的尺度拿捏要格外慎重。

其次，和该官媒初步沟通了解到，我们要争取登录的版面对内容的新闻性有一定的要求，因此我们还要掐准发布时间，策划一个与当时热点相关的内容。

最后，我们又开始拆解这次营销的心智主题。本次项目甲方希望倡导的主题非常近似于那句有名的口号："房子是租来的，生活是自己的"，它表面上讲的是租房，而这背后折射的却是生活这一更广大的命题。因此在关键时刻，我们需要在内容中将"题眼"从"租房"升华到"生活"，从一种行为方式的探讨上升成为一种人生观。

这样我们就得到了几个关键词：租房、生活、正能量、年轻人群、时下热点。我们接下来就要围绕着这些条件开展策划工作。

2.基础设定

基本需求梳理完成后，我们就开始构思，做一个怎样的内容。为了这个目标，我们做了以下几件事：

（1）确定主题

在这一步中，我们有一个非常重要的线索就是"新闻热点"。因为当时正是2020年的年初，整个社会关注的焦点毫无疑问就是"疫情"；而这条内容预计发布的时间是4月下旬，当时正是全国各地的医疗工作者驰援武汉抗疫成功之后不久，因此我们可以围绕这件事来创作，弘扬时代正能量。

想到了这个，我们团队展开了大量的新闻阅读工作。在这一过程中，我们被一则新闻打动：内容是四川广元一位名叫赵英明的护士，在疫情爆发阶段随医疗队志愿赴鄂抗疫，临行之际她的丈夫对她大喊："你平安回来，一年的家务我包了！"而在这些天，赵英明光荣返回，这一感人至深的片段再次引发了大众的讨论。

疫情是一场劫难，在那段时间里，几乎每一个中国人都在惶恐、戒备、悲伤当中度过，我们看过各种苦难与分别、每天紧盯着新闻上不断更新的病例数字，突然看到这样带有温度的真情故事，感触颇深。仿佛被一股气波击中，虽然无形却震撼十足，几乎每个同事都流下了眼泪。

我们庆幸她和与她一样的"白衣战士"们得胜返回，振奋于历劫的江城武汉春暖花开，同时对于这场"战役"中国人凝聚一心、无私奉献的精神而久久感动。于是我们想，何不在这样一个节点上，围绕着"英雄回归"来呈现内容，调动更多人有这样的振奋和感动呢？

在援鄂的医护工作者中，有大量像赵英明一样的年轻人，如果不是这次突发的事件，他/她们应该都在各自开始不久的婚姻、职场、亲子篇章中书写着希望。摘掉仰视的眼镜，他/她们身上应该有许许多多和我们共通的地方——而这便正和我们的目标人群联系了起来。

于是主题就这么定下来了。在这群年轻的医疗工作者回归之际，聚焦他/她们的故事，并试图探寻他/她们对于生活的见解。

（2）敲定题材

到底要做一个表达意志的宣传片、围绕这些真人真事的采访纪录片，还是讲一个虚构的故事，这就是关于题材的问题。

在这件事上，我们没有疑虑太久。因为来画团队一直以人文类的故事创作见长，而且在定向搜集了足够多的年轻抗疫工作者的事迹后，我们发现比起连缀着讲述多个人的事迹，把他/她们糅合在一起，以一个"典型人物"来表现效果会更好。所以我们一致通过了结合真人真事艺术加工出一个小故事的方向。

不过此时出现了一个小插曲：我们目标合作的官媒突然告知我们，非常时期发布的档期很可能临时有变，为了能够确保内容及时上线，希望我们可以再策划一个Plan B来覆盖两个热点，以增强我们在众多同期选题中的竞争力。因此我们就必须同时制作两套内容。在有限的时间内，原本制作成手绘动画的想法变得很难实现，因为它周期长、修改成本高。所以我们在和甲方、官媒协商后，决定用手绘剧情长图的形式来讲述这两个故事。

不过大家不要紧张，这并不会影响这个案例对于短视频破题思路的讲解，我们先前和之后所讲的一切内容都是共通的。

（3）奠定基调

接下来我们要来思考用怎样的基调来表达所选的主题。

同样的主题，我们用不同的基调讲述，收获的效果肯定是很不一样的。举个大家熟悉的例子：金庸先生的封笔巨著《鹿鼎记》中，韦小宝的故事既可以当成一个喜剧拍，也可以当成一个悲剧拍（因为韦小宝的崛起恰恰意味着"侠"的没落）；既可以重点渲染韦小宝为人讲义气、善机变的人性闪光点，也可以把他塑造成一个市井无赖……事实上这几种方向都有创作者实践过，如果你能找到看一下，就会发现给人的感受是截然不同的。

那么，我们要用怎样的基调来讲述这么一个"英雄回归"的故事呢？

在这件事上，我们最终选择了一种比较罕见的角度。当时我们发现社会上对于这群刚刚回归的"白衣战士"，普遍宣传的都是他/她们果断担当、无私奉献的一面。这是非常经典的"英雄"形象的刻画方式，在这种手法中，创作者会着重放大英雄形象的一面，仿佛他/她们是钢铁锻造的一般。

这样做没有任何问题，但我们会发现在阅读这样的故事时，我们更多的是热血和赞扬，而在看到"赵英明"的故事时的那种走心感动却是很少的。说得更直白一点，我们更多被调动的是崇拜敬佩，而不是强行代入的共鸣。

所以我们决定尝试从"人性"的方面来展现这群年轻的英雄：在奔赴武汉之前，他/她们有的才刚刚毕业，孤身一人来到大城市，希望在更好的平台中谋求发展。对于医疗工作来说，刚从业的年轻人远远够不上"专家"的程度，他/她们只能从许多基础的事情开始做起，靠辛勤工作换取成长。

这样的年轻医疗工作者和我们一样，在陌生的城市，把绝大部分的精力和时间投入工作而不是生活上。不是觉得生活不重要，而是在属于这一代人的成长压力下，在这个阶段似乎事业上的努力打拼才是第一要务。

对于这些人来说，疫情考验突然来临时，他/她们一定会忐忑、会慌张，不仅因为人之常情，也因为他/她们此时的专业尚不足以强大到给他/她们带来底气，但职责义务又不容许他/她们回避。他/她们势必会煎熬、焦虑，但在这样的情况下，他/她们最终的挺身而出反而显得更加宝贵、真实而动人。

同时，在这样的叙事下，我们呈现的也会是一个新的故事：我们这一代年轻人，没有经过祖辈、父辈那样艰苦磨难的洗礼；更在意自我价值、有更多被娇惯出的"毛病"；同时又要面临更加严峻的竞争压力……这些都是我们和老一辈人不同的地方。因为这些不同，这代年轻人曾被冠以"温室里的花朵""垮掉的一代""一代不如一代"这些标签。

但就是这样的一代人，在面对时代和历史猝不及防的考验时，毅然选择了坚强地担负挑战。也许不会像千锤百炼、接受着英雄教育的前辈一样果决且带有油然而生的使命感，但仍然在九死一生中完成了任务、守护了国家和人民，用自己的方式接过了前辈的"接力棒"。

经过这样的洗礼，这些英雄中的许多人不会永久顶着光环，反而会继续回到原本普通且辛苦的生活当中。但历经了生死之际，他们对于生活的看法一定会发生转变——也许会更加珍惜宝贵的生命，选择在有限的条件中仍然追求精彩的生活，让自我意识与集体意识同时闪耀。

用新的角度、新的方法写新的人心、新的价值，"新青年"的故事和境界便就此成立了。社会发展、人世迭代，他/她们各有色彩却彼此传承，中华民族就会像这样，在一代代的"新青年"手中完成发展的接力——这是何等有价值的表达，它岂非正值得我们去努力！

在这样的立意和洞察下，我们对于接下来的创作表达更加期待了。

3.内容排布

这一步不是说要直接写内容了，而是要试着把关键信息和大致的框架排出来，类似于一次"沙盘模拟"。这个环节的目的不是追究故事是否精彩，而是看一下实际操作能否把美好的立意撑起来、把项目的需求满足好。

在这一步，一般来讲要做几件事。由于这一环节需要很多复杂思考，逻辑必须清晰一些，所以建议大家在做的时候可以拿出纸笔，一边思考一边涂涂画画。

（1）设定骨架梗概

在这个环节要来设计一下故事的大概情节和走向结构，你可以理解成列提纲，当然在后面的我们会介绍给大家更好用的"航线图法"。

注意这个环节不是让你放飞想象发挥主观创作，而是更多运用理性来设计、计算每一部分的主旨和功能。这时，我们一般会使用一些经典的框架套路、剧情公式。这些之后在讲剧情写作时也会给大家介绍。

在这个项目中，我们选择的是经典的"起承转合"架构思路，大致如下：

- "起"：奔赴之前失重的状态，为事业而忽视自己的生活。
- "承"：疫情初期，奔赴前夜的复杂心态，对生活和生命懵懂的遗憾、眷恋。
- "转"：生死之际的观念转变，彻底领悟了生活的意义，升华蜕变。
- "合"：春暖花开，回归和过去一样的平凡生活，但对于生活的态度转变了。

写到这个程度就够了，千万不要过度深入某个情节点，这样浪费时间不说，还可能会影响全局的协调性。

确认了这样来做似乎还不错，合情合理且有物、有味，这一关就这么过了。

（2）分定着墨主次

这一步重点研究的是项目允许的篇幅之下能否装得下构思的内容，如果不能要怎么调整才能装得下。一般来讲，解决的办法就是划定主次，重要的地方浓墨重彩、次要的地方一笔带过。

在这个案例中，经过我们的初步评估，这样的一个框架即便拍个小电影都绰绰有余了，如果把它们正常讲述，对于互联网传播的一条自媒体内容来说一定是超量的，因此就必须剪辑了。

那么要把哪里设定为重点呢？我们当时是这么想的：

这个故事的主旨是刻画人物内心关于"生活"的看法变化，而这背后又隐藏着另一条线，即新青年对于个人关爱和集体责任两者同样关注的态度。

既然是这样，最好的方式就是对比主人公前后的行为和心理变化，这就涉及了"起""承""合"三个部分。而在其中，能够主要担负起这种价值传递的部分应该是回归后，一样的生活情景，却因心态的不同而发生截然不同的转变，这样处理揭示的效果也会更好。同时，这一故事主要写的也是"英雄回归"，因此，"合"就理所当然地设为重中之重。

而"起"和"承"的主要作用在于交代转变前的状态以及奠定"平视"视角、让受众了解"白衣战士"原本和我们一样，从而快速代入主人公的命运。要达到这一效果并不难，只需要借助一两个典型事件配合心理活动就能讲明白，因此可以放得稍弱一些。

至于"转"的部分，在正常故事中往往会设置为重点，英雄抗疫的轰轰烈烈、辛苦卓绝在同题材的作品中也会重点呈现。但在我们的这个故事中则不同，它在这个故事中更多的还是起到分割前后两块、促成主人公意识转变的作用，因此它反而可以一笔带过。

于是用2/5篇幅写"合"；"起"和"承"共享2/5；剩下1/5留给"起"，就成了最后的结论。

（3）安置重要碎片

前面的工作做得差不多了，接下来就要看看剩下没有被考虑到的条件要怎么兼容进去，还有没有遗漏或者有必要新增的继续加进来。

我们来回顾一下，项目需求梳理时提炼出的那几个关键词，看看现在的故事是否把这些全部满足了？

生活、正能量、青年人群、时下热点这些似乎都还好，只是"租房"似乎体现得少了点。那么可以怎么处理呢？

我们当然可以设定主人公就是一个租房族，但这显然还不够。于是我们对这件事进行重点讨论，最后决定可以把它作为故事中"生活"的实体象征，用主人公对于自己租住的小屋的态度来反映他/她对生活的态度：

比如，在"起"的部分，可以呈现主人公熬夜加班后疲惫地躺在小屋的床上，用屋里凌乱的陈设、懒得拉开的窗帘、昏暗的光线和旁白文字来表示这是个"睡觉的地方"；

在"承"的部分，可以安排主人公在临行前把房间仔细打扫一遍，并在出门前最后回望了一眼这间小屋，此时灯光是温暖的、眷恋是懵懂的；

在"合"的部分，依旧让主人公回到这里，装饰、浇花、做饭……对了，还要拉开窗帘（与前面呼应），以此来体现转变后的价值观。

另外，如何在这个内容中把甲方权益做到最大化呢？说到底这也是受甲方委托而做的案子，光顾着我们自己把故事讲爽也不行。

解决方案是：第一，在片尾让甲方以联合出品方的身份露出Logo；第二，在主人公家中柔和地植入甲方的一些产品；第三，在公交站或楼体广告、海报中透露出活动宣传文案。当然，毕竟是个展现社会情怀的公益内容，在后两点的处理上一定要有分寸，喧宾夺主可能会适得其反。

把这些做好，这已经是一个比较全面的合格作品了，不过要想精益求精，更上一层楼，我们还要多想一想：可以加入哪些让作品增色的元素呢？

首先，可以作为配角加入几位其他年轻的医护工作者。他/她们每个人的生活背景都不相同：有的刚刚有了孩子，有的是家境优越的独生子女，有的尚处在一段浪漫的热恋中……但却在挑战面前做出了同样的选择。在方舱医院的工作之余他/她们相互温暖，讲述着各自对于生活的向往。借助这样的设定，也把故事从对一个人的讲述扩展到了对"新青年"群像的刻画，拔高了层次。

其次，我们要在故事的最后加上一段升华文案，点明故事的立意，让受众都能明白地理解到我们想要表达的意思。

最后，还可以在回归之后加入一些日常生活的"鸡毛蒜皮"。我们想要刻画真实、平凡的英雄，他/她们不是天生的英雄，"高光时刻"后光环也不会像童话里一样伴随他/她一生。所以，关于主人公抗疫归来后可能会面临两种情况：

一方面，单位和社区会对他/她的贡献给予感谢；另一方面，出现久未开启的家门。以此来增加一层可品味的感慨：和影视剧中的刻画不同，他/她们中许多人的回归，就是回归平凡的生活。

于是轰轰烈烈的是英雄，默默无名的也是英雄；功成名就的是英雄，回落平淡的也是英雄；勇斗病魔的是英雄，而敢于在依旧局促的生活中重拾对理想生活的渴望，也是英雄。

把上面几个事情想清楚，确定这个方向可做，"破题"工作也就算做完了。通过这个案例我们应该能够发现，商业项目中的破题并不像想象中的那么简单。这是因为我们要"破"的不仅是一个动笔的方向，更要考虑到这样动笔的可行性和是否能够带来好的效果。

《孙子兵法》云："夫未战而庙算胜者，得算多也"。是说要出战得利，就要在事前多多思考盘算，这件事不怕想多，你想得全面了、深刻了，后续的实践也就会更容易一些。内容创作也是这样，正是基于上述这样的破题思考（前后花费了我们团队一整天），这条内容非但在和甲方、媒介方的内审中一稿而过，而且一经上线浏览量便破了20万、3小时破100万，又被20余家新老媒体自发转载，获得了极佳的传播效果。

所以在这件事上，我们真心建议大家不要偷懒、扎实行事，并祝愿大家也能"破"出一个具有引爆效果的作品来。

4.2
文案写作

文案是有魔力的。一个口号、一句台词、一段旁白，便能引起关注、引人共鸣、引发讨论。因此，有人因为一段文案爱上一个品牌，有的内容因为一段文字在全网引爆。

对于短视频而言，文案是不可或缺的一部分，它如同短视频的血和肉，赋予短视频生机。同时，短视频文案的创作也极具独特性，不同于其他传播形式的内容文本，它可以让短视频产生不一样的表达效果。

当然，短视频文案创作的能力不是一朝一夕就能练就的，它不仅要求你有大量的阅读，还需要你多多创作实践。总而言之，就是多看、多写。

短视频文案创作是否有技巧呢？

答案是肯定的。在接下来的篇幅中，我们便会把在工作中总结的经验与技巧一一向大家介绍，一方面是给想要入门的朋友一些参考建议；另一方面希望与有经验的朋友一起探讨交流。

不过需要注意的是：技巧并不是捷径，它只能使你少走一些弯路，想要熟练地进行文案创作，还请多看、多写。

我们开始进入正题。

∷ 4.2.1 短视频文案创作的意识

先别着急动笔，在创作文案之前，理解短视频文案与其他文案的区别，建立起与短视频文案相关的一些意识是非常有必要的一件事情。

我们首先要建立的一个观念是：不同于其他媒体文案，**短视频文案是一种"听觉语言"**。传统的海报文案和文字类新媒体文案以视觉为主，需要受众用眼睛阅读，这些文案在排版或者字体上都需要经过一定的设计，而短视频文案则不同。

想一想，你接触短视频的场景一般是怎样的？或是置身电梯楼宇之中，广告刷屏机反复轮播着15秒的短片；或是你打开手机，全神贯注地刷着一段段短视频，是不是？

其中前一种算是被动接收，我们一般不关心广告画面是什么，甚至觉得被打扰，但是视频的声音会不断地重复，提醒我们广告的口号与内容。而后一种则是我们主动去寻找内容，精美的画面把我们的双眼深深吸引，旁白、对话的内容只能用双耳去捕捉，在充分调动感官之后，才能欣赏完一个短视频。

有没有发现，观看短视频需要听觉的充分参与？甚至可以说，很多时候不用双眼观看，我们也可以接收到短视频的绝大部分信息。这正是因为创作者们以"听觉语言"的表达方式来创作短视频文案，这样才更加符合短视频的播放和接收场景的特点。

于是基于"听觉语言"这个逻辑，短视频文案的创作便更像是在创作"对话"，它相比于传统的文案写作有了更多特别的要求。下面我们具体来看一下：

1.口语化的表达

为什么课本上的定义总是读起来非常生僻，难以记忆？因为它们大多、太抽象了。抽象和专业的文字，表达的是一种笼统的概念，它方便归纳总结，但是很少出现在我们日常的对话中。日常生活中，我们不会说："我渴了，需要补充由大量氢离子与氧离子组成的透明液体。"而是说："我渴了，要喝农夫山泉。"

这正是因为越是具象的表达越能帮助人们理解，同时方便形成一种画面，形成记忆点。所以，**少用或尽量不用抽象词汇，多用具体的动词与名词**，是我要给出的第一个建议。下图是一些参考示例，帮助大家记忆。

抽象表达	VS	具象表达
容器	←——→	水瓶、玻璃罐
建筑	←——→	茅草屋、居民楼
服饰	←——→	白衬衫、短袖、T恤
汽车	←——→	公交车、奔驰轿车

2.选择适当的"语速"

另外，"语速"也是口语化表达的关键要素，在一段短视频中，配音文案的字数决定了语速。字数过多、语速过快，会导致节奏加快，让人难以捕捉具体的信息，也会产生压抑感；字数太少，分布又太平均，语速就只好放慢，这样的节奏任谁也受不了，要么使人昏昏欲睡，要么让人没有耐心把接下来的内容看完。

于是找到一个合理的字数区间就显得非常重要。那么什么样的字数是合适的呢？我们以每分钟的字数为单位来进行示例，总结如下图所示。

每分钟的文案字数	
220字	语速缓慢，带有朗诵气质，常用于政府类、公关类短视频文案
250字	常规语速，沉稳大气，这是我们推荐新手选择的字数规格
270字	常规语速稍快，接近正常说话的感觉、轻松愉快
290字	超快语速，一般用于特定需求的短视频，参考《万万没想到》

每分钟220字和290字是人的语速的下限和上限，如果不是特殊类型的短视频，或者有特殊的创意手法，一般不建议采用超出这一范围的语速。

3.贴近受众，投其所好

这里的投其所好，不再只是内容创作方面需要如此，语境与语体都包括在内。上一篇关于"选题"与"破题"的文章中，我们已经介绍了为内容做定位的方法：内容的定位很大程度是根据受众的需求与偏好进行的，找到了正确的受众（也就是诉求对象）之后，就要用他们喜欢的内容表现手法来和他们对话，以此来打动他们。

文案的创作技巧应该属于表现的手法，当你要用文字和一个群体快速建立关系时，最直接的办法就是融入和他们一样的语境，讨论他们讨论的内容。这有点儿类似于"拍马屁"，但为了防止拍在马蹄子上，一定要用适当的语体，让受众认为你是"自己人"。

说"黑话"就是一种手法。不过不要误会，"黑话"是指在特定群体中有着高认同感、高传播度的词语或语句。举个例子，和短视频息息相关的摄影圈有一句话叫"摄影穷三代，单反毁一生"，这句话带有群体的自我调侃，影射了摄影器材的昂贵的问题。

同样，像"大三元""小三元""小黑""小白"这样的词语，如果你不是摄影圈内的资深玩家，也同样理解不了它们的含义，更不会使用。当你能够熟练使用这些只有"内行"才能读懂，读完后还能会心一笑的语体，那融入这个群体，获取他们的信任就非常简单了。

不过请注意：我说的"熟练使用黑话"不是去随便百度一下就照搬，这方面没有什么技巧和捷径。如果想要真正地融入一个群体，就要多去他们的网络社区，多观察、多交流，用实际行动弥补自己认知上的不足，把自己培养成真正的行业专家。

4.明辨题材，紧扣主题

想必大家都上过作文课。自始至终地围绕一个主题进行表达，输出一个令人信服的观点，是一篇好作文的基本成立条件，也是文案创作的基本要求。很多时候，短视频的文案是一种说服、证明的过程，你所要表达的主题需要很多文案从多个维度去佐证，这就是为什么我们要紧扣主题的原因。

当然，这是作文课的范畴的知识，涉及逻辑和思维的训练，我们不在本书里赘述。这里我们重点是要列举一些商业短视频的方向，并根据它们不同的功能、场景和诉求主题，明确文案表达的一些重点。

（1）广告视频

广告视频分品牌向与效果向。品牌向的广告视频以俘获受众的心为主要目标，树立品牌形象和传播自己；效果向的广告则需要受众马上行动，为产品带货。创作品牌向的广告文案时，一定要紧紧围绕"品牌理念"进行表达，主题就是品牌理念的延伸，包括标题文案、内容文案，都需要不断地说明、强化品牌理念。在创作效果广告的文案时，主题就是受众的核心利益点，围绕核心利益点，文案需要不断抛出卖点（功能、折扣等），调动受众的购买情绪。

（2）宣传视频

宣传视频是一种展示，以介绍主体信息为目的，需将公司、产品或其他介绍对象从多个维度讲述清楚。宣传视频的文案更像是精准的解说词，这些解说词所服务的主题是宣传对象的特点，将这些特点一一提炼，用受众习惯接受的方法表达，能够起到强化重点、梳理内容的目的。

（3）功能型视频

功能型视频比如课件、教程、视频说明书等，是为了解决某个具体的问题而存在的。这些问题可以放在生活中的各个场景中，比如在工作中遇到的难题，在居家生活中的一些常识、技巧等，这样才能引起人们的关注。因此这种视频在写作时一定要考虑好信息跑出的节奏，保证它是符合人们基本的认知反应速度的，同时要保证逻辑清晰、步骤合理、重点突出。

（4）"病毒"视频

"病毒"视频的核心是对人性的洞察，这需要具有一定的传播学知识储备。如果想要别人转发一条内容，首先要满足的就是具有"相关性"，即"与我有关"。"病毒"视频的主题多种多样，但这些创作者大多都要从标题就开始使用写作技巧吸引人们点击进入，再用共鸣感强的内容来打动人。主观上，病毒视频的文案创作不需要具有太强的逻辑，但内核一定是要引人共鸣、引发冲动的，是加强版的"品牌片"。

⁞⁞ 4.2.2 短视频文案创作的技巧

预热结束，让我们正式进入短视频文案的创作阶段。文案创作的积累确实是一个多看、多想、多写的过程，但是不妨学习一些取巧的办法，这些办法是我们常年在短视频领域深耕总结的经验。所以干货来了，做好笔记。

短视频文案包括标题文案与内容文案。我们先讲标题文案的创作，这一部分是我们依托抖音、快手这些短视频平台赚取流量的招牌，负责吸引粉丝的注意力，而之后我们所介绍的内容文案则是"食物""产品""服务"，负责把人们留住。两种都叫文案，外行人不仔细区分就会弄混，但实际上从创作上来讲是两件差异很大的事。

到底如何创作吸引人的标题文案？

吸引人的标题并不是标题本身多有魅力，而是勾起了人们的好奇心。我们必须让受众通过这一句话的文案就对接下来的内容产生兴趣，认为标题与自己有关，并相信它能满足某种特定的需求（如获取信息、学习知识、娱乐自我等）。

围绕着这个中心，我们还有六个创作标题文案的技巧。

1.宣泄情绪，提出观点

宣泄情绪的标题，一般是点出某个具体群体的情绪，然后通过某种鲜明的观点加以阐述。这类标题替某个特定的群体表达出他/她们的心声，他/她们自然而然会引起共鸣，点赞转发。

我们再来看下面的案例：

如某种智能烤箱的短视频标题：

> 《谁说女人就要下厨房？一个神器让男人爱上做饭》
> 《家长们办理孩子入学手续的技巧》
> 《上学太难，当小学生的家长太难了！》

这类标题一定要有鲜明的观点，表达某个群体的真正心声，要有立场。如果你是一个帮助解决某种问题的短视频，可以试试类似的标题。

2.创建对立，制造冲突

有对立就会产生冲突，有冲突就会产生问题，产生问题就会吸引人们去解开问题的谜底。冲突是故事创作的核心，也是吸引人的关键。很多标题都是冲突式的表达。

比如，科普某种奶粉的时候会看到：

《营养专家推荐的高价奶粉，这是不是智商税？》

对立是一种冲突，冲突之后需要反转。所以一般这样的标题会制造逻辑反转、常识反转，或者是一些比较。对立之下呈现的信息就是你解答问题的内容。

3.寻找热点，建立背书

热点向来都是大众喜闻乐见的讨论对象，如果"攀附"上热点，就能坐上热点的直通车，成为大众议题的一部分。

比如大众都在看的电视剧：

《邀你一起去爬山，最适合上山观赏的几个风景点》

还有一些可预见性的热点：

《今年七夕最正确的礼物，99%的人都想不到》

蹭热点看似是一种非常简单的办法，但要注意的是，你的内容和热点要有结合，这样才能让人眼前一亮。有一些热点还是某些内容的背书，为内容提供一些佐证，标题一开始就亮出这些热点，会让内容更加具有说服力。

4.利益引诱，调动感知

利益引诱是非常常见的标题类型，很多所谓的干货短视频、促销的宣传片都会以这种类型内容作为标题。

关于内容是如何传播的？可以把标题定为：

《一篇短视频为何能引爆朋友圈？用户主动转发背后的十大传播规律》

而分享如何提升销售业绩的知识，你可以说：

《让销售业绩提升3倍的9种方法》

总之，用最精简的方式阐明利益点，降低读者的心理负担，让读者快速感知到自己能获得什么，这也是此类标题常使用数字的奥秘。

5.设置疑问，自问自答

设问也是一种常见的起标题手法，很容易吊起人们的胃口，让他们继续一探究竟。回顾上文，你会发现有很多标题也带有设问属性，所以最后对于这个方法我就不再多举例了。

不过要注意的是：设问一定要问中要害，这类文章标题适合知识普及的内容，这些内容一定要帮助人们解决一些实际的问题。

6.千万别做"标题党"

创作标题最重要的原则就是千万别做"标题党"。早些年许多新闻门户网站总会拟一些令人震惊的标题，但是点进去阅读后又让人大跌眼镜。标题与内容驴唇不对马嘴，是对受众的一种欺骗。标题党会让人感到愤怒，毕竟没人喜欢上当受骗，而且浪费宝贵的时间。

所以切记：大量使用那种手段是一种自绝后路的做法，和"狼来了"的故事是一个性质。拒绝做标题党，从我做起。

:: 4.2.3 内容文案的创作技巧

在创作内容文案时，也是有一定技巧的。这些技巧能帮助你更好地完成表达的目的。来画奋战于内容营销领域多年的历程中，关于这一方面总结了许多小技巧，接下来便来和大家分享一下。

1.基础型创作技巧

先讲一些基础的创作技巧，是在大多数情况下普遍适用的一些小"原则"。这些内容不同于后面马上要讲的叙述类、剧情类文案的做法，在我们团队中仍然是作为新人培训的入门必知的条例而存在，可见它们的基础性、重要性和易操作性。

（1）能写短句子，绝不写长句子

大长句在文学写作中往往体现着过硬的基本功，所以很受追捧，但对视频配音文案而言，它却不是好事情。因为如果一个句子太长，配音读了10多秒，人们耳朵听到宾语时，主语是什么早就忘记了，这对不能回看、跳读的短视频而言无疑是个大问题。

因此在短视频文案写作的时候，要尽量写短句子。如果本来要写的句子太长，那就尽量把它拆成若干个成分简单的小短句。

比如这句话：

斯诺先生在对我们包含内容策划、项目落地和紧急情况处理在内的成熟服务构想非常满意的情况下，进一步提出了加强团队基础素养、增强品牌风格的要求。

你不妨试着把它读出声音来，先感受下这段文字被配成同期声后会有多长，然后再问下自己：当经过了这么多秒，你把最后一个词读完时对前面的信息还记得多少。如果尚且还好，那可以进一步想象一下，自己如果在过程中短暂走神了，是否还能得到这样的结果。

不要觉得这是吹毛求疵、鸡蛋里挑骨头。因为这就是正常受众在没有绝对利害关系的情况下对于一条视频可能采取的接受态度。过长的句子、复杂的结构共享一套主谓宾，这无疑增加受众的阅览成本。

因此对于上面的句子，建议改写成这样：

斯诺先生对我们成熟的服务构想非常满意。这里不仅包括内容策划、项目落地，还包含紧急情况处理的想法。在此基础上，他还提出了加强团队基础素养、增强品牌风格的要求。

怎么样？明白了吗？

（2）加入更明显的连接词

在视频配音文案中加入关键的信息点、逻辑词、连接词也显得至关重要，这是在表达上抓住观众的记忆点，让重要信息不会被轻易错过。

被称为"中国好舌头"的主持人华少曾用每分钟350个字的语速飞快念出广告语，听完后，我们都觉得他太牛了！但是，你记住了啥？什么也没记住对吗？如果你的短视频是带有信息传播的目的，你肯定不希望大家听完之后什么也不记得，至少，给你投钱的广告主也不会认可。

这时视频配音中连接词的作用就体现出来了。比如，表达转折，人们在听到"但是"的时候，会本能地竖起耳朵听清楚接下来的一句，并知道它与前面内容表达的方向相反；表示递进，你可以加入一个"更重要的是"作为连接词，给大家一个前方的高能预警；凸显层次，你可以用并列的连接词"第一、第二、第三……"进行区分，大家很容易知道后面讲的和前面讲的内容不是同一个事了，即便前面溜号了，也不会影响对后面内容的理解。

比如下面这个案例：

> 原句：这款软件提供便捷支付功能，快速完成信用卡还款，让我们的生活更便捷。
>
> 调整后：这款软件提供便捷支付功能，同时能快速完成信用卡还款，因此让我们的生活更便捷。

原则上原句并没有明显的硬伤，也并不妨碍理解。但让句子中的连接词显性化之后，句子无疑"丝滑"了很多，同时句子不同成分间的逻辑联系也一目了然，在转瞬即逝的"听力理解"可以快速抓到重点、避免歧义。

我们将常用的逻辑连接词进行了整理，具体如下图所示。

顺承与附加	追加	还有、并且、以及、不仅如此、不止、理所当然、另外、除了、同时、特别是、而且、除此之外
	对比	并列:另外、另一方面、相对地 时间系列:同时、以来、以后、以前
	解说	延伸:总而言之、也就是说、具体地说、例如、原本、其实、顺带一提 总结:像这样、总而言之、总的来说、综合来说、简言之 换句:换句话说、换言之
	条件	如果、假设、如果不是……的话、根据、只要、至少
	选择	或者、或是、不如、还是
顺承与论证	理由	为什么、所谓的、理由是、原因是、因为、由于
	归结	因此、正因为、由于、基于、结果、所以、于是
	手段	借由
	目的	为了、为此
转折	反转	可是、但是、虽然、不过
	限制	要注意的是、虽说如此、……没错但、相反地
	让步	当然、确实、没错
	转换	对了、那么、接下来

（3）信息量集中

短视频核心是在"短"上，在较短的时间内告诉受众想告诉的信息，因此建议你一条视频只讲一个观点或一个信息。在视频里出现多个信息，只会使受众感到应接不暇，受众也接受不了那么多的信息。

如果视频是在"种草"产品或涉及产品的售卖，只需集中去表达产品的核心卖点。如果视频是介绍菜谱，那么只介绍一款菜品的做法，哪怕菜品是有多种做法，也只重点介绍一种，剩余做法提及即可。如果视频是讲剧情故事，就轻易不要尝试支线剧情这种形式，讲好主要的剧情故事就好了。

这就是在不同内容中信息量集中这一方法的使用。

（4）尽量使用具象化表达

做个小互动：看到这个小标题，你是否一下就理解了我要表达的确切意思呢？

也许有，也许没有，但我相信一定有相当多数的人是没有的。因为我是用了一个词："具象化"——这本身就是一个非常抽象的表达，你可能并不知道我具体是什么意思。所以这句本身就是一个典型的反面案例。

短视频是一个让人在压力更小的状态下接受信息，并且通常带有一定泛娱乐属性的展现方式，因此生动、具象和画面感就尤其重要。这就给它背后的文案带来了一个隐性要求——要具体不要抽象，要尽量有画面感。

抽象的表达方式有哪些呢？比如"××化""××性"之类的词汇，或其他玄虚概念类的表述，都属于此类。具体举例：标准化、个性化、优越性、依赖性……看到这些词的时候你的脑海中能够同步反映出对应的画面吗？

如果不能，也就别给导演和分镜师添麻烦了，尽早尝试着转化成有画面感的具象表达。

2.叙述类文案创作技巧

叙述类短视频，比如一版宣传片、功能片所用的文案，以平铺直叙讲述信息为要务。很多时候我们会被要求在这样的体裁下制作有一定创意的内容，这时许多没有经验的人往往就会被难住，因为这种类型的片子在常态下是比较乏味的。

好在在相当长的时间内，来画处理了许多这样的作品，从中积累了比较丰富的经验，因此即便有这种情况，我们也有办法应对。下面我们就来介绍几个常用的小技巧：

（1）变换叙述人称

叙述人称，即"我"（第一人称）、"你"（第二人称）、"他/她/它"（第三人称）。一般情况下，这类的片子多是用第三人称的，此时可以试着把它转换成第一、第二人称，也许效果就出来了。

比如一个我们公司的宣传片，正常可以用"来画成立于2015年，主营业务为……"开头；如果觉得这样太普通，完全可以安排我们的卡通IP形象出马，让他开口说："嗨，我是来画君，出生于2015年，平时最喜欢的事情是……"。

（2）变换叙述主体或维度

平铺直叙的内容没有可看性，在创作文案时，为了增强可看性，可以适当地变换叙述主体。举个例子：

原句：一个年轻人感染了艾滋病，半年过去了，他的免疫系统几乎崩溃。

变换后：我是一个艾滋病毒，半年前侵入了一个年轻人的身体，这半年来，我大肆破坏他的免疫系统。

又或者在介绍人类种植水稻的历史时，以水稻的视角讲述它们驯化人类的历史；在讲解可乐鸡翅的做法时，以鸡的视角介绍它要怎么样一步步把自己做到可乐里并最终烧熟……

同样的，叙述维度的转换也可以达到这种效果。比如把常见的叙述视角转变为全知全能、史诗风格的"上帝视角"，或以小见大、极具主观色彩的"蚂蚁视角"。

（3）利用口诀组织，分小节展示

这种方法就是我们行话常说的"套片"，即不用一个1分钟视频讲完所有，而是用类似的结构讲述4个15秒小短片，它们各自独立又共同服务于一个主旨。

在这时，我们可以用一些口诀或约定俗成的说法来组织各个板块。如我们曾用"酸甜苦辣"分别串起了四种现代都市人的共鸣场景，并分别对应了四种口味的零食。此外，"春夏秋冬""风花雪月""亲情、友情、爱情"也都可以用来串联内容，为拆分的小段提供外在联系。

3.剧情类文案创作技巧

剧情类视频也是我们时常打交道的一种题材，无论是走内容的爆款广告视频，还是抖音常见的"小剧场"都属于此类。

在写作这种类型时，对生活进行一定深度的洞察并不断制造冲突来使情节推进下去是必然的工作。但有时仅仅以这两点为指导还是会稍显宽泛，许多新手仍然会不得其门而入，或写了半天得不到一个基本可用的故事。

因此在这一方面，我们也进行了研究和探索，并在内部约定了一套工作方法，即"故事航线图"。这个工具浓缩了许多剧情创作相关的原则和方法，同时也可以用最简单、直接的方式让新手创作者不跑偏，平稳度过这项工作的初始阶段。

简单来说，"航线图"实际上是个升级版的故事提纲。它不仅包含对于故事结构大意的规划，还体现了对于受众情绪调动的一些预判与设计。

（1）用公式写提纲

绘制这样一份"航线图"，第一件事还是规划结构、写提纲。这里我们推荐两条实用的"套路定式"（我们内部称为"剧情公式"），大家可以借鉴：

第一个是我们最常用的来自团队的长期摸索和总结。它的内容为：初始状态—打破稳态—努力克服（多次）—暂时失败（多次）—关键转折—最终状态。

下面我讲个故事：

有一个有名的大律师，他年少成名，过硬的实力让他短短几年便名利双收、成为业内传奇。这样的经历使他绝对理性，并且傲慢、漠视一切情感（初始状态）。

但好景不长，在一次举世瞩目的重要辩论中，他因大意轻敌掉进了对手蓄意设计的诡计中，结果输得彻头彻尾。莫大的耻辱面前，他的冲动引发了对手对他一连串的报复打击，从而丢掉了引以为傲的行业地位，并失去了财富和感情（打破稳态）。

他开始一蹶不振，逐渐潦倒。但这时他遇到了一个曾经风云现在却同样潦倒的企业家，在他的鼓励下他开始振作，并立志帮助企业家洗刷冤屈，同时找回自己失去的一切。他们尝试了许多办法，同时也在暗中对抗对手的阻挠。通过几个"任务"的胜利，他们渐渐接近了成功，但却在最后关头被对手发现，关键证人也被对手控制（努力克服——暂时失败）。

翻案的关键阶段证人被对手控制，无异于晴天霹雳。就在绝望之际，一个偶然让他们找到了对手的破绽，于是就在最后关头对手觉得胜券在握的时候，被主角团给到了致命一击（关键转折）。

经此一役，企业家恢复了声誉，而主角也再次扬名业内。但就在所有人认为他将回到顶端重新开展当年的风光时，他却选择了急流勇退。因为此时他发现，比起当初那样只为金钱和绝对理性而战，他找到了更希望做的事情——顺从内心的光明，回到有情的人间（最终状态）……

这个故事只是我为了举例随手写的，但怎么样？还是一个比较丰满的框架吧？

另外，你是否觉得这种剧情也有些似曾相识呢？是的，现在许多商业电影也基本是根据这样的"套路"创作的。影视行业许多机构，诸如好莱坞，都提倡用这样定式结构来保证内容在保证质量的同时快速产出。

除了这个公式之外，类似的还有经典的"SCQA模型"。具体内容如下：

SCQA叙事结构

Situation	情景	描述当前的状态,交代故事背景
Complication	冲突	设定一个异常情况,颠覆当前的状态
Question	问题	针对这个冲突,提出一个核心问题
Answer	答案	提出解决方案,得出结论

为了让大家更直观地了解这个模型的使用方法,下面用《农夫与蛇》的寓言故事来拆解对应的故事模块:

> (S-情景) 寒冷的冬天,一个农夫走在回家的路上。
> (C-冲突) 在路边,农夫偶然发现了一条冻僵的蛇。
> (Q-问题) 蛇看起来非常可怜,要不要救它呢?
> (A-答案) 农夫用体温救醒了蛇,蛇苏醒后却本能地咬死了农夫。

价值观/结论: 做人一定要分清善恶,只能把援助之手伸向善良的人。

不过你这时或许会心里打鼓:既然方法这么简单,又有那么多人在用,那我做出来的作品会不会和许多人雷同呢?别急,继续往下看就知道怎么做了。

（2）赋予结构血肉和灵魂

人有千种百样,但大家的骨骼都差不多,即便按照更精细的科学来分,也无非分成那么几种。同理,故事也是这样,不怕提纲框架差不多,只要能在上面做出不同的具体设计,最后呈现的效果也会很不一样。

要做到这一点,就要画走势—埋爆点—写剧情。

画走势,即根据结构,大体设定一下你期望的故事高低起伏的线路。它同时对应的是受众在观看这个故事时的情绪起伏情况。一般我们说"高潮""低谷",就要在这个过程中提前设定出来,并体现在一条忽上忽下的曲线上。

埋爆点,即把许多技巧点,诸如共鸣手段、人群引爆点之类的贴附到这个曲线上。先布置在曲线的转折处,尽量不要一种技巧重复用多次;如果还有剩余,则可继续填在曲线的中间。

做完了这些以后可以开始写剧情。和很多人想象中的故事靠灵感、提笔就写不同,我们通过这样的流程实际上主张的是一种理性创作的方法。在此之前的这些工作，都更像一种理工科的工作方法，是靠"计算""设计"来完成的，到了这一步才是让感性和想象来发挥的时候。

通过不同的设计思路、不同的剧情和人物，以及之后呈现阶段的风格、演员、服化道等一层层的"包装"，即便在同一个框架下面，千差万别的故事也就不难呈现出来了。

:: 4.2.4 技巧之外的事

技巧之外的要素，是每一个文案人的基本功。基本功从来都不是靠传授的，是一字一句、一天一练，多多积累而来。当然，这件事关键还是在于你做，而不是我说。所以在这里，我们真正要占些版面来给大家分享的不是道理，而是一些避免大家在积累中走弯路的心得。

1.充盈细节，让文案更有画面感

要让文案在转换成短视频后依然有趣味性，在文案创作时就需要注意一些细节，让文案更有画面感。

文案上的画面感的具体表现是充分调动五种感觉器官，包括视觉、触觉、听觉、味觉、嗅觉，从而使观众对文案产生共情。在实际运用时，对视觉和触觉两种感觉器官的调动尤其多。

同时，我们也常运用一些修辞手法来表达，比如比喻、通感、类比、象征。而具体的表达方式还有关联熟悉的事物或设置参照物，比如我要告诉你柑橘很甜，可以说"甜过初恋"或"吃到嘴里的第一口蜂蜜"。

当然，多用名词、动词等具象词语，少用形容词、副词等抽象词语也是让文案更具画面感的具体方式。

文案创作细节的把握，除了文案本身需要注意应用一些技巧。有的时候，我们不得不加入一些时下流行或大家喜闻乐见的内容和"梗"，这确实是在迎合受众，但能让受众觉得内容有趣味、不枯燥，有看下去或者关注你的冲动。

要注意的是，内容和"梗"是否与账号或者平台的调性吻合，比如在文案中融合了"我想静静""主要看气质""吓死宝宝了""有内味了"等，这些词如果热度消失了，或出现在错误的平台上，那就会适得其反，让受众产生厌恶情绪。因此玩"梗"很考验分寸，并不是一个轻易、廉价的技巧，一定要在有把握的情况下进行。

2.最后的检查，避免赘字

完成文案之后，不要高兴得太早，考试时还要检查试卷呢！

在文案被制作成脚本和短视频之前，我们也应该多检查、打磨。在这一过程中，让文章避免赘字是非常重要的一部分，毕竟视频本身很短，那就不要在无用的地方浪费篇幅和时间了。

那么，如何检查是否啰唆重复了呢？我们团队内部一般是要求创作者在写完文案之后，确认以下四点：

（1）写完一稿后，试着删掉开始和结尾各两句，看一下是否仍然成立。如果成立，就是写得啰唆了，果断删除；

（2）将写完的文案出声读两遍，因为耳朵比眼睛对语病和节奏更敏感，检视文案能不能像讲话一样念出来而不觉得拗口；

（3）想一下是否能够让别人不用动脑就能明白你想说的是什么内容；

（4）读完之后自问一下脑海中印象最深的内容是什么，这个内容是自己想表达的重点内容吗？

如果以上四个方面均无问题，便可交予他人审核了。这一过程往往也并不轻松，不同人也会提出不同的修改建议，此时要尽量满足。

为什么要这么谨慎呢？是因为短视频成片时如果发现文案有问题，那修改工作将会是一项大工程。

4.3
画面创作

康德说："美是一种无利害的自由的愉悦，所以追求美的事物就是追求愉悦。"

可以说没人会不喜欢美，因为这是人类的天性。我们也许不知道一个作品丑的原因是什么，可以怎么把它变美，但看到丑的作品一瞬间至少还是会感到不适的。这就决定了作为短视频创作者，我们还要具备一定的美术素养。横向比较一下同行的图书，他们对于这一方面内容的知识撰写普遍不会涉及太多。但是对于常年以此谋生，并且格外擅长动画短视频制作的我们而言，这一点的分量一点儿都不轻。

美术知识对动画创作有多重要，想必不用多说了，你看到一个作品有不少于70%的直观感受都是由画面美术带来的。而对于实拍视频，这一项的作用虽然没有那么大，但后期包装元素的样式选取、颜色设定、版式排布，乃至人物服装和布景色彩关系的处理，这许许多多的细节设计也都依靠美术常识；它也许不像对动画那样起到决定作用，却是作品从85分继续向上突破的关键诀窍。

我个人非常喜欢一档综艺节目——《我是唱作人》，它的精致不光体现在精彩的原创歌曲比拼，整体的美术包装也毫不含糊。看过它的朋友都不难留意到，对于节目中每首歌的歌词字幕，从字体到排版，制作方都会根据歌词的意境来设计匹配，这使得整个节目格外增色，声声入耳、色色传情，简直让人拍案叫绝——这就是很好的例证。

摸着良心讲，我真心建议立志成为短视频创作者的朋友们可以系统研究一下美术的基础理论，尤其是平面构成和色彩构成，但这不是我们在本书里要讲解的。因为篇幅和定位所限，这一节我们只能给大家蜻蜓点水地讲一些简单好用的入门级常识，这些无不是入行至今我们团队在长期创作中验证过的，对于帮助"小白"短时间内树立意识和巧妙"避坑"是有显著效果的。

:: 4.3.1 设计四原则：大道至简的核心意识

如果美术常识中也存在寥寥几式却能破尽天下招数的妙法，那应该就是"设计四原则"了。它由美国著名设计师罗宾·威廉姆斯提出，是美术科班出身的同学必学的知识点之一。

但这并不代表它是深奥、复杂的。相反，这是一项性价比非常高的技能。想要理解它并不难，而一旦掌握了这项常识，在设计方面是会受用无穷的，即便是资深的从业者也频频有常用常新的体会。如果你是一位悟性极高的同学，你甚至会发现设计四原则还可以旁通到写作、剪辑、动效、音乐等设计外的很多领域。下面逐一进行介绍：

1.亲密原则

顾名思义，亲密原则就是让意义上彼此相近的内容设计得"近"一点。这种相近，包括位置、形式等的相近。

在设计中，我们先要理解所要表达的内容，并根据这点来明确所用每个元素在画面中的作用。可以将它们分成几组，然后让同组元素的形式和位置尽量接近，让不同组的相对远离。

如何检视我们的作品是否很好地利用了亲密原则呢？我们时常用到这样的"土办法"：把眼睛微微眯起，观察画面中的元素。根据大致的特征，我们来数一下这些元素总共可以归纳为几大组。一般情况下，元素群数量在2~4个是合理的，太多了就乱了，这时要么继续归纳，要么把过多的元素放到多个镜头里展现。

2.对比原则

对比原则是我们团队认为四个原则中最重要的一个，它是相对亲密原则而言的。一幅画面中，为了制造层次，要把元素分出远近亲疏：相关性强的就需要"亲密"一些，而意义关联弱、相反、甚至截然相反的元素就需要在形式或位置上形成差距。其中，形式上的差异就叫作"对比"，包括颜色、大小、形状、方向、位置等。

切记：当你使用对比原则时，一定要设计得肉眼可见，一眼望去就能感受到两者的差异。很多新手在做设计时，对于对比原则的使用过于谨慎：比如在一段文字中想要突出一个词语时，只是简单地将词语加粗，或者放大几个字的字号，这时我们一眼望去很难立刻发现区别，甚至有可能会误认为是设计师设计时马虎出错的情况。

所以使用对比原则时，一定要记住：既然不同，就要让它们截然不同！

3.对齐原则

对齐原则更多的是针对排版而言的。多元素排布的时候，尽量要找到一个对齐关系，保证画面整齐的同时，还能帮助传递画面信息。

一般情况下，同一画面中的对齐关系（左对齐、右对齐、居中对齐等）不宜超过两种。寻找对齐关系可以是文字与文字、图形与图形或者文字与图形。对于复杂的图形来讲，最适合的处理方式不一定是按照它的绝对边线或中线对齐（如果熟悉PPT设计，当你移动的某元素快与其他元素对齐时，会突然显现的那个线，就是绝对边线或中线），可以把它向左右适当挪一挪，找到我们视觉认为最舒服的位置，相对对齐就好。

这里需要提醒一下，很多做短视频的人是做公众号出身，公众号文字排版为了美观通常会使用左右两端对齐，但是这种对齐方式在基础文字排版或者偏演示类的文字排版（短视频字幕就属于这种）中并不实用。当画面中文字较多时，通常建议居中或者左对齐。但如果画面中文字较少，可以根据你的审美偏好和对这段信息的理解自由设计。

4.重复原则

如果说对齐原则是使一个镜头内的版式元素更有组织，重复原则就是让同一作品不同镜头中的元素更加有序。简单来讲，我们就是要让一个视频作品乃至同一系列视频中的包装风格都是一个体系的。字幕、花字、视觉符号尽量不要变换太频，这些重复元素的反复出现能够强化这些镜头和视频间的联系，增强所谓的"系列感"。

好了，上面介绍的就是"四原则"的主要内容了，是不是很简单呢？为什么这么简单的内容恰恰能够指导我们应对设计乃至创作中那么多的情况呢？

这是因为在这四条原则背后，其实隐藏着许多人类关于美术感知的深刻原理。我们试以"亲密原则"和"对比原则"背后的道理举例，它们实际上体现的是人们在审美上对于"层次"的天然追求：让复杂的元素各自归组，然后有远有近、有疏有密，层次就出来了。

我们的眼睛追求层次，是因为人们对于美的初次认知来自自然界，而自然界很少存在完全扁平的东西：天空、水面、绿茵，即便一眼望去似乎都只是一个色相，但当仔细观察时，你会发现光影、远近、色差共同形成了它们丰富的层次。

但前辈艺术家们没有把这些深奥的道理拿出来说，而是直接提出四条简单明了的结论，这也就是这四条原则价值如此之大的原因。

:: 4.3.2　色彩，怎么处理

（本节内容在本书封底有下载链接，可查看彩色示意）

色彩是在视觉美术设计中，普通人最敏感、最易感知的要素。我们评判一个画面是否好看，最大的参考因素就是色彩，成功地用色可以显著提升设计的品质感；相反，失败的配色也足以毁掉一幅佳作。

因此关于色彩的运用，我们也准备了一些干货。和你过去看过的美术教材不大一样，这些都是我们团队在无比繁重的"乙方日常"中总结的小技巧，用于在我们疲于应对、大脑宕机的时候仍然能够保住底线。耐心看下去，你会发现我们的阐述也许能够给你带来一些不一样的启示。

1.色感不好？套个"公式"试一下

在配色方面，专业设计师一般分两种：一种是"技术流"，会根据扎实的色彩知识体系分析合理的用色；一种是"感觉派"，跟着感觉走，凭借出色的色感选择看着顺眼的搭配。

但这两者对于许多"小白"而言都是奢侈的。深厚的理论素养固然不是一朝一夕就能养成的，出色的色感若没有一定的天赋或足够的积累练习，又如何能够形成？

因此在新人画师入职我们公司时，为保证他们在技能方面成长得足够成熟之前作品也不至于出什么大错，我们总结了这样一条公式，同样也适用于很多美术新手：

主色（1个）+ 辅色（1~2个）+ 点缀色（1个）+ 无彩色（黑、白为主）

可以说，只要你不是刻意追求极简单色系或黑白调的话，这个配色公式适用于大多数画面创作场景。下面就具体说一下它的含义和用法。

（1）主色

奠定整体基调的颜色就是主色，大多数情况下，它会是画面中占比最大的颜色，也有特殊情况不是如此的，但它一定是你看完闭上眼睛之后印象最深的那个颜色。

主色的选取并不是随意的，选什么颜色取决于你本身想要表达的内容基调。我们一定要清楚一点：在人们的眼中，色彩是有含义的，在不同的文化体系下甚至会表现出不同的含义。在同样的文化背景下，一个色彩往往会带动我们联想到它所关联的含义，从而影响我们的感受。

因此，设计者要将色彩看成一种语言，在要表达特定基调的时候进行对应的选色。比如：要营造热烈、激情的感受，我们可以选择红色；要营造清新、自然感觉的时候，绿色就是很不错的选择。想要制造温馨的感觉，暖色一定比冷色更合适；但如果要表达绝望，黑、白、灰这组无彩色无疑比有彩色更为合适。

（2）辅助色

辅助色就是辅助主色唱"配角"的颜色，通常在一个画面中，建议辅助色不要超过两个，在创作者功力不够的情况下很容易造成画面混乱。

和主色一样，辅助色的选择也不是我们随便决定的，仍然需要我们对内容基调进行分析。要判断目前想要设计的画面是什么感觉的，是以热闹冲突为主？还是以和谐平静为主？

一场激烈的篮球比赛，或一个动感的音乐现场，就属于热闹冲突的场合，这时画面里的色彩一定要有很强的碰撞；而秋日午后的郊游，或闷闷不乐的状态，就属于和谐平静的时刻，这时画面里色彩的使用要尽量减少冲突感，这样才不会过度刺激。因此，在主色确定的前提下，我们要根据与主色是否冲突的标准来选取合适的辅助色。

为了精准实现这一目的，我们需要了解几种色彩关系。

大家看这是一个色轮（又叫色环），无论精度有多高，它都可以大致分成"红、橙、黄、绿、蓝、紫、品红"（是的，没有"青"，但多出了个"品红"）七种色相。建议大家可以熟记这个顺序，方便随时随地能够在脑海中唤起一个色轮。接下来，我们就用这个来讲解。

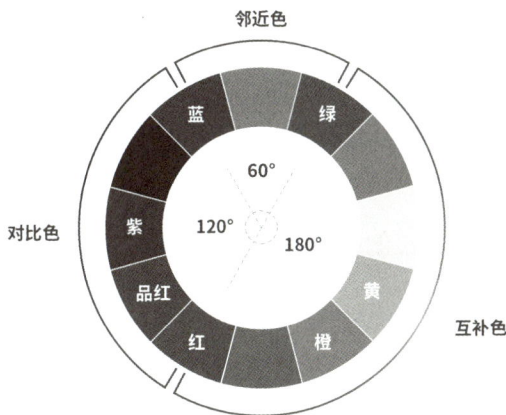

一般情况下我们管色轮中正相对（夹角为180°）的两个色相叫作"互补色"，比如红和绿、橙和蓝，互补色的冲突感是最强的，同时搭配的难度也比较大。

在日常生活中，很多时候会把互补色称作"对比色"，但实际上在美术中，"对比色"另有含义。它是指在色轮中，一个色相和它的互补色紧邻的色相间的关系，比如红和蓝、绿和品红。对比色仍然具有冲突关系，但对撞要弱于互补色；

在色环中相邻的两个色互为"邻近色"，比如黄和绿、绿和蓝。因为色环遵从的是渐变的原则，邻近色间有很大的共性，因此这种关系属于和谐关系。

当然最和谐的还是"同系色"，即同一色相下的颜色，如朱红、猩红、水红，都是红色。

因此我们不难推断出：如果要营造出激烈冲突的感受，辅助色就要选择主色的互补色或对比色，这里对于新手还是建议使用对比色，相对好驾驭一些；而如果要营造和谐平静的感受，就要选择主色的同系色或邻近色。

（3）点缀色

就像文字表面的意思一样，点缀色的"占地面积"非常小，在画面中也只是起到点缀的作用。在画面中，点缀色"占地"面积虽小，作用却不小。我们都听过一句古语："万绿丛中一点红"，因为有了这"一点红"，绿色才显得分外青翠，画面整体也更加提气。

也许主色和辅助色你是按照和谐原则来匹配的，但我们的眼睛需要层次感，该怎么实现呢？这时就需要点缀色出马了！一般情况下，我们建议使用主色的互补色作为点缀色，它们虽然对撞强烈，但因为是小范围使用，用起来并不会出错。

（4）无彩色

看到色轮时，你是否有发现黑、白、灰三种颜色并没有在里面？这是因为色轮展现的是光谱的颜色，统统叫作"有彩色"，而这三个没有被收进去的统一叫作"无彩色"，顾名思义就是看不出明显的色彩倾向的颜色。

但没有明显的颜色倾向也是好事，在色彩填得满满时加入，可以有效制造一种"透气感"，让画面张弛有度。其中的白色还能起到使色彩透亮、缓解冲突的作用，所以配色公式的最后一项是加入无彩色调和整体画面。一般情况下，优先考虑白色，其次是黑、灰。

下面我们通过两个具体案例来感受一下这个公式的作用：

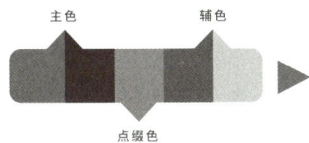

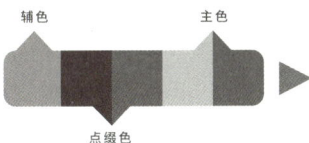

2.给定一个主色，如何快速匹配合适的辅助色和点缀色

前面提过，同样属于红色，却分成各种不同的红，它们共同构成了"同系色"体系。那么，如果在我们的辅助色和点缀色确定要红色时，这么多红色要怎么选呢？

这就涉及另一个基础概念了：HSB值，或叫HSL值。无论哪种叫法，这三个字母对应的中文含义都是所谓的色彩"三要素"，即色相、饱和度、明度。

色相（Hue），就是指具体是什么颜色，比如：红、橙、黄、绿、蓝、紫、品红，就是7种不同的色相。

饱和度（Saturation）又叫"纯度"，简单来说就是颜色在你的眼睛里"刺眼"的程度，它的高低取决于在纯色中加入灰色的多少。小时候我们在美术课上应该都学过水彩画，可以想象一下把一坨灰色的颜料往纯色的颜料里兑会出现怎样的结果：增加的灰越多，整体颜色越淡雅，这时我们就说"饱和度低"；而灰色加入得越少，整体颜色越接近纯色，这时我们就说"饱和度高"。

明度（Bright/Lightness）又叫"亮度"，就是颜色的亮或者暗的程度。仍然从调色的角度理解，就是在纯色中增加黑或者白，白色加入越多明度就越高、黑色加入越多明度就越低。

理论上来说，将任何颜色的明度调到最高就会变为白色，调到最低就会变成黑色，而把饱和度调到最低则会得到灰色。不管你选择什么色相，通过饱和度和明度的调节都会变成"无彩色"，仔细想来，竟然有种哲学的意味在里面……

可以说，通过色相（H）、饱和度（S）、明度（B）三大参数的共同作用，我们可以得到无穷无尽的色彩。和这组参数类似的还有RGB，这是利用红、绿、蓝三原色配比来锁定具体的色彩，很多情况下比HSB使用的机会更多，但这里我们之所以给大家介绍HSB，是因为它对于我们有技巧地选色作用更为突出。

比如关于"这么多红色怎么选"的问题，我们就可以通过它来解答。之所以在同一种色相下会出现多种同系色，这是因为它们的饱和度、明度各有不同，因此已知我们要选择的目标颜色的色相时，选择哪种主要就是看H、B这两个参数。我们可以这么做：

首先，通过彩色工具或在色彩设置界面查看主色的HSB值，然后打开下面这个工具，几乎所有有色彩选择功能的软件都会有这种选项设置：

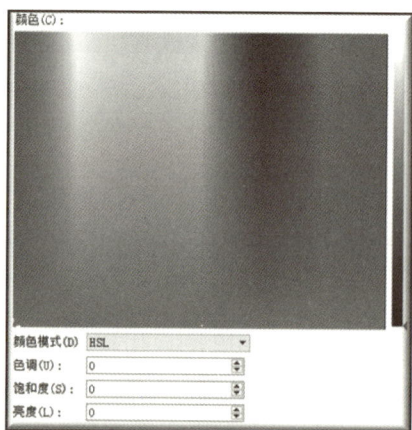

我们在"颜色模式"中找到"HSL"（或"HSB"）模式，找到对应的辅色或点缀色，然后保证H值不变，将S和B/L的值直接输入和主色相同的数值，再根据自己的审美，在这个基础上略做调整即可。

3.公式都嫌复杂？"懒人配色法"请收好

正常来讲，配色公式可以说是很管用的了。但套用公式只能精确到色相，却没法帮你选出具体的颜色；或者有些朋友实在是懒，连套公式都嫌麻烦，这时有没有别的办法呢?

有，虽然我不愿意承认这一点……那就是"懒人配色法"。

这种方法简单来说就是：找一个配色网站（推荐Color Hunt），在它所提供的任意一组配色方案中，选择其中一个作为主色，其他的均作为辅助色使用即可。

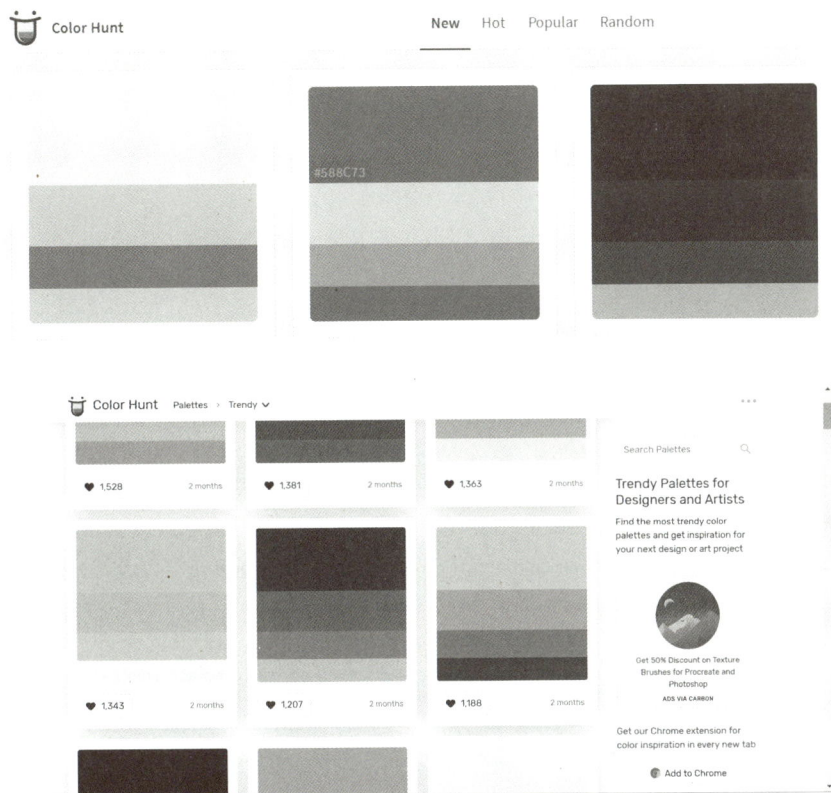

Find the most trendy color palettes and get inspiration for your next design or art project

Get 50% Discount on Texture Brushes for Procreate and Photoshop

ADS VIA CARBON

当然，如果你想要实现的是具有右侧成品图片里的类似感觉，你不光选取的色值要一样，对应色彩在画面中的比例配比也要尽量相近，尤其是不要把原本的点缀色大面积使用。不信你可以把图中的各个元素颜色完全搅乱，看看还是不是想要的感觉了？

4.如何让互补色不那么"辣眼睛"

俗话说"红配绿，赛狗屁"，所以我们日常格外害怕把红色和绿色配在一起。但其实不仅是红配绿，我们把一组互补色放到一起，强烈的冲突感会让它们同样显得很突兀，一个失手就会造成一次配色"事故"。

因此我们前面建议过，在营造激烈冲突感觉的时候尽量少用互补色、多用对比色。但仍然有一些时候我们必须直面互补色，比如圣诞节时怎么都逃不开"红配绿"，这时候有没有什么办法呢？

答案是：有。

（1）降低整体饱和度

前面我们说到，降低色彩的饱和度就是在纯色中逐渐增加灰色，而所有的色相增加灰色时，它们的共性会越来越大，无限加下去它们甚至会成为同一种灰色。所以通过同时拉低所选颜色饱和度的做法，能使它们的共性变大了，冲突也就变小了。具体看下面这两张图：

（2）拉大两种色彩的面积差

把一组互补色按照1：1配比，结果必然是对撞得无比刺激；但如果将它们的占比差距拉大，达到1：5、1：10甚至更高，这种冲突就能得到很大程度的缓和。这也就是为什么"红配绿，赛狗屁"，但"万绿丛中一点红"却会被称赞。

我们看看下面的对比图，下边的是不是好多了呢？

（3）加入更多白色

白色具有在视觉上调和冲突的神奇效果，就像一个"和事佬"拦在了两个仇怨深重的仇家中间，两个人虽然仍会见面眼红，但却不至于爆发大面积冲突。

当画面里出现白色时，其他色彩间的冲突会在白色的帮助下弱化，相对之下就没有那么刺眼。看一下下面的图，你会不会也不禁感叹人类视觉感知的奇妙呢？

黑色和蓝色是再常见不过的颜色，别的不说，只说我们的衣柜里，就不知道有多少件这两种颜色的衣服。既然如此，我为什么说要警惕使用它们呢？

别急，听我一个一个说……

（1）纯黑色，能不用就尽量别用

不要使用纯黑色（HSB：0,0,0），如有需要用深灰色代替。

别问为什么，因为现实世界中没有"纯黑"这种颜色。前面提到过，我们对于美的感知很多来自真实的世界，超出经验范畴的很多东西我们也许不会觉得丑，但总会觉得不舒服。

颜色是通过眼、脑和我们生活的经验所产生的对光的视觉感受，所以我们在现实生活中看到的"黑色"，大多会在光的作用下显现为某种深灰色。所以我们熟悉的"黑色"其实是深灰，你的手机、腰带、电视、墨水的黑色都是这样。这也就说明了为什么纯黑真正出现在画面里时，我们会感到莫名的突兀。

看看下面的两张对比图，改成灰色是不是舒服多了呢？

（2）蓝色，请务必慎重使用

在我们长久的创作之路上，发现一个非常难用的颜色——"蓝色"。在色轮上的诸多颜色中，蓝色仿佛成为一种"魔咒"，除非是资深的设计师，否则总会时不时栽在它手里那么几次：惊艳是它，辣眼也是它。

这是为什么呢？

也许你猜到了：仍然是自然在"搞鬼"。事实上，我们对于蓝色的审美认知离不开天与水，它们留给我们最深刻的印象就是清澈透亮，而这又离不开它们颜色本身的丰富层次。

所以"好看的蓝色"和"层次感"就在我们的脑海中天然联系在了一起。但在平面设计中，把色彩处理得有层次并不是一件容易的事，所以对于新手来说，我们首先建议能不用蓝色就不用蓝色。

但万事都有个例外，不同于纯黑色，蓝色不是我们说不用就能不用的，很多具体创作中客观情况还是会需要我们选择蓝色。如果确定是这种情况，我们可以采用以下几种处理方法：

第一、使用一定光影、金属感、渐变；

第二、选择介于蓝、绿之间的蓝色；

第三、使用同色系的"一组"蓝色而不是"一个"蓝色，或把绿色邻近配合，共同制造层次；

第四、使用白色和少量对比色打破单调——这些都是人为制造层次的办法。

如果真正掌握好这些技巧，也许蓝色的运用也将会是你设计作品中的神来之笔。

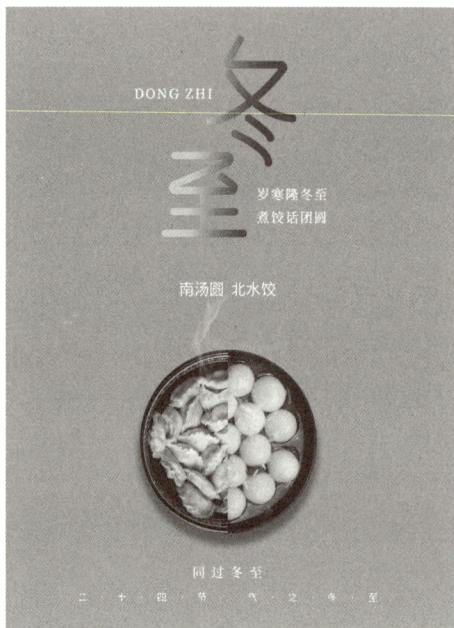

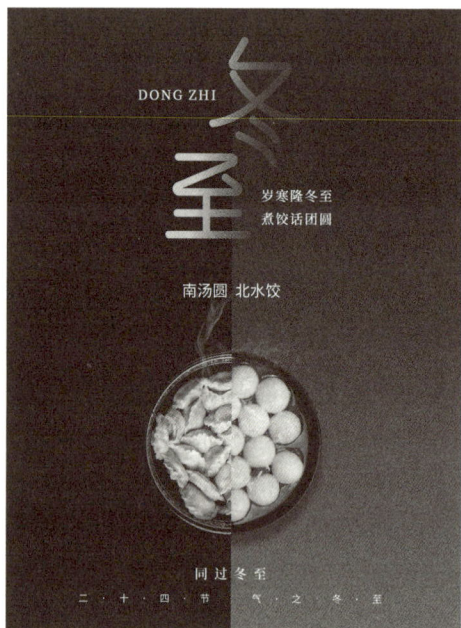

:: 4.3.3 字体，怎么选择

也许你并不打算做太复杂的短视频，你所要的不过是简单的实拍加上常规的同期声字幕与偶尔出现的花字而已。这种情况，也许你会认为上面所讲的内容不一定能有多大的用处（虽然我坚信只要你愿意偏执地运用，它们就一定会有用武之地），没关系，那就好好看看这一小节的内容。

这部分我们来讲字体，前面讲过《我是唱作人》的例子，那是善用字体提升画面效果活生生的例子，你的视频再怎么简单，字是一定要有的，这时怎么选择合适的字体就值得研究了。

文字是文化的凝结，因此字体也就先天带有极强的文化属性，不同的字形所关联的文化内涵不同，这不仅是人们后天赋予的，也和它们诞生的历史背景有关。在严谨的科班教学中，这也是门大课，但好在短视频制作时对字体的使用技能尚属比较浅的层面，大家目前并不用把这个事情研究得太深入，清楚下面这些信息就够了。

1.常见字体分类

（1）常规字体

常规字体分为"衬线体"与"无衬线体"两大类，这里判断的依据就是看一下在字的笔画开始、结束处是否有额外装饰、笔画的粗细是否会因直横的不同而有所不同。如果有，则为衬线体，反之则为无衬线体。

衬线　　　　　无衬线

这是概括得最为全面的一种分类方式，一切字体如果不是衬线体，那就一定是无衬线体。从功能上来讲：衬线体有张弛，在字形规整的情况下，适合长篇文字的使用、集中制作正文；而无衬线体清晰规整，在字数不多的情况下，适合制作醒目标题。短视频有演示用途且文字较少，其同期声字幕直接选择以黑体为代表的无衬线体比较合适。

（2）书法字体

书法字体绝大多数都属于衬线体，根据书写的工具不同大致可以分为传统书法字体和现代书法字体。传统书法字体指的就是甲骨文、金文、篆书、隶书、楷书、行书、草书这些诞生在漫漫历史长河中的毛笔字体，选用这些字体的重点在于它们各自背后的文化内涵和本身呈现的观感，具体如下：

甲骨文	金文	篆书	隶书	楷书	行书	草书
原始 平民 脑洞	古朴 用得不多	古朴 文人	沉稳 文人	刚正 文人	潇洒 文人	狂放 草莽

现代字体一般是指"硬笔书法"字体，我们熟悉的"方正静蕾体""不二情书体""信笺手写体"就属于此类。选择时的重点一方面在于字体本身的观感，另一方面在于书写者的形象，如徐静蕾、郭敬明、井柏然都有属于自己的字体，见字如见人，三个人的字呈现给大家的感觉不同，选择字体时就要参考这些来斟酌。

当然，我们所讲的都是中文字体的选择，但在其他语言的字体中也都存在这样的分野。

（3）个性字体

个性字体俗称"花体"，顾名不难思义，这些都是些天马行空、展现不同个性的字体。这里包罗广泛，常见的有恐怖的"哥特体"、专为万圣节做的"万圣节体"、展现童真童趣的"童话故事体"……这些字体一般适合出现在包装的花字当中，我们可以根据具体情况来选择合适的字体。

建议大家平时可以建立一个属于自己的字体素材库。按照常规衬线体、常规无衬线体、传统书法字体、现代书法字体、个性字体归类，每类下面匹配5个左右你认为好看、实用并且没有太大版权风险的字体。这样每次需要使用对应风格的字体时就可以快速调用，省去在字体网站"大海捞针"的烦恼。

2.分析内容，选择字体

选择字体也像我们选择衣服一样，不是仅考虑好看就行，也要考虑它们具体使用的场合——一套运动服你再喜欢，穿着它出席国际峰会也还是不合适的。

所以，字体的设计是门学问、选择字体也是门学问，想要选到合适的字体并让它为你的作品增色，就一定要从你所要表达的内容出发——先理解内容在表达什么，再根据其调性挑选。一个字体使用高手是离不开深刻的内容感悟能力的，读懂内容、理解人性是不亚于美术功底的两项必不可少的能力。

现在我们就来谈谈对于一些常见的情况我们应该怎么处理。

选择字体的思路是怎样的

选择字体的时候，我们的思维是这样的：明确文字内容基调——根据大众心理拆解内容特点——对应内容特点匹配字体方向。

假如现在我们要给一个男士剃须刀产品广告加花字，怎么选择字体呢？

首先，明确内容基调，根据广告内容判断这类产品突出"男性"的感觉是贴切的，所以基调就是"男性"。

其次，思考"男性"的基调意味着什么、可以对应哪些特点呢？答案可以是"阳刚""力量""粗犷""稳重"……当然这样的男性有点儿刻板印象，实际生活中也会有温柔、细腻、斯文的男性，但毕竟从受众普遍的社会认知心态（注意这个词，重点）上看，前者无疑是被大多数人倾向考虑的。

最后，我们按照特点匹配相应的字体，一些棱角分明的无衬线体行笔实在、没有复杂的细节，感觉很像刚直、低调、粗线条的男性，和上一步找到的内容是基本匹配的。另外，传统书法字体中一些放荡不羁的行书或草书也是不错的选择；隶书、楷书虽然周正，但如果笔画浓重、遒劲有力，也是符合的。因此接下来就可以按照这些原则去你的"私人字库"里寻找了。

我们再看下一例：现在要做一个珠宝的品牌视频，花字该怎么选呢？

首先，明确内容基调，珠宝最适合表现的特点就是贵——价格昂贵、地位尊贵、品位高贵。所以"贵"就是基调。

然后，我们拆解"贵"的基本特征。通常情况下我们看到哪些情况会认为一个物品贵呢？不同人观念中的答案可能会有所不同：你可以说举动招摇、穿金戴银、霸气豪横，因为有些人是这样的；但也有人会回答低调内敛、极致简约，因为他们的价值观中，真正有实力、有地位的人总是低调的。

哪个对呢？都对！只要你要表现的内容与你选择的字体风格相符就可以。那么，如果我们这个珠宝的受众是高品位群体，低调简约的风格就更适合；而如果是面向我们常所谓的"土豪"或炫富一族，张扬豪横的风格可能就更适合。这里我们假设定位是前者，于是拆解出来的特点就可以在"低调""精致""内敛""简约"这几个词上。

这时根据这个处理方式，我们会觉得一些衬线体蕴藏着许多细节，就像一个安静而有内涵的绅士，是合适的；一些无衬线体横平竖直简简单单，只要字形别太夸张、笔画别太粗，小小地贴上去感觉也对；最后，一些现代书法字体也能够体现内秀的感觉，也是可以用的，于是结果也就出来了。

下面是我们团队内部整理并会在日常使用的《字体选用表格》，里面列出了许多常见的内容主题和对应解题思路，分享给大家：

内容基调	特征拆解	字体类型
男性	阳刚、力量、粗犷、稳重	无衬线、传统书法
女性	阴柔、纤细、曲线、精致	衬线体、无衬线、现代书法
昂贵	低调、缩小、内敛、简约	衬线体、无衬线、现代书法
便宜	加粗、放大、冲击、热闹	无衬线、传统书法
可爱	圆角、弧线、幼稚、笨拙	个性
有趣	夸张、灵活、弧线	个性
激情	加粗、放大、力量、动感	无衬线、传统书法、个性
冷静	规整、纤细、低调、稳重	衬线、无衬线
霸气	粗犷、放大、冲击、书法	无衬线、传统书法
文化	低调、成熟、古朴、肌理	衬线体、传统书法、现代书法
商务	沉稳、大气、低调、肌理	无衬线、传统书法
文艺	纤细、小巧、灵活、气质	衬线体、现代书法、个性
古典	低调、复杂、复古、气质	衬线体、传统书法、个性
流行	加粗、放大、冲击、夸张	无衬线、传统书法、个性
未来	端正、肌理、设计感	无衬线、个性

3.《字体选用表格》的使用说明书

（1）上面的表格特别不建议"无脑使用"

这是因为实际工作中出现的情况，常常并没有那么简单和理所当然。

比如，视频内容是一个女生坚持用器材健身，表达她不会轻言放弃的精神，这时一句文案"我，永不妥协"，要选择怎样的字体呢？具有女性气质的阴柔字体吗？

又如，视频内容是一个儿童运动会的片段，要选择怎样的字体呢？表现运动激情的字体吗？

很显然，都不是。当我们具体问题具体分析时，前者虽然是以女性为主角，但是所要表达的精神是刚强的一面，某种程度上更接近"男性"基调下的选字思路；

而后者虽然是运动会，但却是少儿的，这种运动会往往以趣味为主，所以按照"可爱"的思路选择字体会更适合。

　　使用这个表格时，要理解里面描述的主题都只是一种感觉、一种气质，而不是明确的实指，真实处理时还是要具体问题具体分析。

　　（2）演变更多解决方案的基本思路

　　具体创作千差万别，我们要表现的许多内容是无法简单直接套用上述表格的。这时我们就需要更多地做一些分析思考、灵活处理。我们比较常用的处理思路是"平移法"和"结合法"。

　　"平移法"简单来说就是看表格现有的各种主题基调有没有目标对象的同义词，然后看看同义主题基调的特点与选字方向是否适用。比如"政务"内容的短视频基本就可以套用"商务"的解决思路、要表达"愤怒"基本就可以套用"激情"的解决思路。

至于那些无法通过"平移法"得出主题基调的内容，一般是因为它的基调是几种复合在一起的，这时就可以试试"结合法"，看一下是否能通过表格中这几个较为基础的主题基调拼合得到。

比如，要体现"花美男"的内容，他们是男性，但却不是人们一贯认为的粗犷、豪放、沉稳的感觉，反而是精致、秀气的阴柔之美多一些。这时我们就可以将表格中的"男性"和"女性"主题基调结合起来分析，最后选择一个文雅的衬线体，但要求它兼具棱角分明的方正感，又在个别笔画处理上带有一些圆角和花样。

又比如"绅士"，也是男性的内容，但同样也不是粗犷、豪放、力量的感觉，不能直接套用"男性"基调的思路。这时我们可以把"男性"和"昂贵"结合起来一起看，因为绅士的突出特点是优雅贵气。最后，我们可以用一些简约、中细而不是突出锋芒与力量的无衬线体来做。

4.4
脚本与分镜

文案写好了，接下来的任务就是要将文字变成视频，将抽象的文字变成形象具体的画面，并且使之动起来，从而最终将故事演绎给观众。

对视频创作者来讲，从文案到视频之间，我们还需要做一步工作才能保证最终的效果误差最小。将观众对文字理解的误差降到最低，才能最大程度保证观众对故事内容的理解与创作者表达的高度重合。那么，我们是该选择脚本还是分镜来进行后续的创作呢？

其实脚本和分镜严格来说并不是两个相互独立的概念，事实上，分镜是脚本的一部分。脚本就是将故事细节化的过程，可以说脚本赋予了故事第二次生命。

∷ 4.4.1　脚本

故事文案是视频要表达的内容，脚本创作其实是将故事抽丝剥茧的过程，脚本决定着视频的表达方式、方法，帮助制作人员以及项目相关人员理解视频内容讲述逻辑，以及不同故事内容下的视频情绪。脚本其实就是制片说明书，通过脚本，导演可以清晰地传达给其他人自己对于片子的理解和设计思路。

1.脚本的作用

短视频行业的朋友们其实都非常清楚脚本的作用，但是脚本在短视频创作过程中是否就是必须要使用的呢？提到脚本的必要性，就不得不再次讨论一下脚本的作用。

大多数情况下，视频制作是一个团队合作的过程，制作前，我们需要确保每一个环节的人员都能理解导演的意图；制作中，我们需要时刻保证大家努力的方向统一；出片之后，我们需要回过头来看，与原本的预期是否一致，区别在哪里，为下次项目积累经验。这中间的每一步都离不开脚本。

这里的每一个人，是指一切要参与到拍摄视频的人员，包括出镜演员、摄影师、剪辑师、服化道工作人员等，这些人员的一切动作和行为必须遵从脚本安排。

如果你是独立的视频制作人，也只是制作简单的拍摄短视频，创作前期，你知道自己要做什么样的内容，创作过程中，随时会发现更好的调整方式，这种情况不建议专门花费时间准备脚本分镜。但是只要这个过程中除你之外，还有其他合作伙伴，那么建议还是花点时间创作脚本，通过制作脚本来减少你传达自己思想，与大家反复讨论剧本的沟通成本。

2.脚本的分类

脚本一般分为三类：文字脚本、分镜头脚本、动态脚本。脚本其实是将创作视频的信息细化的过程。

文字脚本，像其字面意思表达的一样，就是只有文字表达的脚本，适用于制作时间紧急的情况。我们制作脚本一般会使用的工具是Excel或者Word中的表格工具，表头里的项目就是脚本里涵盖的所有内容。

分镜头脚本是最正宗的脚本类型，不仅包括文案，还会将文案转化为静态画面，适用于大多数视频创作场景。

动态分镜就会更复杂一些，需要使静态的分镜头画面动起来，一般用于重大项目，或者甲方实在无法理解分镜头画面的时候（由于书中无法表现动态画面，动态分镜可在网上自行查阅学习）。

项目视频画面脚本

镜头	旁白（237字）	画面描述	场景	景别	备注
1	圆， 以梦为起点	画面出现小标题：起点 本部分为起点，明指新中国成立，暗喻中国梦开始的地方。历史背景主要集中在新中国成立。 先为车轮特写，背景为天安门广场，人群载歌载舞庆祝，镜头拉远，这时一辆老式自行车从人群中骑出	天安门广场	全景	
2	穿过车轮、 越过地平线	自行车骑入工厂，画面转换为工业生产正在工作的大型机器（构图为工厂侧面，出现转动的齿轮等）	工厂	中景	
3	中国制造的成就感	画面出现小标题：发展 交通工具的高速变化，从自行车到汽车，到绿皮火车。历史背景主要集中在一汽工厂，解放牌汽车。中国经济高速发展。 （文案补充：代表着用零散的零件加工成完整的汽车等工业产品）	工厂外	远景	
4	有人说，源于第一台解放牌汽车	镜头横移，从工厂开出一辆解放汽车，背景变为汽车生产工厂室外，车轮逐渐拉近特写	工厂外	特写	
5	有人说，是满载国人的绿皮火车	画面出现小标题：变革 中国进入改革开放阶段，历史背景主要集中在成立深圳特区，人民欢欣鼓舞，中国也进入与其他国家建立更深联系的阶段。 越来越多的有志青年选择乘坐绿皮火车前往特区，并且每年只有春节才赶路回家。 绿皮火车驶入画面，圆形灯拉近后转场	铁轨	全景	
6	有人说，是必然被世界看见的中国城市	高楼拔地而起	室内	特写	
7	还有人说，是每一个平凡的家庭	一家人围着电视看春晚，欢声笑语与深圳的拔地而起是创造奇迹的两种表现，一大一小，一宏观一微观	室内	全景	
8	当圆打破维度	画面出现小标题：腾飞 历史背景主要是中国加入WTO，交通上也越来越多样化，轮船、汽车、飞机极大地方便了人们的出行，人们可以去到更远的地方	电视	中景	
9	脚下的路，将永不止步	轮船由远及近驶入画面中。镜头上移，飞机起飞，出现WTO签字仪式	室内	全景	
10	当圆开始发芽	画面出现小标题：拐点 历史背景主要是神舟五号载人航天飞船成功升空，北京奥运会，世博会。一二线城市开始大力发展城市轨道交通：地铁、轻轨等 神舟五号载人飞船发射升空，喷射出圆形的火焰	发射基地	全景	
11	当一环到五环，当公交到地铁	镜头从左往右移动，依次出现地铁，和写字楼的夜景	写字楼	全景	
12	当出租车到顺风车	同时讲述两种现代出行方式，而且五环代表着城市发展，也更容易让城市青年产生共情	写字楼		
13	沉舟侧畔，脚下的路从未改变。 圆， 意味着什么	画面出现小标题：扩散 历史主要背景是打车软件开始出现，中国高铁复兴号、川藏铁路、高铁外交政策、共享单车 镜头拉近出现人物和哈啰单车，人物拿起手机打车，手机定位图标圆形转场出现圆形立交桥，车子	室外	特写	
14	也许，时间的车轮，会告诉你	画面依次出现各个代表的交通工具，交叉出现并镜头一直下移	铁路	全景	
15	在这片土地上， 川藏铁路，峭壁前行， 中国高铁，冲出国门	川藏铁路，高铁在平原丘陵上行驶	川藏铁路	全景	
16	创新华夏力量，圆中国梦	镜头一直向下移，最后定格在车轮上	街道	全景	
17		定版 文字以及品牌LOGO			

分镜脚本									
镜号	场景	时长	画面	描述	景别	构图	对白	运镜	关键词
1	室外	2s		角色掉入过山车，过山车启动，过山车从云层之上极速下落，穿出云层	远景 固定镜头	正视图	/	微推、跟镜头	动感
2	室外	2s		过山车快速运动，背景快速变化，角色表情夸张，恐惧、惊吓。害怕等表情变化	近景	俯视图	合格合格合格	跟	动感、表情夸张
3	室外	2s		过山车从远传快速驶过，冲出画面转场，角色表情夸张，大吼大叫	全景	正视图	/	微拉	交代环境
4	室外	2s		过山车快速从左至右穿越画面，伴随着角色大吼大叫的声音	全景	正侧视图	/	静止、空镜	交代环境和故事
5	室外	2s		角色不同表情的特写，有开心，有意外，有惊喜（情绪从最开始的惊恐害怕到最后的开心快乐和刺激兴奋的情绪转变）	特写	正视图	wu	静止	表情变化、特写

:: 4.4.2　分镜

分镜就是将难以理解的文字跃然纸上、画面化的过程。说到分镜，就不得不提到镜头语言，什么是镜头语言？就好比文字是我们日常生活中人际交流时使用的语言，镜头则是视频交流时所使用的语言，他有着自己的词汇和语法。

视频的表达离不开镜头语言。就好比音乐里的音符、美术里的色彩，我们可以轻松地从旋律和画面中感受到作者要表达的内容和情绪。了解了镜头的概念，你会突然发现，所有来自视频的感受，其实正是镜头语言为你讲述的。

一般情况下，我们拿出手机，打开摄像机，就可以进行简单的拍摄，记录生活、记录工作，这样的视频往往只需要直拍就可以完成，因为我们只需要将正在发生的事情记录下来，不需要添加更多附加价值。

可如果你需要拍摄一段视频来表达情绪、传递思想。那么，镜头语言的学习对你来讲就非常重要了。除了简单的仰拍、俯拍、斜拍，还要了解不同的角度、景别和构图分别在表达什么含义。学会这些，你不仅仅学会了如何拍摄一部有"质感"

的视频，还可以在给朋友拍照的时候大显身手。

镜头语言从学习到熟练使用是一个相对复杂的过程。很多新手在接触视频制作的时候很容易跳过这个环节，直接进行创作，运用自身已有的视频拍摄"常识"加上自己的"感觉"进行创作，但是大多数的作品往往无法准确地表达作者的想法和情绪。

学习镜头语言与学习其他语言一样，都需要从了解专业词汇开始，才能跨入自由沟通和灵活运用的门槛。接下来将要介绍的内容都是基础知识，是非常重要的基础知识。

1.镜头

首先，我们有必要来讨论一下镜头的含义。分镜表里，我们看到的是文字、画面、动效设计；视频里，我们看到的是场景、人物、动作，那么到底什么是镜头？

完整意义上的镜头，包含内容、构图、时长、上下镜头衔接、顺序等很多方面的信息。只有这样，大家才能更大程度地从分镜稿中了解到视频落地的实际效果，统一思想。也只有这样，才能确保视频落地之后的效果与我们的预期的相差最小。

2.景别

景别是指镜头与被摄体之间的距离，它关联着被摄体在视频画面中呈现出的范围大小。镜头与被摄物体之间距离越远，景别越大；反之则越小。景别最大的作用就是辅助你的内容表达，甚至部分景别的命名都与视频的用途相关。

一般情况下，景别分为远景、全景、中景、近景、特写。景别越大，表现的内容重点越偏重于场景；景别越小，表现的内容则越偏重于人物。

我们现在假设你的眼睛就是镜头，被摄物体是某个人物，我们带着这个假设，继续往下看。

（1）远景

人站得很远，甚至远到你甚至只能分辨远处是个人影，你的眼中大多数景物都是场景，这个时候往往就属于远景了。

通常情况下，远景的使用是为了烘托气氛，表达情绪，交代故事发生的地点、时间等信息。

（2）全景

镜头慢慢往人物的方向推进，当人物的全部，以及你想展现的所有内容都呈现在画面中，我们可以清晰地看见主体的全貌时就属于全景。

全景主要用于交代被摄主体，也就是人物的全部信息，包括动作、表情、穿着、与环境的关系，甚至通过这些展现出人物的心理活动、情绪等。

（3）中景

镜头继续推进，人物在画面里剩下2/3（从头到脚来看的话，此时的镜头会卡在膝盖的位置）。

中景对于人物的表现就会比全景更加细节化。通常情况下，人与人保持安全距离交流时，眼里的画面就是这样，所以展现人物对话，人物之间的一般关系时，通常会使用中景。

（4）近景

镜头再继续推进，镜头里只呈现人物胸部及以上的部位。这种构图基本上就没有出现环境。近景的使用是为了展示人物细节，通过对细节的描述使画面更具感染力。

（5）特写

此时镜头基本上就已经贴到人物脸上了，镜头里只剩人物肩部以上的部位。特写时被摄主体（人物面部）的所有细节都被放大，画面的表现更加细腻，特写的目的是放大细节，当特写用在人物拍摄时，更多的是为了通过对细节的详细描述来展现此时人物的心理活动、情绪等内在的、抽象的内容。

镜头再推进就到了"大特写"。大特写可以非常大，比如镜头里只有一只眼睛、一张嘴巴，甚至只有嘴角。大特写的使用一般是为了突出被摄主体细节中的细节。作者简单"粗暴"地把想要表达的信息拍在你面前，让你的眼里只有他/她镜头展现的对象。大特写的使用难在哪里呢？想来想去，其实难在演员用细微的动作来表现内容或者情绪，对表演者的表演功底的要求非常高。

3.角度

普通人拍视频或者拍照片都是凭着感觉来的。"男友把1米6的我拍成1米！"就验证了这位"男朋友"选择拍摄角度时的业余水平。我们通常把这类男友称为"摄影小白"，对于这种人是时候安排一次镜头语言的学习了。

拍摄角度同样也是拍摄工作中非常重要的镜头语言，不同的角度有时候传达的意思可能会完全相反。

（1）水平镜头

水平镜头其实就是我们通常说的直拍，相对于其他镜头，水平镜头更符合我们日常的视觉经验。此时画面中的地平线与我们的视线平行，这是所有拍摄角度里最普通的拍摄方式，自然他要传递的信息就是平凡、平淡、寻常的。

再者，由于直拍的画面构图通常都是中规中矩、不偏不倚的。所以当我们选择这种拍摄角度时，通常也证明我们不带有任何立场，只是在讲述、观察事实而已。

水平拍摄其实是相对俯拍和仰拍来讲的，这么说可能更好理解一些。然后我们继续往下说。

（2）倾斜镜头

倾斜镜头又叫"荷兰镜头"，将一个水平镜头顺时针或者逆时针倾斜，我们就得到了一个倾斜镜头。与水平镜头不同，倾斜镜头充满了不稳定性，会让观众感到不平凡，具有戏剧性，仿佛给被摄主体增加了动势，类似于运动镜头。

（3）仰拍镜头（低角度镜头）

仰拍镜头就像它的字面意思一样很好理解，其实就是我们生活中的"仰视"。当你需要抬头去看一个人的时候，或者说敬仰一个人的时候，是怎样的感觉？可能会是敬畏、崇拜、向往、恐惧，被拍摄主体（人物）被赋予更多的属性：身份、权威、不同凡响、令人恐惧。同时，仰拍镜头就被赋予更多的含义，通常用来表现心理活动，塑造人物。

当我们看到摄影师趴在地上，镜头向上拍摄时，就是在制造仰拍的效果。

往往在拍摄动作片需要营造特殊紧张气氛（比如：危险就在眼前）时，不仅仅会使用仰拍的角度，有时还会将仰拍与倾斜镜头相结合，这种拍摄方式将仰拍制造的紧张效果再次放大，会让观众感受到更加强烈的压迫感与紧张氛围。

（4）俯拍镜头（高角度镜头）

这个概念与仰拍镜头一样，都可以从字面意思去理解。同时它所表现的被摄主体（人物）与观众之间同样也是不平等的关系。但是镜头角度与仰拍相反。俯视要表达的意思通常是低微、陷入困境、弱小无助，同时还有偷窥的含义，这也是俯拍要表达的含义。

同样，俯拍加上倾斜镜头也会将原本的效果放大。你可以找一部恐怖片，仔细观察一下其中的镜头语言，你会发现恐怖片通常会用这样的镜头来增加恐怖、悬疑的效果。

（5）鸟瞰镜头

当我们把机位带到天上拍摄地面时，我们就得到了"鸟瞰镜头"，就是我们所说的航拍。航拍其实是一种特殊的俯拍镜头。但是不再带有俯拍镜头的复杂含义，变得很单纯：展示被摄主体（场景）的全貌。

4.小技巧

对基础的镜头语言基本上都了解了，但是想灵活地使用镜头语言，或许还会有些困难，本书本着输送团队经验的宗旨，接下来会讲一些技巧性的镜头语言，让你看完就有画分镜的冲动。

（1）交代镜头

当一个新的视频出现时，为了让观众尽可能快速、有效地接收到要表达的信息内容、故事情感，必须对视频中的人物、时间、场景等基本信息做交代，其实就是新闻六要素。交代这部分内容时，通常会使用一个或一组镜头（多为全景）进行展示。

交代镜头的使用虽然会让故事内容更加丰富、逻辑更加清晰，但是无疑会增加视频的整体时长，多用于电影、系列视频中。一般在相对精炼、直接的视频中，交代镜头的使用频率非常低。

（2）过肩镜头

当前面讲到的几个镜头语言中，最适合拍摄两人对话场景的似乎是水平镜头，可我们试了一下会发现，这样可能一不小心就将故事片拍成了新闻采访的感觉。拍摄故事片或者说更加有"灵气"地拍摄人物对话，该怎么做呢？

过肩镜头我们在看电影的时候并不少见，就是镜头从几个人中一人A的身后越过A的肩膀去拍他前面的人。在这种镜头下，对话过程中A能看到对方的面部表情、肢体动作等，也可以更直接地展示给观众。使用过肩镜头时，我们可以反复从两个人的背后来回切换，会让观看者感觉到自己就在现场观察。

当对面的人有特殊的面部表情，或者他/她所做的动作需要提醒观众注意时，我们还可以用过肩镜头连接上一个对面人物面部，或者有特殊信息输出的肢体的特写来进行表达。

（3）插入镜头

插入镜头很简单，用处却非常大，正确使用插入镜头不仅可以帮助调节视频节奏，还可以帮助视频内容进行表达，但是如果用得不对就会让观众感觉一头雾水。

插入镜头是指在一段常规的镜头组合中偶尔"打个岔"，插入一个相关的镜头，但是切记这个镜头中一定要包含主体。就比如上面说过肩镜头时讲到的"过肩镜头接特写"，这个特写其实就是插入镜头。我们不仅可以插入对面人物特写，还可以插入场景内的某个物体的特写，比如与对话有关的关键物品，这样可以很巧妙地展示给观众更多的关键信息，甚至可以埋下伏笔。

《隐秘的角落》中，很多比较"懂行"的观众就发现了不少线索，看剧就像在探案，趣味横生。有兴趣的朋友可以再刷一遍，也可以在网上搜一些分析帖，或许会有更多的发现。

一定要相信，一个好的导演从来不会浪费任何一个镜头。细节的完美处理在这种时候起着非常关键的作用。当我们看到某个令人疑惑的镜头时，不妨记下来，相信你一定会回头来感叹镜头语言的博大精深及导演造诣的高深。

（4）视点镜头

其实就是你玩Cosplay游戏时的视角，这种镜头的使用会让观众感觉代入感极强。一般使用于极限运动拍摄，比如滑板、跑酷、极限单车等。视点镜头体验过程中，不仅可以以第一视角观察场景，也可以感受到运动过程中的摇晃、转动，甚至是主角的视觉感受，比如视线模糊、视线游离等。

当然，也正是因为视点镜头的代入感极强，所以会放大观众对于所见内容的感受，就会有一些"坏坏"的制作团队，创作了丧尸类、鬼怪类的VR游戏，给观众带去尖叫的刺激。有兴趣的朋友可以放下书去找一个有这些体验项目的场馆试试。

（5）小窍门

就像语言学习一样，没有哪一门学科是可以速成的。但是，既然做出了传输经验技巧的承诺，那么我们这本书一定要让你看完后拍出的视频至少不会太差。

从事短视频制作少说也有5年了，我们见过和带过的"新手分镜师"也不少，从我们总结的经验来看，抛开基本功、失误这样的因素，大多数人在分镜过程中会出现出以下四个问题：

1）通篇中景

就像前面所说的一样，中景是我们日常与人打交道时最习惯使用的视角。所以我们在一开始接触拍摄时，会本能地使用中景镜头。但是如果一旦通篇使用中景镜头，整个视频就会变得非常乏味，就算是人物访谈节目，也会通过景别的切换来调节观众的视觉感受状态。

要想避免通篇中景的情况发生，我们必须要对我们拍摄的场景非常了解，同时在拍摄过程中给自己足够的勇气，景别选用时大胆一些。

2）通篇水平镜头

水平镜头的使用还是来自我们因视觉习惯而形成的本能，因为我们大多数情况下不会趴在地上或者站在天花板上看人。但在日常生活中，情绪在我们心里，而视频是要将情绪表达给观众。

不同的人对于情绪的理解会不同，所以要通过镜头语言来表达我们的情绪。我们不仅要表达情绪给观众，更要将情绪的轻重程度准确地表达给观众。所以，或许你觉得水平镜头可以在大多数情况下满足你的表达需求，但是你更应该在意的是观众是否可以准确理解。

3）相邻镜头景别差别太小

很多新人在景别切换时表现得相对保守。有的人是因为怕出错，也怕大改；有的人是因为镜头语言使用得不够熟练；还有些人是因为对拍摄的事物并不熟悉，所以就选择最不容易出错的方式来操作。可往往镜头使用保守是将视频变得无趣的"罪魁祸首"之一。

长时间观察毫无变化的内容会造成观众的视觉疲劳。所以除非是考试内容，否则很少有人能聚精会神地欣赏这样的视频作品。

景别做了切换，可差别又不大的情况下，也很难让观众看到有什么差别，很难带给观众新鲜感。

4）没有空镜

空镜其实就是"空镜头"，又叫"景物镜头"。对，就是没有人物的镜头；当然如果人作为场景道具出现的话，也可以有人物出现。

就像前面所说的，视频是有节奏的，作为一个视频创作者，我们不仅要考虑怎么把内容拍成视频，将内容、情绪传达给观众，更要考虑怎么让观众更好地理解。所以我们不得不努力去体会观众的感受。

空镜头的作用就是在一段长时间的、内容量巨大的、情绪氛围压抑的画面中出现，来调节、平衡这段内容的节奏，让观众在长时间地理解内容和体会情绪的压力之后缓一缓、舒一口气，这样才能帮助观众更好地接受后续的内容。

新人在学习一系列的镜头语言后，就很容易将注意力都集中在如何将文案转化为逐句、逐段的镜头画面上。这种创作方式是从细节出发，很容易忽略视频的整体节奏。所以当视频按照这样的分镜做出来之后，人们才会发现整个视频比较压抑。

针对这些情况，我们就要想一些解决办法。

首先，对于景别和镜头来讲，在创作过程中，需要有意识地去避免大量使用中景和水平镜头。在镜头切换时，也可以大胆地做出景别的区别。分镜完成之后，将分镜表缩小，查看整体效果，检查是否有很突兀的画面，是否有多个连续镜头毫无变化，简单进行调整。

至于空镜，如果你是有经验的，制作过程中就可以有意识地增加一些空镜和特写（少量）镜头，分镜表完成之后，根据具体情况进行调整。但是如果你是一个经验不丰富的新手小伙伴，又非常怕出错，那么我建议你可以先从细节出发，按照你的镜头语言体系完成分镜表。然后再从整体出发去调整部分画面，增加空镜。

看完以上内容，你可以尝试着拍一段视频，简单设计一下故事内容，相对合理地使用之前讲的镜头语言，避开上述的四个问题的操作。不出意外的话，你就可以在朋友面前小小地秀一把了。

4.5
拍摄

本节我们来讲拍摄的知识，我知道你可能等待这一刻很久了，我想你一定准备好学完这章以后就大显身手了吧。

但很可惜，我要先奉上一盆冷水：如果你想学习拍摄的具体方法，那趁早放下这本书，这并不是一本关于拍摄的教科书。这一步的深入学习非要通过专业书籍和教程来学习才行，真的没有什么捷径可走。

"可你们不是专业的视频公司吗？"也许你会这样问。

是的，我们不仅是专业的还是科班的；不仅做新媒体短视频是专业的，搞起技术流的商业TVC也是专业的。但也正因如此，我们诚心诚意地这样建议，因为只有这样的答案才是负责任的答案。

拍摄是个经验性很强的技术环节工作，基础部分（比如"一条抖音视频是怎么拍摄出来的"）往往简单到没什么好学的，基本上也就是你能想到的那些技能知识；而如果想要突破这层、尝试变得专业一些，那就要直接进行系统地学习和大量上手实操了。

可以说，在拍摄这件事上，并没有给所谓的"高性价比学习"留什么空间，想让一个人用短篇幅拉着家常就把你教会，这是并不存在的事情。因此别想这么多，这一节我们就单纯就新手常见的一些问题简单聊聊，然后再适当地送上一点儿小建议。

看完这些，你至少可以知道自己如何摸索着开始，或和你团队里的摄像师扯两句："我觉得你的这个构图不行，人物占满了""我觉得你的轮廓光没打好，半边脸都是黑的"……看着摄像师的表情从震惊到怀疑、再到痛苦的变化，你会发现：你的乐趣也许又多了一个。

⁝⁝ 4.5.1　从哪里开始？设备

"工欲善其事，必先利其器"。拍视频少不了拍摄器材。

但选择什么样的设备好呢？刚一入门，短视频就用这样的一个问题给所有人设下了一个门槛。

这不像"你觉得短视频的未来发展如何？""你喜欢哪个抖音账号？"这样可以轻松回答。这些设备冷冰冰，还尽是一堆字母加数字的命名，对于不懂的朋友来说，这着实是让人不知从何下手。

所以，在正式介绍拍摄之前，我们先来解决一下这个问题，给到个人新手朋友们一些实在又靠谱的选择设备的建议。

1.拍摄设备

如果你是个机构或公司，且团队里有职业的摄像人员，建议直接跳过这部分，你的摄像同事一定已经给你列好他用着顺手的、合适的设备清单了。像佳能（Canon）5D4、索尼（SONY）A7m3、BMPCC 6K这样的4K全画幅单反相机都不错，觉得价格合适了买就行——我们这里主要还是面向个人爱好者们做一些普及介绍。

对个人而言，短视频的创作应该主要用于自媒体方面。比如拍拍抖音段子、Vlog之类的，这时在选择拍摄器材时，我们有两个标准：一是要满足你对画面品质的预期；二是务必要选择轻便的，因为你的精力和体力会是拍摄成功与否的重要因素。

所以，首先给大家推荐的是智能手机。是的，先别急着惊讶——其实现在手机的性能已经完善得非常好了，尤其近年手机厂商们纷纷把摄像、摄影功能当成了核心功能研发。

因此，只要你的视频不是走"技术流"，动不动就要在色度、帧速率方面有什么特殊需求，就果断拿起手机。准备一个稳定器、开启手机相机的防抖功能、把视频录制调为60帧，解决掉80%的短视频拍摄问题是完全可以的。

除了满足基础拍摄需求之外，手机还有美颜、防抖这些加分功能，这些人性化助力的功能甚至是许多专业、半专业的设备也不具备的。

不过如果你觉得手机差一点儿仪式感，或渐渐发现自己的作品需求有时的确会突破手机能提供的功能范围时，也可以选择向微单、卡片机、运动相机、口袋相机下手。一般哪些情况会让我们强大的智能手机略感吃力呢？比如防抖方面、画面质量方面、光线方面，以及夜间拍摄、运动拍摄、远景拍摄这些情况。

如果你需要加强的是运动拍摄，我们推荐GoPro；如果需要加强的是稳定功能，将三轴防抖技术运用于方寸的Osmo Pocket就很合适；此外的其他情况可以选择佳能（Canon）M50、索尼（SONY）黑卡5、佳能G7 X Ⅲ这些享誉业界的"口碑机"，各方面综合表现都不错。

2.支撑设备

实际拍摄中，纯靠手持是远远不够的：一方面，我们的臂长限制了自拍时候的景别和角度能达到的效果；另一方面，手持带来的不稳定性几乎是无法克服的。因此，我们需要借助一些支撑设备辅助架设相机，实现多种拍摄。

现在的拍摄玩法越来越多、配件的发展也越来越完备，五花八门的具体场景有五花八门的支撑设备对应，每一项都介绍一遍就太啰唆了。这里我们只从日常新媒体短视频常见的场景出发，介绍几个使用频次较高的常规辅助设备。

（1）三脚架

在固定拍摄设备时，我们离不开三脚架。有了三脚架，在机位固定的拍摄场景下我们的双手会得到极大地解放。

这款产品不同品牌之间并没有特别大的差异，所以根据自身喜好和预算选择一个就好。只是必须提醒一件事：三脚架的重量一定要轻。当你真的开始职业或半职业的短视频拍摄生涯，搬着又沉又笨的三脚架到处跑会是久久纠缠你的"噩梦"。

（2）手持稳定器

虽说现在的拍摄设备（包括手机）基本都有电子防抖功能，但这还远远满足不了复杂多变的实际拍摄情况。

和我们日常记录生活的点滴片段不同，无论新媒体短视频还是更进阶的商业短视频，都属于作品，我们常会从效果出发进行许多幅度较大的运镜，这时就需要有更加稳定的保障——手持稳定器，大疆、智云的产品都不错。

只是我们要清楚，并不是有了稳定器怎么拍都会稳，不恰当的姿势仍然会让画面出现些微抖动。使用这种设备时，应尽量收紧大臂、膝盖微弯，向前走时脚跟先着地，尽量减少上半身起伏；走路时尽量脚跟先落、均匀换步。

（3）"八爪鱼"支架

这个设备的名字很有画面感，它的得名原因主要是因其形似八爪鱼，拥有几个可以任意弯曲的"腿"。它们直起来就是一个正常的桌面三脚架，收拢起来可以当作一个长度不长但基本适用的自拍杆；它能架手机也能架更沉重的相机，可谓全能。

但这些还不是它最大的亮点。"八爪鱼"真正的强大在于通过弯曲它的"脚"，可以将其缠绕固定在各种奇奇怪怪的地方：树上、电线杆上、自行车上……这就能够帮助我们在拍摄中采取许多创意的拍摄角度，好用得"一塌糊涂"。

3.打光设备

灯光在视频拍摄中是非常核心的因素，是区别视频制作小白和老手的重要因素，也是让你的视频看上去更有品质的要素。

根据拍摄内容的不同，灯光设备搭配方案一般也有不同：要么是几个打光设备配合使用，要么是在原有室内外光线下进行补光，具体情况多种多样、不一而足。因此我们还是按照老规矩——化繁为简，直接推荐一个能够应对基础短视频制作中80%情况的搭配：1个LED灯板 + 2个LED聚光灯。

通常情况下，我们拍摄短视频选择的都是LED灯，但由于用途不同，LED灯又可以细分成LED灯板和LED聚光灯。

灯板形状的LED灯属于柔光，是非直射光线。使用这种光源不会产生明显的阴影，但能提升拍摄的整体亮度，可作为主光源使用。特别提醒一下，如果你要在网上购买这个设备，直接搜"LED灯板"会跳出来许多卫浴灯具，我们要的不是这些，所以一定记得加上"短视频"三个字，或干脆选择去我在本章最后推荐的视频灯光设备专卖店铺购买。

LED聚光灯属于硬光，是直射光线，光线强烈。物体在这种光源照射下会产生明显的阴影，体现的色彩强度大、有强烈的对比度。

（1）硬光？柔光？该怎么选择

硬光和柔光要怎么选择呢？简单来讲：如果仅仅是拍摄普通人像，此时灯光设备主要是用来补光而已，那就直接选择柔光。这时对聚光灯的硬光需要进行一些柔化，具体要借助一些辅助工具来实现，后面会专门讲。

如果拍摄产品特写，或者你想要呈现人或物明显的轮廓阴影（很多大片摄影作品会这么做），那就选择硬光。

（2）暖色调？冷色调？说的是什么

在使用打光设备时，还需要注意色温。我们谈论灯光时常说"暖色调""冷色调"，指的就是色温。从视觉上来看，暖色调是偏黄的、冷色调是偏蓝的；从绝对参数来讲的话，低于5000K的为暖色调、高于5000K的为冷色调。

从经验来看，在短视频拍摄中5400K的LED灯的实际表现效果会比较好，大家购买的如果是色温固定的灯，可以优先考虑选择这个参数的。不过我还是推荐大家重点考虑带有色温调节功能的LED灯，有时加上柔光纸等辅助道具时色温离理想效果会有一些差距，这时我们可以根据具体情况来自行调节。

（3）辅助道具，让光的呈现更多变

前面讲过，我们在常规拍摄中通常不会直接使用硬光，所以我们要通过一些手段把聚光灯的硬光转换成柔光，这就需要借助一些辅助工具。

如果只需要增加一点点柔光，可以选择在硬光源的前方使用柔光纸；如果要再柔一点，就在硬光源的对面使用反光板；如果还不够，那就干脆使用柔光布，硬光源透过柔光布整体就会柔和得多。

当然，将硬光转换成柔光效果最佳的方式是使用柔光灯箱，这样呈现的光基本与柔光没有什么区别。但既然如此，为什么不直接买柔光的设备呢？

因为我们并不是百分之百不需要硬光的，同时对硬光柔化的程度也不同。硬光可以转换成柔光，但柔光无法转换成硬光，所以一定要买一个硬光设备，然后再做"文章"。

如果你想要拍摄赛博朋克这种带有强烈色彩感的风格化视频，还可以搭配彩色的滤色纸，这样得到的光就是彩光的。

对了，还有一个不属于辅助道具，但你也许会感兴趣的设备：直播是现在的流行趋势，也能够和短视频进行很好的互补。如果你要做直播，这时可以选择一个环形LED灯为你的面部提气色，买个便携款的就好。

讲了这么多设备，具体怎么买呢？很简单：神牛、锐鹰、金贝这三个品牌都不错，你可以直接在网上找到它们的旗舰店。这三家常用的基础设备都很全，只要你觉得价格合适在一家一站配齐就好。

4.收声设备

视频由声音和画面两部分组成，声音的重要性不言而喻。如果你的视频有很多杂音，或者你视频里说话的声音太小或太大，不超过5秒，大部分人都会选择关掉视频。

给观众提供一个舒适的观看体验，呈现干净的声音非常有必要。所以请尽量不使用设备直接收声，最差的情况也应该给设备粘一个"防风毛衣"，这样至少可以屏蔽掉一部分的风噪。

当然，我们的主张还是弄一个麦克风，在这种问题上没有必要将就。关于麦克风有下面几个推荐：

（1）指向型麦克风

这种麦克风的好处在于对指向范围之外的声音屏蔽效果很好，包括在户外环境下，也能对抗一些风声。

正常拍摄时，我们可以让一个拍摄助理拿着或用一个架子架着这种麦克风。如果你嫌麻烦，个别小巧的指向型麦克风也能够直接固定在设备上，演员大致对着镜头拍摄。基本都能收到声音。同时因为自带减噪功能，即便手持着运动也不会有太大的杂音。在指向型麦克风方面，罗德（RODE）几乎是"一家独大"的，效果也是真的不错。因此这里推荐大家购买罗德的VideoMic G型号指向型麦克风。

（2）"小蜜蜂"

继"八爪鱼"后，我们的另一个"动物朋友"登场了。这种麦克风相信大家一点儿都不陌生，它的好处主要在于是可以别在衣领上，可以完全跟着演员走，这对于演员的自由度限制极大地降低了。通常是在许多演员分散在一个较大空间拍摄的情况下，人手一个"小蜜蜂"的优势就一下凸显出来了。

在"小蜜蜂"产品中，罗德虽然依旧优秀，却显得有点儿贵了；如果不差钱，可以购买他们家的Wireless Go，以及影视节目制作时最喜欢用的索尼小蜜蜂UWP-D21。如果预算有限，麦拉达（MAILADA）的WM8和阿斯泛（XFAN）的FA6也是可以考虑的。

（3）电容录音麦克风

如果你的拍摄内容主要会固定在一个地方，比如以配音、唱歌、讲课、聊天为主的形式，就可以选择这种麦克风。如果你拍的内容需要时常移动，这个产品就别考虑了。如需购买的话，可以看看铁三角（Audio-technica）AT2020和得胜（TAKSTAR）SM-18。如果有更高的要求，可搭配声卡使用。

:: 4.5.2　场景和光：烘托人物的关键

设备弄齐了，要开机了吗？

等等，先别急。做影视有一种说法叫"十分拍摄七分景，又有一半靠光影"，这是说在广义的"拍摄"——画面主素材的获取环节，场景和打光很重要。场景既是接下来事情发生的具体物理空间，又作为画面的主要背景参与到构图和配色中来；而光影则是让镜头中的人物和场景分出层次、塑造质感并营造整体氛围。

和动画不同，实拍的关键就在于"实"字，在不借助特效处理和特别搭建的情况下，实拍几乎不可能跳开物理世界的限制——人和场景是什么样的就是什么样的，因此，想要让拍出来的内容带给受众很好的观感，就必须下足功夫。场景和光就是一个我们可以操作的重要环节。

1.场景选取

选择什么场景当然要看脚本内容，规范写作的脚本里会标注清楚我们需要的场景：办公室、家里、民宿、酒店……总之需要去哪儿就去哪儿。

只是找到这个空间还不算完，关键还要保证可以用我们的镜头锁定其中一个空间角落拍出来好看的效果。因此我们还要具体"踩点"，根据脚本内容的需要决定具体拍摄时的站位。一般你的经验多了自然会找到感觉，但如果是个生手，解决办法也简单：用你的设备给你认为感觉还不错的地方拍个照，看一下正常画面尺寸下这个场景呈现的效果如何。

2.场景布置

在稍微正式一点儿的商业视频和影视制作中，或多或少都是要做一些布景的，往大了说，甚至可以为了一个镜头做个装修或者夸张的搭建。但在体量较小的视频制作和新媒体短视频的拍摄中显然没有这样的必要。

不过我们还是要留心和在意拍摄场景的状况，至少是镜头框进来的那一部分要保证美观。桌面太乱？收拾一下。有脏衣服、空水瓶这样和内容无关的东西？拿掉。一定会入镜的墙上有个大大的污点，买个壁纸或装饰物遮盖一下。你和背景道具整体位置都太偏左了？还要适当往右面布置一点儿东西……总之要对场景做一些布置，整洁得体是基本要求，最好还能更进一步照顾到调性和色彩、构图平衡。

听起来有点儿难？别怕，多看点好的片子提高自身审美，相信水平会慢慢好起来的。

3.布光策略

选好具体场景之后，就要开始调整视频拍摄的光线。如果是在室内拍摄，光线条件不复杂，因此可以利用自然光和灯光来调节。

对于灯光的使用，采用经典的"三点布光法"就足够了。哪三点呢？主光源、辅光源、轮廓光。主光源就是主要的把拍摄主体照亮的那束光，对应主光灯；辅光源作用是补光，将主光源没有照亮的太暗的部分照亮，对应辅光灯；轮廓光就是突出被摄主体的线条，让主体从场景中分离出来的光，对应轮廓灯。

需要注意：辅光灯的亮度整体要弱于主光灯，有明有暗才能突出拍摄重点。另外，根据几种灯摆放位置的不同，可以营造出不同的拍摄感觉，我们在不同拍摄情况下拍摄不同的主体，要根据实际情况来决定灯的摆放。这是一个比较精深的学问，同时在具体的情况下还有许多灵活变化，因此很难在这里简简单单地讲透，感兴趣的朋友可以寻找专业教学专题研究。

如果条件不是那么紧张，灯光设备建议大家还是买一下。对于专业视频制作，每个细节都很重要；而对于新媒体短视频制作，灯光设备的要求不高，也不会很贵。对于设备，我们主张从简，不像"技术流"那样过于钻进设备里，内容创作者还是要把关注重心放在内容和创意上。

但同时我们也不同意许多"穷拍党"的观点。朴实从业的经验告诉我们，当你因为刻意勉强而处处捉襟见肘，你拍摄的一半时间都会用在"补窟窿"上，仔细算下来浪费的金钱远远超过你省下的那点儿钱。所以即便也提倡大家多去钻研手机拍摄，但我们也会客观地讲明它只能解决拍摄中80％的问题。

上面是就室内拍摄而言的，如果在室外拍摄，光线往往比较多变，这时我们就要根据情况选取最佳的拍摄时间。同时在拍摄时要注意光线的位置，不要逆光拍摄。所谓的逆光就是光源在被拍摄对象的后方，这样拍摄呈现出的视频画面会很暗。所以除非你是要拍摄剪影效果，否则请尽量不要去逆着光拍摄，逆光拍摄并不能"照亮你的美"。

∷ 4.5.3　想要视频讨喜？注意这三件事

怎么把你拍得好看呢?

我们要知道，按照上面的方法处理好光的问题，画面美感本身已经可以上一个台阶了。在这个基础上，我们还可以做哪些事情让画面中呈现的人物更有魅力呢?

我们下面进行分别解说。

1.用心打扮

是的，我是认真的。通过后期调色、滤镜这些手法，原始素材中的许多地方都可以变得更好看，但唯独你本身的发型、穿着、气质是难以改变的。所以这些事情在一开始就要处理好。

我相信对于大多数女生而言这并不是一个问题，她们更该留意的是不要把美颜、磨皮、瘦脸开得过度……但对于许多男生而言，上镜前收拾一下自己并不是能够自发想到的。但我想说，这是必要的，受众的观感必须要尊重。

首先是服装。要认真对待，这是我们判断一个人气质最直观的一项依据。如果你是个直男，那就一次性选好一件得体的衣服然后在以后一直穿，这也比每次随机乱穿好。

其次是发型。也许你的头发很短无须过度打理，那也要经过认真观察判断再做出决定。如果你的头发长度中等以上，那就要认真打理保证头发的造型、柔顺度、蓬松度各方面都是得体的。我们决定不了自己先天的长相，却可以通过一个适合自己的发型来传递自己的品位和态度，这同样很重要。

最后是妆容。你走的是精致的风格，那就该怎么化怎么化；但如果你不走这个路线，那也要简单化点淡妆、处理好眉毛、胡须，保证面部清爽不泛油。

2.拍摄构图

然后是技巧上的处理问题，其中重要的一项就是构图。构图从原理上来讲就是通过元素的合理排布找到一个理想的"力"的平衡，这时画面的整体和各项细节在我们的眼中都会变得更加好看。虽然是眼睛被"骗"产生的"错觉"，却真实有效。

拍摄时，被拍摄对象与拍摄设备的距离不能过远也不能过近，景别设置适中会让感染力和受众舒适感之间达到相对平衡。

同时被拍摄对象在画面中的位置的选择也是有讲究的，我们最常采用的是摄影构图的"九宫格构图法"，即将画面划分为9格，然后将拍摄主体放置在横纵线条的4个交点上。这样拍出的画面表现鲜明、清晰简练，这种方法也是最易操作上手的构图方法。

关于构图的理论，我们可以向摄影领域学习更多的技巧。但要注意：拍摄照片与拍摄视频不同，静态构图表现美对意境要求很高，所以构图更多在于追求营造旷远、刁钻、新奇的感受，它们的美感往往是由距离感带来的。但视频的美感更多地来自连贯的镜头呈现和本身的内容，因此这种距离感在很多时候往往是种障碍。

我们看到许多短视频书中和经验帖里，作者会把摄影的许多构图法拿出来给大家推荐，这一做法在我们看来是欠考虑的——知识可以相通借鉴，但一定要根据实际情况变通，不能生搬硬套。尤其是对于使用技巧比较基础的新媒体短视频而言，机械地模仿这些构图形式会渐渐走入"技术流"的怪圈，反而妨害内容的表现。

所以，在这里我们只介绍"九宫格构图法"一种技巧，基本按照这个来，剩下的怎么看着顺眼怎么拍，别钻在太多的技巧里，这样产出的作品反而会有好的效果。

3.单人讲述尽量避免一镜到底

许多人喜欢做单人讲述型的短视频内容，简单说就是一个人固定坐在椅子上然后对着镜头讲话。也许是因为本身知识丰富或擅长语言表现，又或许只是单纯觉得这样的拍摄、制作都比较简单。但无论出于哪种原因，我们都不提倡在这样的题材中搞"一镜到底"，把机器架在固定的位置后就一直拍下去……

原因很简单：这样做下来画面变化很小，但我们的眼睛天然喜欢动态多、能带给我们更多"眼动"的东西。那么问题来了：如果确定要做这样的题材，我们要怎么拍摄呢？

办法一，增设机位，拍摄不同角度的镜头，然后剪辑时交替使用；

办法二，把稿子拆成多个小段，然后每小段换一个地方录，每段拍摄角度和机位也可以进行适当地变化，最后剪到一起。

当然，如果你执意（虽然我不大清楚什么情况下会有这样的执念……）想要一镜到底来拍，那就要做到拥有良好的表现力。这不只是说语气、表情、动作强烈些就好，同时也要做到浑然天成、一丝不"尬"。讲真，对于许多普通人来讲这都是挺难的事情，如果你不是天赋异禀却要尝试，那我建议先学习一些表演的相关课程。

如果你觉得这样太辛苦或学了没效果，那就给自己找点儿事做，比如一边做家务一边说，或找个人和自己对话。对于表现力一般的人来讲，用力表现不见得就好，通过把注意力分配给其他地方来让自己放松下来反而会自然一些。

:: 4.5.4 一些常见的拍摄参数

操作拍摄设备时，尤其是除了手机之外的那些，你是不是总会遇到一些莫名其妙的参数：1 920×1 080、60fp、16：9、4：2：2……仅是看不懂还好，但最可怕的是它还要你进行设置。都不认识，怎么选？

但是不管它们又不行，这些参数许多是非常重要的，如果没有调到位，在后期阶段往往会产生拍出的素材出现各种各样问题的情况，严重的情况是最后你的素材都白拍了。所以在这里我们还是要简单了解几组关键的参数。

1.分辨率

分辨率在某种程度上是视频清晰度的表现，常见的有1 280×720、1 920×1 080、4 096×2 160几种，它们对应的也就是我们在视频软件里常见的720P、1 080P、4K几种清晰度。

在上面的这几种分辨率中，数字越大代表画面越清晰，所以4K最清晰。但4K分辨率的适配条件比较高，无论网络环境还是播放设备都不一定能达到；同时这样拍出的素材比较大，存储、剪辑、渲染也比较考验电脑配置，所以对于一般的短视频制作而言没有必要选这么大的。

一般来讲，选择1 920×1 080P就足够了。但要注意，是数字最后接的字母是"P"哦，这代表适配的是"逐行扫描"模式。有些设备中我们还会看到"1 920×1 080i"的写法，这代表的是适配"隔行扫描"的拍摄模式，网络视频环境下现在一般都是逐行扫描模式，选择不匹配的模式拍摄会让素材在后期剪辑时出现因场序出错而导致信息丢失的问题。

2.屏幕长宽比例

短视频最常用的屏幕比例就是横屏16：9、竖屏9：16，播放工具需要我们呈现怎样的比例，在拍摄时就要提前设置好然后按照这个比例来拍。如果拍摄时选择的比例是不匹配的，后期就需要进行局部截取、压缩等处理，十分影响观感，但如果不这么做，许多软件甚至不支持你上传。

但要注意，上面两种长宽比只是我们说的大多数情况下的比例，但不同播放工具可能会根据自己的想法选择其他的比例要求，比如现在也比较火热的微信视频号竖屏的屏幕比例就是6：7。这要求我们在使用不同的播放渠道时，需要在拍摄视频前就提前了解好平台要求。

3.帧速率

一秒钟视频由多少个静态的"帧"组成，这就是帧速率要体现的。在传统的电影和多数动画中，一秒钟的视频包含24帧，于是它的帧速率就是24fps。

但要知道，这实际上是一个流畅画面的较低标准，现在我们拍摄短视频一般都要选择远高出这一标准的帧速率。在正常情况下，超过24fps的不同帧速率我们的肉眼不细看就不会感到有明显的不同，但有很多时候我们的视频需要做慢镜头处理，或通过播放器做减速播放，这时帧速率过低就会出现明显的卡顿。

所以一般的视频我们推荐采用50或60 fps来拍摄，这可以承受正常的慢放；但如果进行适合更慢的处理，帧速率就要在120 fps以上了。

4.视频码率

码率也叫"码流"，是体现视频画面品质的重要参数，它和分辨率共同决定着视频的清晰度。如果你选择一个高的分辨率，却匹配了一个很小的码率，这就像让黄河之水通过一个窄窄的管道流出来，水量再大，每秒钟你能得到的水也很少，这样视频也还是不够清晰。

所以高分辨率就要匹配高码率。上面我们说过一般拍摄短视频最好使用1 920×1 080P的分辨率。如果是这样，干脆就把你普通设备的码率设置到最大值就好，足够用了。

4.6
后期制作

后期的工作并不只是在后期。在大家的想象中，后期人员总是把自己的工作和文案、摄影或者素材制作人员的割裂开来，等到素材一并交齐才开始自己的工作。其实并不是这样的。

很多时候你会发现一个短视频作品的策划、文案、导演、摄影及后期都是同一个人在做，这样出来的成片一般前后调性一致、完成度尚可，都属于精良的UGC作品。而在职业短视频公司中，大家虽然通常讲求分工明确、各司其职，但后期人员一定要与导演有着相当强的默契，在项目的一开始就参与其中，才能在最终环节进行把控，交出一份完美的答卷。

还是老规矩，本篇心得与干货并存，让你对短视频的后期工作形成充分认知。即便你是甲方或短视频团队中的其他角色，这篇内容也十分值得一看。因为对后期有了充分地了解，你就有能力为一条短视频把好最后一道关了。

:: 4.6.1　新手后期的入门准备

后期制作本不是什么神秘的职业，但绝对是属于"技术咖"职业。不可否认，后期工作需要一定的门槛，但千万别被门槛吓退，毕竟门槛高也代表着稀缺性。后期的门槛主要在于技术，技术需要打磨，所谓一回生二回熟，多做多练是基础，千万别妄想一步登天。

这一部分是写给许多新手后期的，所以在开始的时候，我们先了解一下后期工作的大致内容。一般来讲，后期工作可以分为以下三个步骤：

1.整理筛选，去糟取精

收集好画面素材和音乐等其他素材后，就需要对素材进行整理。可按照视频格式、时间线、空镜头和对话等方式整理，同时筛选剔除掉（不是删除）目前不可用的素材，并对一些重点素材进行注释标记。

强调一遍，不要武断地删除素材，因为后续可能用得着。

2.顺片粗剪，搭建框架

素材筛选整理完成后，需要按照脚本或逻辑顺序进一步整理，同时将素材在软件里"拼接"起来，并最终形成没有旁白配音、没有视觉特效和音乐的视频。

这个阶段你可以请一些有经验的同行观看一下粗剪视频，提出修改意见。主要是看逻辑是否合理，表达是否清晰。

3.精剪特效，打磨成片

最后，就要对每个镜头进行精细剪辑了，包括控制好时长、做转场特效、搭配音乐、添加字幕等。审核人员需根据最终观感提出修改意见，或修改得符合品牌方的诉求。

以上三个步骤只是大致的流程，并不需要每次都严格执行。不过它是一套完整的后期流程思路，在此基础上掌握思路、灵活运用才是上上策。

同时我们还要通过刻苦的拉片练习来培养有效的后期意识。

找一部经典影视或短视频，逐帧逐段地品味：为什么要这样转场？上一幕和下一幕的关系是通过什么手法表现的？为什么要使用这样的画面节奏？这一段的配乐、配音到底是怎样的用意？在脑海里反复思考、品味，学会大师的思维，再慢慢去研究、达成技巧。

通过这样的反复练习，良好的意识和感觉就有望搭建起来了。再次强调：这一点的重要性丝毫都不亚于学习软件和技巧。因为这事只能依靠天赋和不断学习摸索获得，技巧和经验并不能有效地帮助你补充这一块。

⁝⁝ 4.6.2　熟手后期进阶须知

这一部分是写给一些已经"上道"的后期朋友。在此我们无意去堆砌太多基础的常识操作，而是特地请来了来画团队资深的后期主管，让他将近10年从业和5年带队的工作经验总结成技巧，分享给大家。

接下来，我们就以一个后期的工作步骤为划分，给大家讲解后期手法的运用及对成片产生的实际效果，为想要挑战更高难度后期的朋友提供一些参考。

1.剪辑逻辑的实操技巧

很多影帝都参演过烂片，虽然他们演技在线，但电影还是水准较低，这里除了剧情逻辑不通以外，镜头逻辑混乱也是一大问题。

视频和文章一样，均是向他人传播创作者的所思所想，或者讲述某个具体故事的。此时镜头逻辑就是镜头语言的"语法"，不止在拍摄现场要考虑镜头逻辑，后期对镜头逻辑的处理也很有必要。

这里说的逻辑是指前后场景的转换顺序、承接关系，为了让观众理解每一个场景的用意，又不在故事中迷路，剪辑逻辑发挥着举足轻重的作用。

下面教大家几个我们在工作中常会用到的剪辑技巧，请准备好笔记：

（1）叙述同一件事的前后：剪辑点前后的亮部与暗部比例相同

在讲述同一事件的过程中，如果需要剪辑，那么前后两条素材的曝光变化不能太大。如果在没有动机的情况下，画面从很明亮的环境突然变为很昏暗的环境，容易使观众分散注意力。当然，一些更高明的剪辑，会用不同的明暗来强调事情的转折和冲突，这需要更多的积累和尝试。

（2）寻找合适的转场：出入画剪辑与遮挡剪辑

当视频即将开始转到下一个场景，需要一些手法来进行衔接时，就需要一些特殊的转场技巧，"出画剪辑"和"遮挡剪辑"就是比较巧妙的手法。

要将剪辑点放在核心人物的双眼入画前或者双眼出画后。因为当人物是画面的主体时，我们会本能地先去找他眼睛所在的位置——眼睛，就是人物在镜头中的"锚点"。

除了这一点，当画面中的主体被其他物体遮挡时剪辑，也能提升观感，这就是遮挡镜头转场。

（3）引出主体的方式：由其他物体运动带入主体

在引入一个画面的主体之前，我们可以先通过其他物体的运动来铺垫观众的情绪。这些物体可以是一个人物，也可以是一个物品，或者是一只动物。比如路边滚动的易拉罐，引出某个人物驾驶车辆行驶。

（4）让你的镜头画面更加顺眼顺心：剪辑点前后动作与动势的匹配

上一个镜头的动作与下一个镜头的动作需要连接起来，我们通常要在动作发生后或者动作发生时剪辑。如果剪辑前后的两条素材它们的动势相同，那么剪辑后的观感会更好。

记住：千万不要把两条动势完全不同的素材剪辑在一起。

（5）引导观众预期：声音先入和延后声音

在切入下一个镜头之前，可以考虑将下一个镜头比较有代表性的声音提前切入几秒，这样做可以让观众的逻辑被更好地被引导。

比如，剪一段海滩上发生的事件，可先出现海浪声；又比如恐怖片的尖叫声，在画面切出之后，这些声音还可以再保留一段时间。

（6）利用表演与表示强调：眨眼之间与重音剪辑

优秀的演员和后期之间，似乎存在着一种"心照不宣"的默契——在演员眨眼的时候，往往就是后期应该剪辑的时候。这是因为人在表达情感时，通常不会眨眼，在慢慢放松下来时，就会不由自主地眨眼。

重音剪辑是为了区别出重点内容。在剪辑素材时，每一句话都有要强调的内容。对于表演者来说，要善于将这些重点提炼并展现出来，后期则要做到"心领神会"，在剪辑时充分尊重其语调、语速、气口等的设计。

很多时候我们会看到，在抖音上一些创作者为了追求快节奏的"抖音体"，把所有气口都做了一样的完剪，并不分主次的整体加速。这就使得许多演员本来有意强调的信息被后期"藏了起来"。

2.如何把握视频节奏

除了剪辑逻辑之外，后期还要格外注意视频的节奏，让受众更加有代入感、能够主动自愿地被内容"牵着走"。如果不是这样，受众会在无聊等待中消磨耐心，从而让视频的传播效果大打折扣。

所以这里给大家准备了一些能让视频节奏变好的小技巧。

（1）即便是做视频，也要先照顾耳朵

在解决节奏问题时有一个可以作为技巧的观念：视频中的节奏包括视觉节奏和听觉节奏，其中听觉要优先于视觉节奏考虑，因为我们的耳朵比眼睛更敏感。

所以我们推荐在有条件的情况下，优先选择"踩点剪辑"，先找到一段合适的音乐垫在画面下方，然后配合节奏进行剪辑。

当然，背景音乐并不会是唯一的听觉元素，此外还有音效、人声、环境音等元素。随着剪辑进展，当这些元素渐渐加入后，建议时不时闭上眼睛听一听，看看有没有不舒服。当我们纯靠听觉仍然能清晰、舒服地理解内容后，再来研究视觉节奏也不迟。

（2）有缘剪辑，无比重要的剪辑意识

很多人喜欢用双机位或者三机位拍摄对话访谈类型的视频，目的是让后期剪辑显得专业一些。但比起这样的技巧，理解"有缘剪辑"才是带来更好剪辑节奏的要素。

有缘剪辑，指的是上下镜头间存在一定联系的剪辑方式。比如有相同的人物、道具、场景或几个镜头的主体拥有相似的动作、行为、形状，能够相互呼应。当然，如果镜头间内容相反，能够形成鲜明对比也可以。

与此相对的是"无缘剪辑"，即镜头之间毫无联系，这种剪辑方法原则上也成立。很多刻意制造视觉风格的"乱剪"就是这种手法的运用；此外在更平实的作品中偶尔也会出现这种情况，此时就会用一些专场特效来过渡。

不过在这里不建议大家盲目去使用超级转场或者特效转场，这容易给人造成审美疲劳。所以还是要尽量追求有缘剪辑，往往是那些最简单的剪辑更容易让你的视频更高级。不信你可以去看一下"大师们"的影视作品，并不会用那么多花里胡哨的转场效果。

在有缘剪辑时，如果有条件，还可以尽量发现素材中的"剪辑动机"，即镜头中的新信息——一个新出现的人、画面外飘入的声音、主角突然改变的动作……如果你在前期拍摄的调度中就能为你的镜头剪辑创造一种动机，那么剪辑就会显得非常自然顺滑。

（3）特写是节奏的高潮

看电影时，我们经常会被什么样的镜头调动？

视觉或听觉上有冲突的镜头。

特写镜头就是在视觉上很大程度上加重冲突感的手法。在特写中，拍摄主体的一个细节会被放大，在充分展现细节的同时也会造成一个实物突然被拉近到我们眼前的感受。

此外，它还能发挥短暂停顿的作用，让受众在密集信息的接收中暂缓一口气。对于许多分镜新人来说，时常会忽略特写镜头的运用，因此他们的作品时常显得乏味。所以千万要像在乐章中铺设休止符、在句子中使用标点符号一样，有意识地使用一些特写镜头，如果前期的素材里没有，靠后期剪辑也是一个好的补救方法。

（4）适度加速，制造紧张与期待

在强调一种紧张感或期待感时，你的剪辑速度可以逐步加快，最后用一个较长的镜头来收尾。美妆视频、Vlog视频、开箱视频、美食教学视频等许多题材都是通过这种方式来控制视频的节奏。

不过无论怎么加速，最好还是要让画面保证在3帧以上。如果你的画面低于3帧的长度，那么受众只会觉得什么东西一闪而过而感到困扰。这非常容易打破剪辑的节奏。

（5）遵循运动规律——动画制作的要点

我们在本书的开头统一过思想：讨论短视频时不该只就实拍视频而言，动画视频也是其中很重要的组成部分。因此在本书的后期部分，我们既要讲剪辑，也要讲动画节奏。

在动画视频制作中，遵循物体的运动规律是一大重难点，尤其是生物动画，要符合生物的真实动作规律，一些标志性动作更不能出错。许多动画电影的制作甚至是要先拍摄真人动作，再根据真人动作去创作动画。

而物体的运动规律，由变化、速率、时长三种参数组合拼接而成。其中"变化"是指像位移、旋转、缩放等变化效果；"速率"方面尽量不采用匀速运动，非匀速运动会让画面更具动感。"时长"则要根据视频整体节奏而定。

最后，运动规律的难点在于非常耗费时间。因此，要注意多使用工具，比如使用PR/AE脚本、插件、AE表达式等来提高效率。在插件方面，平时可以积累一些蓝宝石系列插件、AK大神插件、灯光插件、抠像插件、跟踪插件等，推荐Newcger、lookae、gfxcamp、cgown这些不错的素材网站，值得持续关注。

:: 4.6.3　至关重要的转场设计

拍摄完每段素材后，会发现素材是一块一块的，之间缺少衔接，这样是没办法直接把素材拼接成视频的。转场就是为此而生的，就好比如文章里的承上启下的段落一样。

而转场分为两种方式：一种是用后期特效的手段作转场，另一种则更多的是用镜头的自然过渡作为转场；前者也叫技巧转场，后者又叫无技巧转场。接下来介绍这两种转场方式。

1.无技巧转场

无技巧转场并不是难度很低、没有技巧性的意思。它实际上的含义是，没有画面附加技巧、直接切镜头的转场方式，通常可以借助某些物体、声音，甚至是空镜头来实现转场。

要在这种情况下实现自然剪辑，前面提过的"有缘剪辑"非常重要。这一部分内容大家一定要和前面所讲的有缘、无缘剪辑相互印证阅读。

下面我们就来说下常用的几种无技巧转场：

（1）平衡过渡：相似物转场

借助相似物品进行视觉转换，是一种满足观众心理预期的转场方式。通常相似物包括动作、状态、颜色等。相似物转场使用较多，也是最容易学会的。在此我们总结了三种常用的相似物转场方式：

1）在两个相接镜头之间，可以利用主体在形状上的相似完成转场。比如主体在外形上都是圆形的物体：前一个镜头主体是月饼，后一个镜头主体是月亮，画面就可以从月饼直接转场到月亮上，完成画面的衔接。

2）两个相接镜头的主体是同类物体，可以利用主体在类别上的相似完成转场。跟上一种方式不同的是，这种转场只要两镜头中的主体类别上相似即可，外形可以完全不同。比如都是玻璃容器，前一个镜头是主角把玻璃水杯碰倒在地，后一个镜头是被摔掉在地上的鱼缸——这种方式可以实现时间或空间的转换。

3）两个相接镜头有同一主体，可以利用主体的运动或者出画入画完成转场。比如射出枪口的子弹，或不断滚动的球，镜头跟随子弹或球的运动而移动，完成从一个场景到另一个场景的转换。

（2）"枪响之后"：声音转场

借助一切声音，包括对白、解说词、音乐、音效、内容等，再配合画面和谐过渡，就是这里所说的转场方式。

下面我们来看一下常用的三种声音转场方式：

1）通过声音的延续或者提前进入实现转场。比如观众总是先听到嘈杂的人声，然后意识到后一个镜头是一个市集。下一段的背景音乐当然也可以这样提前缓缓升起。

2）通过声音的内容实现转场。最常见的是前一个镜头说话的人提到某个不在同一场景的某个人，后一个镜头就给到这个人，这很好理解。

3）同样是通过声音内容实现转场，但与上一个相比更强调内容本身，且会由后期特意加工制作而成。比如，在街头采访作品中，针对同一个问题，前一个镜头回答的人选择了否定，而后一个镜头回答的人选择了肯定，这就造成双方有种面对面激烈交锋的效果。

（3）张弛有度：空镜头转场

可以借助一些与拍摄对象看上去并没有什么关联或没有具体人物的空镜头转场。这样做可以让视频松弛有度、有呼吸感，尤其是在一些整体节奏紧凑的视频中，往往会采用空镜头来实现转场。

在作品中，空镜头转场通常用来介绍环境、时空，更深层次的还有渲染人物情绪的作用，其中有时甚至蕴含一些拟人、比喻的修辞手法。总之是创作者控制节奏、表达思想、抒发情感的重要手段。

2.技巧转场

技巧转场就是在两个相接镜头之间，通过使用画面附加技巧，由后期制作时使用软件特效的转场方式，说白了，就是用特效来凑。以下就是一些常用的技巧转场方式：

（1）平稳过渡：淡入淡出转场

前一个镜头的亮度逐渐变暗直到黑场，后一个镜头的亮度逐渐变亮直到正常亮度，在这一暗一明之间转场，就是淡入淡出转场。

一般淡入淡出画面的时长是4秒，即淡入2秒，淡出2秒。在实际操作时，也需要根据视频的整体节奏、故事情节、人物情绪而定。而中间的黑场时间就更加不固定了，这种黑场是给受众带来间歇感的，虽然会中断受众的思路，但也能让受众陷入思考。

从镜头语言上来讲，淡入淡出转场表示"分割"，因此要确保使用这种技巧的前后两个镜头表示的内容是两件事情。它就像一本书不同章节之间的那个分隔页，表示上一段的终结和下一段的起点。

（2）变化过渡：叠画转场

叠画转场就是两个相接镜头的画面叠加，前一个镜头渐渐隐去，而后一个镜头渐渐显现，从而实现两个相接镜头的转场。

叠画转场主要是用于突出变化，这种变化可以是时间流逝和空间变换，这是在实现时间和空间的转换。还有可以表达虚无缥缈的抽象场景，比如梦境、回忆等。

从镜头语言上来看，叠画转场的内涵与淡入淡出相反，表示的是"关联"。因此，叠画前后的两个镜头的主体对象务必要有一定程度上的关联性。

另外，在两个相接镜头的画面叠加时，这几秒会让视频显得柔和。因此如果拍摄的画面较差，可以借助叠画转场来弥补画面的不足。

（3）其他转场

除了以上这些转场方式之外，还有通过字幕转场，比如直接显示时间、让画面中出现文字"十年后"，从而实现时间的转换。另外，在互联网上有很多相关的转场效果模板资源，通过预设即可完成。

转场方式多种多样，只要是符合受众心理预期、符合视觉逻辑关系、对整个视频的叙述起到正向作用的就是可行的。不过要注意：转场不是炫技，它应该是为视频加分的，所以要合理使用转场方式。

∷ 4.6.4 后期软件推荐

Premiere、After Effects、Final Cut Pro当然是大家耳熟能详、业内有口皆碑的制作软件。但对于多数达不到专业程度的剪辑者而言，使用它们的学习成本也属实有点儿高。

因此在这里会推荐7款非常实用并且功能强大的工具。不光是普通的视频爱好者可以经常使用，现在越来越多的专业后期也会在成片专业度需求没有那么高时，有针对性地选用这些软件。

1.针对抖音、快手的手机后期软件：剪映、快影

如果你是在抖音、快手平台发布作品，那么这两款软件就是你的最佳选择。剪映是抖音官方的视频制作软件，快影是快手官方的视频制作软件。

这两款软件的剪辑功能非常强大，可以对素材进行切割、变速、倒放、旋转、转场等基础后期操作。

此外，它们还会根据各自平台特点推出许多贴心的针对性功能。

比如，丰富的滤镜和特效。这些特效不仅花样众多，更关键的是还非常贴合平台风格。你看上什么风格，直接在软件点击预览即可，完全"傻瓜式"的操作。

又比如人人都知道快手的封面尤为重要，快影就提供服务，让用户可以直接实现封面字体自定义而且还有多种选择。

在抖音上音乐尤为重要，因此剪映也配有专属的音乐库。

当制作完成后，两款软件制作的作品又都能与自家平台无缝衔接，一键分发。总之，如果是专攻抖音、快手平台，那么这两款软件不容错过。

2.企业级智能短视频创作营销平台：来画动画

"像做PPT一样做短视频"——这是来画的一句经典广告语，对这款产品最大的特点也概括到位了。

这款视频软件的定位是生产力工具，旨在让原本没有能力生产视频的人生产视频，让本来能生产视频的人更高效地生产视频。因此它的功能侧重在于将视频生产拆分成几大模块，然后在各个模块中预置许多素材，环节制作者更多地去做组合的工作，像拼积木一样完成视频。

但这并不会限制住制作者的创作自由，因为来画平台中拥有海量的素材，而且还可以兼容外部甚至你的原创素材来做，足够支撑常规的创作发挥。

而且客观地说，素材是否是固定的，对作品的创作发挥来说影响并没有想象中的那么大。就像是许多人玩乐高，基础原件就是那些形状，但却可以通过不同的组合构思拼出各式各样的作品，甚至由此诞生了名为"乐高设计师"的职业。比起实拍视频，这样的思路显然更适合动画视频创作，因此来画平台的主力特色仍然是动画视频生产；针对实拍视频，它的重点不在于拍摄，而在于动画包装。

与此同时，来画是目前少见的，特别是基于企业使用场景构思的视频工具，除了对所有人都无差异的基础功能之外，还特地增设了一些针对企业的功能，如协同办公、品牌视觉资产管理、投放营销、作品分享挂外链、商业版权等。可以说，这是一款十分适合企业用来把有创意、有审美的员工培养成自有短视频团队的工具。

3.Vlog制作专家：VUE、一闪

从功能上来说，VUE、一闪与剪映、快影基本没有什么区别，相信你也能理解，就好比手机厂商一样，这些手机在性能和硬件上是没有太大区别的，毕竟都是方案整合商。比较大的区别是VUE、一闪都是主打制作Vlog视频，以横屏视频为主，而剪映、快影更针对自己的平台，以竖屏形式为主。

VUE与一闪这两款软件之间相比较，VUE属于更加轻度的，非常适合刚入门的新手小白，有分镜拍摄的功能，可以进行一段一段地素材拍摄。同时软件自带有电影级别的超宽画幅及特有的圆形画幅。

一闪采用的是轨道式操作方式，适合有一定制作基础的进阶人员。该软件的亮点是有着种类繁多的胶片滤镜，有着富士、柯达、依尔福等20多款经典滤镜，还可以自行调整滤镜的强度，总之让你的视频有浓浓的电影感。虽然不支持第三方音乐导入，但内置了多种类型的背景音乐，质量都还挺高的。

总之，它们是两款操作简单的工具，你只需要把素材导入，再套用预设模板，搭配已有的滤镜、背景音乐、字幕字体就可以生成视频。不过这两款软件都有着比较明显的缺点，即不能导出超过5分钟的视频，不然就是有水印的，同时导出的视频要被压缩，清晰度会有所下降。这点让人有些接受不了。

4.媲美专业软件的选择：Videoleap、iMovie

Videoleap是一款非常强大的剪辑软件，也是在手机上唯一可以媲美电脑剪辑效果的软件，因此操作难度也是最大的，首先肯定要有一定的剪辑理论知识，同时对软件也有学习成本。

Videoleap可以添加图片、GIF、视频作为素材，自动转化为视频格式，有滤镜、文本、音频、混合器、色调范围、效果、调整、格式八大功能。具体有多强大呢？比如在调整里可以自定义调色、亮度、曝光、对比度、饱和度等；时间线可以无限放大，直到帧的级别，还有蒙版功能；可以使用关键帧功能、自定义动画效果等。

iMovie跟Videoleap差不多，整体操作简洁，都是较为专业的手机剪辑软件，不但可以处理4K视频，而且输出时完全没有压缩画质的问题。但是由于两款软件都有一定的水平限制，不是傻瓜式操作，因此没有预设模板和各种自带素材库，这也算是其缺点。

4.7
自媒体短视频运营与转化获利

提到"运营"二字，你对此一定并不陌生。作为互联网行业对当下社会最大的馈赠之一，这些年它风头正劲，并不断吸引一批又一批好学的朋友们前来探索它"迷人"的样子。这一节从我们的角度来和大家一起谈谈"自媒体短视频运营"这个话题及它的后续转化获利问题。

之所以强调"自媒体短视频"而不像社会上习惯的那样简单表述为"短视频运营"，是因为短视频的外延很大，其中需要运营的主要是发布在新媒体上传播的那一类型。

讲述运营话题是一件非常有趣的事情，因为它的理论认识层面和实践操作层面的差异很大。

如果说理论认识，它涉及的其实既广大又深远。一方面知识板块很多，另一方面又有许多内容属于思想意识层面的需要仔细体会，其中有些甚至可以称作一种哲学。毕竟作为互联网之"魂"、有人甚至提出"用运营驱动代替销售驱动"来划分新旧两个商业模式的纪元，这其中的思辨与门径，安可泛泛而谈？

但如果谈到实践操作层面，运营却又非常简单。我们观察一线的运营从业者，所做的事情也都没有那么高深、神秘。就说自媒体短视频，再厉害的运营者每天常规所做的事情也还是收集选题、上传视频、写发布文案、引导并回复评论、分析数据、数据优化等工作。其中数据优化可能是一个唯一听起来"高大上"一点儿的词汇，但是翻译一下——适度"买粉"——光环也就没了是吧？

但这样有趣的反差，恰恰说明了运营是一个智力型工种，拼的是思维判断，而非具体手段的操作。这个行当的"小白"和高手差异不在具体做的事上，在于这背后的思考甚至思想。这就像下围棋，人家"棋神""棋圣"能用到的也还是那180个棋子，要做的也还是把这些棋子放到棋盘上，但他们背后的积累、思考、判断、意识却造就了他们与你的天壤之别——运用之道，存乎一心。

因此这一节我们到底怎么讲，着实犯难了。

如果讲操作，确实没什么好讲的。且不说原来做过其他类型新媒体的朋友们，就算是一个普通网民，只要你平时多刷点抖音基本也都能想明白要做些什么。目前市面上关于自媒体短视频运营的书很多，它们常见的做法是把明明很简单的技巧揉碎、泡发，先把篇幅撑起来；再辅以许多噱头和包装，从气势上"唬"住人。

比如，我们在一本标榜"从新手到大师"的书中看到了这种令人啼笑皆非的操作：作者用一整章来介绍抖音界面的每个按钮……又在一处抛出了一个神乎其神的"五步法"，第一步竟然是"打开软件"……对于这样的处理方式，我们甚是不以为然。

如果篇幅不能支撑你把想讲的内容都讲到，那至少也要精选一个角度，然后把它讲出含金量来。如果讲理论，那就汲取精髓、让读者能够见一掬而知汪洋，领略运营思维的奥妙；如果讲操作，那就结合案例讲实用技巧。但一定不能故弄玄虚，消费他们的热情。

所以这部分我们打算先帮助一些新手朋友打消对于自媒体短视频运营的迷信与焦虑，然后再以几个重点推荐的平台为核心展开一些见解、心得与建议，最后再谈一谈转化获利。这些都是介于意识认知和操作之间的一些关窍，是我们关于"自媒体短视频运营"这一主题想和大家分享的内容。

:: 4.7.1 拆掉"包装"，自媒体短视频运营都在做什么

先说这一点，主要是因为当下大众对自媒体短视频运营的热情十分强烈，但承接大家求知欲的许多图书、课程却在消费大家的期待。也许是因为销路考虑，他们很少谈及精深的运营理念，却只在简单的操作层面做文章，企图绕晕读者、贩卖焦虑。

明明平平凡凡，偏要原地"造神"；明明一两章就能讲完，偏要扩出一本书来；明明是盘菠菜，偏要叫什么"红嘴绿鹦哥"……于是还在门外的大众越发觉得自媒体短视频运营深不可测、不敢轻动，非要掏出几百上千买走那些本来没什么含金量的内容才算安心。

这种乱象源于焦虑，而这焦虑，归根结底是由于大家不知道这东西原本有多么简单。

所以在这里，我们不开"滤镜"，不做"包装"，就只本本分分地谈一下自媒体短视频运营到底要做哪些事儿。

运营高手黄有璨在他的著作《运营之光》中将运营分为：内容运营、用户运营、活动运营和产品运营四个方向，可以说是非常让人信服的。而我们通常所说的自媒体短视频运营，在内容运营、用户运营、产品运营三个方面都有所覆盖，是个比较综合的细分类目。下面我们依次来说一下：

1.账号运营

账号运营是短视频运营的基础。运营人需要通过账号运营来保证短视频账号的安全、健康，并且进一步开发账号的发展潜力。这就要求运营人对所运营平台有深度地了解，也需要掌握得当的运营方法。

这里有几个要点：

第一，要熟悉不同发布平台的基本情况和推荐机制。有时我们会遇到一些朋友来问：以前我是做甲平台的，现在要来在乙平台上发视频，会不会很不一样？需要花多少功夫来适应？

事实上，并不需要如此。以我们的经验来看，不同平台之间在运营方面都是相通的，绝大多数的操作都是同一套；只是这个推荐机制——即大家常说的"算法"——是个性化的，这时只需要用开始的一段时间集中研究一下这一点就可以了。关于几个推荐平台的这些差异，后面会展开来讲。

第二，要形成一个发布规律，包括多久一更、几点发布之类。一个合理的发布频次可以保证账号在平台的判定中处于一个相对健康的状态；而稳定的发布时间则可以让关注你的粉丝们更清楚什么时候来看你，多看几次就会形成习惯，黏性也就出现了。

关于多久一更，我们建议一周至少3更、最多7更；每日一发即可，特殊时候发2条，不要陷入盲目的"堆量碰概率"的想法中。而发布时间，我们认为没有所谓的"黄金时段"，选个合适的时间固定下来就好。

第三，用矩阵作战思维做补充。同时运营几个账号，把追求一个百万粉丝的账号，变成做十个十万粉丝的账号、甚至做一百个一万粉丝的账号。这种情况下单个账号的价值虽然削弱了，但如果能同时发动矩阵中的这些账号去宣传一个信息、带一个商品，结果上来说也还是值得期待的。

但要注意两点：（1）尽量要让同一矩阵中的账号有一些关联，方便互相导流。（2）无论你如何通过扩大规模来放低对单个账号的粉丝数预期，但一定不要放松每个账号的粉丝黏性。黏性就是粉丝对你的依赖度，没有对你依赖的粉丝，你的账号有再多人关注也转化不出效果。

第四，账号运营者要把眼光放在账号之外，尤其在做抖音平台的时候。除了做好基本的日常运营操作之外，也要注意高频操作、适度消费、积极捧场，并与平台方建立起良好的关系。这些不是决定你的账号能否做成的关键，却是能让你的账号成长更平稳，关键时刻能够"更上一层楼"的"保险"。

2.内容运营

内容运营并不是要求运营人去做内容，而是在内容制作完成之后，辅以运营手法，达到提升内容效果的目的。这里包括每次视频发布时文案的撰写、封面的选择、引导粉丝评论，以及避免内容违禁、及时处理违禁内容等。

文案、封面和评论大家都很熟悉，没有什么神秘的。虽然在这里仍然有一些技巧，但即便是不知道这些，大家也不会一筹莫展。只是在这里我们需要提个醒：这些地方都属于一处能够透出信息的位置，短视频因为时长的缘故信息呈现本来极有限，这时大家一定要善于利用这三处区域见缝插针地给出更多的补充信息。

要做到这点，大家一不要乱写，二不要单纯去重复视频里已经表达过的东西，而要尽量给出新的信息点。这一点并不难操作，大家建立起了意识也就能很好做到了。

不过内容违禁及相关处理就相对复杂一点。

一方面，很多朋友对于内容违禁的理解非常夸张，在许多营销号和图书、课程的错误引导下，过分"妖魔化"了短视频平台的审核严格度，感觉甚至字幕上的一个字打错了都会被限流，于是我们到处都能看到满屏拼音的短视频……奇奇怪怪。

事实上这一点大可不必。简单来说，目前各短视频平台对于违禁内容的界定基本上是与最新版的《广告法》一致的，因此你研究一下这个文件或使用"句易网"的文案检测功能；不让内容和用词踩到这个线上就好，对于这之外的根本不用束手束脚。

目前各平台官方也从未发布过具体的违禁词规定，市面上疯传的各个版本"列表""大全""清单"都是各路知识付费领域的工作者包装出来的版本。如果你能随手找到两个版本来对比，你甚至会发现它们之间根本都对不上……

同样，大家对于"限流"的理解也很夸张。在短视频平台似乎分分钟都会被限流，不光做了违禁的事会限流，发布时间不对、拍摄的机位不规范都要被限流……于是账号做不起来，数据不好就都说自己被限流了。

但事实上限流也不会这么轻易。虽然某些平台确实不会在每次限流时都通知我们，但仍然是可以通过一套办法来观测判断。我们具体讲一下：

（1）视频发布1小时后，受众无法下载保存；

（2）发布3小时后，流量表现远远低于本账号平均水平，比如之前每期视频播放量在5万，但本期视频不足5 000；

（3）视频发布后只有自己能看到，别人的账号却看不到；

（4）视频发布后，视频被自动删除。

你看一下这些情况你是否经常遇到呢？至少我们没有。所以很多时候数据不理想真的可能是内容本身没有很好地引发受众的共鸣。

对于这些问题的处理也没那么多的门道：排查并修改违禁内容、排除账号本身问题、联系官方咨询。

3.粉丝运营

账号的价值主要由粉丝数量和质量体现，如何让粉丝持续对账号保持关注并能高频互动直至最终转化为消费用户，所以我们对于粉丝也要进行运营。在粉丝运营时，我们时刻关注粉丝对作品的反应，不断地与粉丝互动，同时找到吸引更多路人转粉的方法。

为了做到这一点，除了日常注意维持和粉丝的互动、给他们呈现更好的作品之外，还要注意在不同的运营阶段相应地做对事情：

在粉丝数量小于1万前，要勤劳地和粉丝互动，不怕麻烦不怕累；当粉丝达到1万~10万时，要尽快让账号的内容和运营尽量明确，走上正轨；当粉丝数在10万~50万时，意味着你已经有一定的号召力，这时要更注意"体面"，不乱说话、注意包装；而当粉丝能够达到50万以上，就要具备明显的公关意识，并积极与平台和商业资源沟通。

同时，也要注意把粉丝分类，对不同粉丝进行差异化对待：

对于核心粉丝，一定要想办法沉淀在一个群里，并尽可能地给他们特权、维系你们之间的感情，甚至还可以在线下办活动与他们面对面，让他们真正成为"你"这个人的资源，从此你去哪儿，他们跟到哪儿。

对于相对弱一点儿的活跃粉丝和潜在粉丝，多用小福利、小礼物、小游戏来调动他/她们的积极性，可以很好地借助他/她们把你账号的评论区搞得热热闹闹。和许多商场一样，虽然不见得来了就要消费，但人气高了至少能吸引更多的人来"凑热闹"。而对于许久不来光顾的"冬眠粉丝"，就要通过活动、私信等方式刷出存在感，重新把他/她们的注意力"抢"到你这来。

篇幅有限，也因为本书定位不在"零基础入门"，所以这里就说得简单一些，不过大原则都在这里面了。如果大家还是想要更多耐心地讲解、了解其中的细节，可以去看朴某不才的另一本书，那是完全为"零基础"读者准备的书，关于运营讲得非常细致。

:: 4.7.2　短视频平台简析与运营建议

前面说过，关于具体平台的研究是自媒体短视频人必须去做的功课，这方面永远都是新的知识，即便是从图文时代便在一线探索的资深新媒体人，也没有办法通过经验来解决这方面的问题。

所以，在有限篇幅重点和大家分享运营中的哪些方面呢？我们最终决定和大家讲解一些平台的定位、规则、方向和机会。一方面，建立起这些认知，再配合具体操作就能比较顺利地把一个账号运营起来；另一方面，这个板块也是一个既能直接影响操作，又能在一定程度上体现思想的技块。在条件有限的时候优先输出这方面的内容，在我们看来要比呈现那些并不难学的或无比精深的内容合适得多。

接下来我们会选择的四个平台是抖音、快手、B站和微信视频号。选取它们的依据是综合考虑时下发展程度、定位特色、机会价值及大家的好奇程度等方面的结果。如果你问我精力足够的时候可以选取哪几个自媒体短视频平台来经营，我也会推荐将这四个平台搭配运营。

当然，需要强调的是，这方面的内容具有时效性。本书写于2020年下半年，我们只能暂时就当前的状况进行描述和分析，如果你读到这本书时已经是很多年之后了，那就仅供一阅、万勿执着。不过即便如此，我们还是会针对每个平台给出一些更长远的运营建议，同时还会探讨各个平台未来的发展趋势，让这部分知识的价值能够延续得长久一些。

1.抖音：当之无愧的"超级巨星"

当下自媒体短视频平台呈现出"双雄对峙"的局面，抖音和快手在激烈的同类产品中奇峰对出，并把"短视频"这个"风口"真正推向了大众为之疯狂的趋势。

在这两者中，抖音比快手晚两年上线，如今却后发制人，成为日活用户超过5亿的超级玩家，其中的原因自然并不简单。

下面我们就来聊一聊这款具有划时代意义的产品，解读一下它成功的原因、特色的机制、未来的发展方向等。在某种程度上，熟悉了抖音，在了解其他平台时也就会轻松许多。

（1）抖音平台的前世今生

最开始，抖音的定位是音乐短视频平台，很多用户认识抖音都是从小哥哥、小姐姐的歌唱和舞蹈开始的。至今抖音平台仍然非常重视音乐在短视频中的玩法，并拥有庞大的职业音乐人与音乐类达人入驻，这可谓是1.0时代带给这款产品的遗赠。

后来，随着发展的需求与对用户更深入的洞察思考，抖音进一步拓宽了自身的定位，并将之体现在了新的口号当中：记录美好生活。从此抖音开始主张"美好"、关注普通人的"生活"呈现，逐步演变成今天我们所见的年轻人表达个人观点、认识世界的窗口。

这一战略决策，成为抖音快速增长的起点。

当然，仅凭这一点是无法成就如今的抖音的。抖音成长的关键还是要靠以算法见长的字节跳动为之量身开发的行业领先的智能推送机制。这种机制让用户来筛选内容，优胜劣汰，倒逼生产者创作符合用户喜好的内容。在相当长的时间里，这一机制都是自媒体内容平台最有利于优质内容产生的机制。

有了这样的底子，再配合成功的营销，这匹"黑马"就这样出线了。

（2）抖音平台的内容上限逐步提高，你准备应战了吗

抖音一路的飞速发展，给很多内容生产者带来了海量的粉丝和巨额的收入，也让不少普通人一夜涨粉几十万。在看到短视频创富的机会之后，更多的专业机构也开始入局，抖音作为用户体量最大、算法机制最成熟的平台，自然也就成为机构和PGC的首选。

抖音不会让"美好"的内容沉寂。优质的内容，在抖音算法的助推下，会形成非常明显的马太效应，优秀的内容会得到非常大的流量倾斜。专业机构在"好的内容大概率会得到多的流量"的正反馈下，会不断加大对内容创作的投入，以不断提升内容质量、满足用户逐步提高的内容要求。

抖音上有一个剧情账号"我有个朋友"。与一般的狗血剧情的短剧不同，它有海边、黄昏、素颜的男女主角、文艺淡雅的背景音乐、直击人心的文案，这一切组成了账号清新感人的内容调性。这个在抖音上拥有730万粉丝的账号，背后的作者不是草根，而是一位名叫金赫的导演。

类似这样的账号，抖音上还有很多。在这样的驱使下，目前抖音上的内容制作上限已经逐渐被专业人员拉高了。虽然官方不会承认，但也许你早已发现：如今抖音已经不再是一个拿着手机随便记录生活就能一夜涨粉的平台了。

不过这并不意味着普普通通的个人和团队就没有机会了，目前抖音上还是有大量的用户乐于观看搞笑的、接地气的内容。只是要清楚：现在的抖音已进入内容竞争非常激烈的阶段，运营人要时刻保持对内容与运营的敏感度。如果读到这里你已感到一丝慌张，那就把书翻回去，把前面的章节再仔细读一读。

（3）看懂抖音的推荐逻辑，让算法为你打工

抖音的智能算法有两大特点，一个是流量池分级推荐，一个是个性化分发。

1）启发行业的流量池分级推荐算法

当我们发布一条短视频作品后，抖音会先将作品放入200~500人的种子流量池，如果该作品数据反馈好，算法会将作品放入流量更大的下一级流量池。

这里提的反馈指标主要有：完播率、点赞量、评论量、转发量，这四大指标构成了算法对作品的评价依据。一会儿我们会专门好好说说这四个参数。

第二次推荐会有1000~5000的流量，推送完成之后算法又会根据上述四个指标继续评价。如果反馈依旧较好，就会投放到第三级流量池。以此类推，直到经过最后一关人工审核通过之后，进入最后的顶级流量池。

这一机制除了最后一环的人工审核，其余都是算法在做评判。其优势显而易见：抖音不用对每一个视频进行主观的价值评判，而是将内容的投票权交给用户，让用户来选择喜欢的内容。

不过同时也就意味着运营人可以抓住机器算法的"漏洞"，用一些"表演"式的手段干预数据表现，这也就是为什么我们经常也会刷到许多粗制滥造的"营销号"流量也依然不错的原因。

不过目前平台也已经意识到了这一弊端，所以陆续出台了许多补充规定，慢慢会使这些投机取巧的"小聪明"越发无路可走。而此时，这套算法对于运营者的意义就更多的是一个需要用心体会的规则和可以善加利用的"采分点"，而不再是可以低成本"骗取"流量的机会了。

2）详解四大关键参数

下面我们就来聊一下点赞、评论、转发、完播这四个让抖音"也有欢喜也有忧"的关键参数。这一部分希望大家可以用心阅读和体会，因为这是抖音平台运营工作中的核心要点，同时也深刻启发了其他同类短视频平台。

在抖音以这套算法取胜之后，其他各大竞品，无论是久在江湖的前辈还是接踵而来的后进，都纷纷借鉴、吸取了其中的思路。所以清楚这几个参数背后的逻辑与应对策略，不仅能够帮助你走进抖音，对于运营当下的其他主流短视频平台也是很有帮助的。

先说点赞。这是四个参数中受众最好达成的一项，在屏幕上双击两下就能达成。而在这个小动作的背后站着的，实际上是人们的两个动机：抑制不住喜爱或觉得这个视频有用。

所以要解决喜爱，把场景、人物、内容和形式做好看之外，还要想办法让人产生共鸣。我们在"心法篇"有讲过具体的方法，大家要善加运用。而要解决让人觉得有用这件事，不光选题时要注意价值的呈现，还要利用片尾配音、发布文案等位置提示大家这是一条有用的视频，比如"按照这个做，再遇到不还钱的朋友就不怕了"之类的。

再说评论。在评论区留言，是比点赞更深入一层的互动行为，一般来讲人们做出这一行为的背后有三种动机：想要发表意见、想要回答问题、单纯想要接话。因此，运营者可以在视频、文案、引导评论中对应设置话题的"靶子"、相关问题和说了一半的"话头"吸引别人来评论区"不吐不快"。

然后是转发。这是受众在观看视频使成本最大的互动方式了，因此我们也要花最大的力气来争取它。转发背后的逻辑，一个是传送价值，另一个是提供社交货币。

人们觉得这个视频有用、有趣，并立刻想到要给谁看，就会转发。这时我们就可以通过各种方式直接提示他/她把这个视频发给什么样的人，比如最爱的人、爸爸妈妈、从小玩到大的损友……

而社交货币呢，说白了就是"炫耀"。要利用好这个，做法相对抽象一些，没有那么多可以直接遵循的办法，只能从洞悉人性上下功夫。要深刻理解传播怎样的内容可以在那一瞬间带给受众优越感和快感，然后从一开始选题时就埋下种子，最后再配以提示，促成这一行为。

最后，我们来说完播。通过上面的讲解大家应该能感受到，前三个参数的达成并不能完全证明一条视频内容是好看的，虽然好看的内容总能带来这三个参数。因此，抖音平台在构思这套算法时便引入了一道补充参数，即完播率——人们坚持看完这条视频的概率。

这个很好理解，毕竟如果视频不好看，受众分分钟就要划走了。所以为了做到完播的表现好，想办法让视频有看头就很重要：首先，要注意片子的节奏，要高潮迭起，不拖不拉；第二要善用"3秒原则"，上来就进高潮，即常说的"开篇高能"；第三要设置一些悬念，引导大家坚持看到最后。

当然，还有两个"盘外招"：一是视频整体时长别做太长，没有意义的结尾也别太长；二是用心选择一个节奏很棒的背景音乐。很多时候让一个人留下的不只是内容，还有音乐带来的舒适，尤其在抖音这样以音乐为重的平台上。

3）DOU+，跨越流量池的有效加持

DOU+相信你一定听过，它是抖音官方开放给运营者的吸粉工具。注意，是"吸粉"，不是"买粉"。

DOU+帮助你获取粉丝的方式是给你额外播放量——相当于加赛一轮，然后你要在这多出来的机会中做到参数达标，争取进入下一段流量池。一般来说，投放100

元即可获得5 000左右的额外播放量。

这样的额外加赛在第一轮的流量池突破中是有作用的，但越往后难度越大时，便越不管用了。所以它只是一个辅助道具，要让视频真的能够"过关斩将"，归根结底还是先要把内容做好。

投放DOU+的策略有很多，个人有个人的习惯。这里我们来讲一种比较主流的做法：

视频发布1小时后，作品的播放量在300到3 000不等时，投放DOU+100元或200元，投放时长选择6小时。这时属于内容测试阶段，也是在通过付费的方式，让该条视频更容易进入下一个流量池；

视频发布8小时后，观察投放DOU+的数据反馈，如果点赞率达到10%以上、播放量在5 000到15 000之间，这时再投放500到1 000元，投放时长选择24小时，即可让视频进入下一个流量池；

视频发布24小时后，作品经过前两次的投放，如果内容足够好，播放量一般会在30 000到60 000之间，这就意味着该作品已经被抖音的算法定为优质视频，此时算法开始智能推荐，为作品导入更多的自然流量。

当然，如果数据表现不够好，则不要再进行大金额的DOU+投放了。此时需要分析四大指标，判断是内容本身不够优质还是因为作品出现违规内容，被算法限流等原因，以作为下一条作品的运营参考。

4）千人千面的个性化分发算法

上面我们说的是创作者创作的视频是如何被越来越多人看到的，而这部分我们说的是受众是如何收到平台为其推送的内容的。

抖音母公司字节跳动旗下另一款拳头产品、公司早年的代表作今日头条，有一句口号叫"你关心的，才是头条"，在很早便实现了图文信息内容的个性化推荐。而这一特性也在抖音刚刚问世时便注入到基因里，让每个受众所喜欢的视频可以自己主动来找他/她。

它是在算法智能推送的基础上，又增加了视频分类和贴标签的功能。个性化推送会分析用户观看、点赞记录，得出用户的内容偏好，用户喜欢什么抖音就会使劲给他推送。

要实现这一效果，首先是要将所有的作品都根据用户的喜好进行贴标签分类。算法会根据用户的反馈给作品贴上标签，然后推送给喜好这类视频的用户，最终形成"内容以类聚，用户以群分"的现象。

这样做的好处显而易见：想睡觉就有人送枕头，想吃饭就有人递碗筷，这种好事谁不爱？通过算法让内容来找人，而不再是人去找内容，这就使得抖音用户总能在这里轻松找到爱看的内容，于是高黏性用户便迅猛增加。

但同时这样的机制也带来了一个问题：饭虽好吃，但我们也想时时换个口味，但在这样的算法下，基本上它判断受众喜欢一种内容后，便会狂推类似内容过来，在推送的多样性上差了许多。很多时候刷抖音时点赞了一条新闻或热梗，接下来就要把它再看十多遍，实在忍受不了了非要特地选择不要再推送相关内容才能跳出这种魔咒。这样下来，现在反而搞得我不敢轻易给视频点赞了。

不过和流量池分级算法的弊端一样，平台对此也有所认识，相信借此已经获得巨大的既得成效后，会不断优化和补正这一问题。因此作为运营人也别想太多，还是要尽量适应与运用这个机制，让运营的账号和作品尽可能地定位清晰、标签鲜明。这样才能与算法对上号，让算法成为作品分发的助推器，帮助运营找到目标用户。

（4）抖音的电商野望已无悬念，上马的时机到了

抖音作为字节跳动旗下的"尖刀"产品，直接沿袭了字节跳动善用的盈利模式——售卖流量。抖音的广告价值受到用户数量与投放效果的限制，存在着难以逾越的增长上限。所以，抖音一直在寻找自己的下一城。

2020年6月，字节跳动公司把电商设为一级部门。很显然，抖音看上了电商这块大蛋糕。一方面让"内容找人"进一步升级成为"货找人"；另一方面让受众先通过短视频"种草"，再把对内容的热情转向购买其中关联的产品上，这在理论上确实是一种优越且创新的模式。

抖音能做电商这件事想必现在已无须过多科普了。目前抖音不仅支持开橱窗、挂购物车、抖音小店等直接功能，还支持精选联盟、鲁班电商、直播带货、小程序等便利电商的配套功能。同时，对于具有带货、种草类的视频也进一步开放了权限，不像开始的很长时间一样对于内容中的商业性限制非常多。

有一种激进的观点认为：抖音只是目前在和快手之类短视频平台角力，但其长远的目标对手始终都是天猫、淘宝、京东、拼多多。

又有一种忧患的观点认为：不可否认，商业信息和内容本身确实存在着矛盾，两者不是不能融合，但一定是此消彼长的。但在接下来的"商超化"进程中，抖音面对电商版图的扩张是很有可能放弃原本对内容的坚持，从而打破原本和许多内容创作者达成默契的信任基础。

对于这些观点我不做评价，只是列出来供大家见仁见智地吸收。但有一点毋庸置疑：已经起风了，抖音平台向着电商方向的变革和自我突破已成既定事实了。会

不会收到好的结果尚不好说，但过程一定会因为这一目标而发生改变。

此时的抖音运营者们，一定要看清楚这一点，想好是否跟进、能否借势。也许最后你还是会做出和现在一样的选择，但心里对于抖音平台的认知中一定要给这块留下一席之地。

2.快手：常被低估的强大选手

下面我们来说时下短视频江湖"双雄"之中的另一位——快手。江湖久有传言："南抖音，北快手""快手老铁，抖音潮人""一二线的抖音，三四线的快手"，似乎快手就代言了"土味文化"，充斥着粗糙的真实。

但事实并不像贴标签这么简单。客观地说，快手上的这些乡土气息的内容既是事实，又是误解，具体为什么这样讲我们会在稍后具体解释。

在主观层面，作为短视频行业的一线从业者，常年与快手公司人员打交道后，深觉这是一家思路清晰、风格稳健的公司。他们能够想清楚自己要做的事，有自己的方法，无论舆论风气如何浮躁都能不疾不徐地壮大。

坦白来讲，在其他同类竞品团队身上，我并未产生过这样的感受。他很像一个脚踏实地的成熟实干家，在满是年轻人的聚会上显得有些朴素。但一旦考较起专业，他又总不会让人失望。论实力，他有时也会被隔壁桌的青年才俊超越，但无论怎样他都能在浮躁多变的人群中护持真我，始终不易其睿智的眼光。

怎么样，有点儿兴趣了吗？

如果还可以，下面我们就来具体聊聊这个时常被调侃，在我们看来却是常被低估的强大平台——快手。

（1）撕掉"土味"标签，快手的人群不断上探

前面我说过，"土味"对于快手，既是事实，又是误解。

说它是事实，是因为快手确实有许多这样的内容，许多这类视频的生产者与目标受众确实会更偏爱快手；而说它是误解，是因为土味和许多人认为的低俗的东西并不是快手所追求的，这个平台所想要实现的只是尽量展现"各种人"的生活内容，并给予相对公平的曝光机会，并没有带有很强的倾向、引导与歧视。快手信奉"看见每一种生活"，倡导用户自由自主地创作内容。快手上的用户发作品的数量远高于其他平台，2018年快手上发布作品的用户就超过了1.9亿，超过70%的快手用户都曾经发布过视频。快手倡导"流量普惠"，每个人的作品都有机会被看见，作品被肯定之后又会正向激励创作者，形成一条良性的自制内容创作机制。

还记得我之前讲过短视频的划时代价值就在于真正地把麦克风交给了普通人

吗？无论贫富、无论学历，只要你敢表达、不犯禁，就都有了平等发声的机会。从这个角度来讲，快手的这种理念无疑非常接近了这一境界。

也许你会说其他平台同样也提到过类似的理念，但实际看下来，虽说是一样的，但真正实践到哪个程度就深浅不同了。在这当中，快手的践行力度应该是超出同行许多的——再主观一次：也许是最好的。2020年6月，一部由"奥里给大叔"朝阳冬泳怪鸽领衔出镜的宣传片《看见》让无数网友看得热泪盈眶，正是大家对于快手9年坚持的这一理念的感佩。

除了这些"下沉"用户及对口创作者，快手同样也不缺其他来自一二线城市的群体。也许因为发展阶段的问题，快手率先占领了三四线的市场，但早在你察觉之前，他们便已开始向上拓展了。

不信你仔细看看，你在其他平台刷到的达人，是不是也在快手经营一家"分店"呢？难道他是来这里收割三四五线的受众吗？疫情期间，快手在尤伦斯当代艺术中心举办了一场音乐会，邀请了新裤子乐队和坂本龙一参加，又邀得周杰伦入驻，也是快手向一二线城市人群发起"攻势"的表现。

与此同时，一贯被大家视作一二线短视频阵地的抖音则开始了下沉工作，在其中也涌入了许多"土味"内容。在这里举例有点儿敏感，但我相信大家只要稍微想一下，就能想到好几位以此为风格的达人，和各种"动次打次"的"神曲"和舞蹈。

"快手抖音化，抖音快手化"，这是近两年短视频行业里流传的一句话。我不清楚两者是真的有意在靠近，还是从一开始大家谁也没打算在这方面彼此区分，但从结果来看，这两个平台从内容上已经越来越同质化了。因此，建议运营者在选择平台时也能摘掉有色眼镜，更加客观地看待快手。

（2）运营人必须认知快手社区下的算法机制

相比于其他短视频平台，快手显得更具社交属性。用户在快手上发布内容不仅仅能够获取流量，还可以借此找到志同道合的伙伴。

逐渐形成社区文化的快手，意识到社区生态中很容易出现流量两极分化的情况，便在算法中引入基尼系数，尽量使流量不会过度集中在头部内容上，以达到均衡地分配流量的目的。

快手首页的四大类目是"发现""精选""关注"与"同城"。每个发出的作品都有可能进入这些流量板块。

"精选"页面与抖音平台的内容呈现形态是一致的，操作方式和具体按钮设置也与抖音基本一致。"发现"则是信息的另一种体现，是以瀑布流的方式展示的，这是延续自抖音问世前的短视频平台的"经典"界面。无论哪种，推送的算法逻辑与抖音平台都是十分相近的，同样也是基于点赞、评论、转发、完播等参数来选拔优质的视频内容；也同样是根据用户喜好进行个性化的推荐。

"关注"页面对应的流量就是关注账号的粉丝群体，在这个页面的元素有三个：作者的头像、与自己是否是好友关系、发布视频的时间。这里特别要说明的是，这边发布视频的时间是按照先后顺序排列的，也就意味着，运营者需要尽可能高频地发布内容，让用户的关注页里每天都能看到自己发布的新内容。

而"同城"页面对应的流量是所在的城市。在这个页面中，主要元素就是地理位置，根据距离账号定位的距离远近进行推送。但是需要说明的是，同城并不意味在该定位下发的内容都会被该页面推荐，主要还是要看算法的内容审核和推荐机制。

可以说，快手在内容推荐和呈现上，比起抖音似乎并没有那么追求极简，而是试图提供多种入口来匹配多种获取信息的路径诉求。这当中多出的实际上又体现着快手注重人与人发生情感的"社区文化"。

（3）快手直播越战越勇，破圈进行时

现在公众都在把短视频和直播放在一起来讲，但你知道吗？在目前一众短视频平台中，直播电商业务发展最顺利、用户规模最大的玩家就是快手。快手在广告领域的收入仅为抖音的六分之一，而快手的直播电商转化率确是抖音的5~10倍。

截至2020年上半年，快手直播的日活跃用户已经达到了1.7亿，而在此基础上，其直播更在"价值普惠"的算法引导下，逐渐从电商基础上又衍生出教育、新闻、娱乐、健身、汽车、餐饮、房产和家装等多个垂直分类。

以音乐为例，快手2019年底上线了独立的音乐板块："快手音悦台"；并在同城和侧边栏提供了独立入口；在汽车领域，上线了"快说车"；在房产领域，上线了"快说房"等。由此可见，快手非常重视垂直类直播内容。

为什么快手是一个定位短视频内容的平台，要布局如此众多的直播板块呢？

这就要从快手定位兼具社交属性的综合性服务平台说起。快手对待平台上每个用户的态度，就是希望大家都能参与其中。在快手上，每个人都能找到属于自己的社交圈子，在此基础上，直播就成为加强圈层互动的好工具。

我们认为，快手未来还会继续发力直播业务，不断地向圈外拓展，形成垂直类行业的势能。这对于每一个快手播主来说都是不可错过的机遇。

作为运营者，尤其是对于直播电商有所规划的运营者，应该看到快手直播的商业价值。

3.微信视频号：无可替代的"私域杀手"

微信视频号是起步最快、最迅猛的短视频平台。借助微信的庞大用户基数，视频号问世不久之后就声名大噪，成为当下很受追捧的新锐平台。

至此，腾讯在短视频领域屡屡折戟沉沙之后，终于打了一把翻身仗，颠覆了过去大众（甚至包括短视频行业）认为其与短视频无缘的长久印象。

当然，在视频号的研发团队看来，事情的初衷可能没有这么夸张。在和其产品团队一位成员的交流中我获知，视频号最初是作为他们用于完善微信内容生态的一环而研发的。微信公众号近几年逐渐势微，微信需要一个新的内容信息载体，与公众号配合起来，补足微信增长乏力的内容板块。

在2020年微信公开课上，张小龙说："相对公众号而言，我们缺少了一个人人可以创作的载体。因为不能要求每个人都能天天写文章。"视频号就是微信基于"再小的个体，也有自己的品牌"进一步思考的产品。

很多人会说腾讯之前的短视频"全家桶"输了与抖音、快手的战斗，就想在微信视频号这里重新扳回一城。在我们看来，微信视频号和抖音、快手那类典型的生态产品还是有着非常明显的差异——从本质上来看，根本就不是一类产品。与其说视频号是在与抖音、快手抢用户，不如说视频号是微信在短视频内容形式上的一种补充。

接下来我们就来谈谈这个平台的更多相关内容。

（1）区别于抖音、快手，微信视频号的几大特点

在运营平台推荐中，微信视频号并不能排进前三。换言之，它并不在我们建议的"第一梯队"中，是我们建议在经营好其他平台之余有余力再兼顾的。所以我们研究它时，我不打算像抖音、快手一样带着大家建立"面"上的认知，而是希望直接切进它最不同的几个特点上，揭示它与"第一梯队"的互补之处。

当然，如果你认为这些与众不同的地方刚好对你来讲非常关键，那么你当然可以选择优先运营视频号，去享有这独特的价值。

下面具体来讲讲：

第一，得天独厚的私域优势。这明显是和研发团队的初衷有关的，视频号丰富了微信生态，微信生态原有的其他板块也就能够反过来补充它了。在互联网世界，微信就等于私域流量池的半壁江山。公众号、朋友圈、微信聊天、微信群……这些产品无不便利了我们围绕个人经营的影响力。

而现在视频号一下子与这几者实现了打通，不光可以不压缩、不限时地出现在朋友圈、私信和群聊里，还能挂上链接直接引导跳转到公众号里去。更"可怕"的

是，它新近还支持了直播功能，对于运营能力强的人来说，输出、推广、引流、沟通、沉淀、转化获利、品牌反哺尽可以在一个微信里全部搞定。

从这个角度来看，在整个短视频平台领域中都没有人做到过。

第二，"虚线人群"的覆盖能力。在罗永浩还没有离开锤子手机的时候，他在发布新功能时几次用到过这样的句式：当智能手机飞速发展时，哪个群体被我们遗忘了？如果没记错，他有提过老年人，也提到过盲人，在锤子科技的产品团队看来，这些人群的特殊需求并没有被过去的智能手机厂商关注到，于是便成为手机品类的"虚线人群"。

而对于短视频行业，其实也有这样的人群。即便在抖音、快手神仙斗法、各路达人、MCN、短视频IP轮番轰炸之下，仍然存在一群人不为所动，并隔绝于这风口之外。但这些人群竟被视频号纳入了"彀"中。

比如，我从事传统行业的父亲，我平时只用手机通信和看新闻的恩师，我从事微商的邻居，我远在海外务工的舅舅……过去别提刷视频了，连我这么多年在做什么工作都没弄清楚过。但现在，他们竟也开始用短视频填补碎片的闲暇了。

他们不是单纯意义上的"下沉人群"，他们只是对于互联网不敏感。但就因为这样，过去的短视频平台都没有很好地关照到这些人，使他们成为短视频时代下的"虚线人群"。这很可惜，因为他们也有创作的条件，也有消费的能力，无论从哪个角度来看都有着一定的价值。

而现在这种情况终于改变了。

坦白来讲，比起视频号上线不足半年日活跃用户便突破2亿的数据，这样发生在身边的改变更让我震撼。我更感慨视频号更进一步拓宽短视频受众群体的力量，并认为这是不同于先前任何一个短视频平台的伟大之处。

第三，内容暂时普遍趋于简单。许多年轻人不喜欢视频号的主要原因在于里面的内容过于基础，要么是各种大叔对着镜头和你聊天，要么是不知哪儿来的讲师给你分享"干货"，要么是微商在里面粗暴地卖货，要么是各种搬运的鸡汤、新闻和养生帖……而好看的小哥哥、小姐姐、抖机灵的段子手、小众却"宝藏感"十足的动画、具有相当深度的知识讲解似乎却少了一些。

这是为什么呢？

首先，微信普遍覆盖的用户特征导致这一平台的受众没有其他几个平台那样相对聚焦，同时内容的平均基准线也就被拉低了。再考虑到上一条提到的"虚线人群"，我们似乎也很难强求他们刚"触网"就和我们一起欣赏"抖音体"的内容。

在"虚线人群"中，尤其值得一提的是微商群体，这是微信生态特有的一群人。他们一直以来像把双刃剑，一方面行事简单粗暴，时常影响整个朋友圈生态的秩序；但另一方面，他/她们又是十分庞大的用户群，传播力强，并能依托微信创造极大的商业价值。

对于微信来说，把他/她们放着也是尾大不掉，但如果能够巧妙转化成正向推动力（俗称"扶正"），又无疑是一笔财富。显然视频号刚好能够实现这一效果，微商们可以通过种草视频更自如地宣传自己的产品，同时这些内容又不至于随意散落、太过扰民。

更关键的是有了这一群体的加入，这一新产品的日活跃用户和推广便获得了强大的助力，打通直播电商后更能带动巨大的商业势能。

既然人群是这样，平台上主流的内容自然也要顺应这一具体情况。

其次，视频号中的互动情况是会被微信好友看到的。因此，用户每一次点赞、评论时都无法像在抖音、快手那样无所顾忌。在社交关系这双"道德之眼"的无形注视下，视频号的内容互动性自然也就小于其他平台。由此也导致内容相对偏正、拘谨，泛娱乐的内容更多只是作为一种补充，并不构成主流。

最后，这也和这一平台尚在早期有关。早期的平台缺少原生优质内容与成熟内容创作者进入，势必"内容力"薄弱。同时微信直通决定了视频号使用的低门槛，于是涌入了许多业余选手，这就造成了我们现在的这种印象。

但作为在图文自媒体时代的强大势力，相信微信一定不会缺乏解决这种问题的实力和方法。假以时日，待平台渐渐完善，这一情况也非常有望得到改善。

（2）哪些玩家最适合当第一批吃螃蟹的人

第一类是公众号作者。这类人群有着"先天"的优势，他/她们本身已经坐拥一定数量的订阅用户。而视频号为了更好地服务公众号作者，额外开放了相册上传的图片视频，进一步降低了图文作者的视频转型门槛。有了这些便利，实现从公众号到视频号的跨越未尝不是一件现成的好事。

第二类是B端企业。微信和微信企业号的打通，已经让很多企业看到了私域流量的巨大价值。接着玩转视频号、补足企业订阅号的内容短板，也符合企业在5G时代布局短视频的基本诉求。

第三类是微商群体。视频号正是微商一直在寻找的合乎微信规则的曝光方式。将原先在朋友圈发布的"扰民"式营销，转化至更开放、更包容的视频号中。

（3）视频号的推送组合与运营打法

微信视频号的入口在发现页朋友圈的下方，与朋友圈呈平行关系。在微信中运营短视频，势必不会像抖音、快手这类独立App一样，运营人需要考虑社交关系对于内容的影响。用户对作品的评论、点赞行为都会被自己的微信好友看到，并以此反向促进这条内容向好友范围的推送。

除了社交关系对于内容的影响，微信还特别地将内容呈现方式设计为1∶1非沉浸式的瀑布流界面，方便用户筛选内容。微信并不想让用户在视频号里刷得停不下来，如何让用户在很短的时间内获得最有价值的内容才是微信更看重的。

当然，有好的内容是远远不够的，微信需要为视频号匹配智能的内容推送机制，一方面保障用户获取所需信息的准确性；另一方面也能更好地给到创作者正反馈，激励持续生产内容。

由视频号的顶栏分区可以看到，目前有"关注""朋友点赞""推荐"三种。由此我们可以推断出，微信视频号大致分为三种分发机制："订阅推送""社交推送""算法推送"。

"订阅推送"很好理解，作者在发出新内容后，系统会主动推送给订阅过的用户。我们观察发现，"关注"推荐的内容是从用户关注该账号的节点开始，按视频发布的先后顺序排列的。

在微信发现页的视频号页面上，当用户关注的视频号发布新内容，会带上类似于朋友圈一样的红点提醒。因此保证稳定、高频的内容输出，是视频号玩家以内容建立粉丝圈层的必然要求。

"社交推送"这个功能与大多数的短视频平台都不一样。好友点赞过的内容会被推荐给用户，用户也能看到是哪些好友点过了赞。这让每一次点赞都有了社交属性，无形中会让用户与用户之间，会以点赞的内容来相互评判喜好。

内容能表现出明显的价值观，是让好友与好友之间相互认可的大好机会，也更有利于内容的社交传播。运营人要多关注、点赞与自己内容定位相类似的优质内容，让社交推荐帮助自己借势增加曝光。

关于其算法机制，首先，视频号会根据用户关注的公众号内容来匹配热门推荐。通过提取用户关注的公众号的标签，匹配相应的视频号内容，以尽可能贴近用户的内容口味。

当用户点赞了某条内容之后，重新刷新热门栏目，视频号新推送的内容不会像抖音那样立刻实时匹配相似的内容。从这里能看出，微信是在有意避免出现过度集中推送用户喜好的内容，造成信息"茧房效应"。

也正因如此，很多人说微信视频号的算法不够智能，无法与其他短视频平台抗争。但或许微信根本不在意算法是否领先——它在意的是用户本身。

视频号的出现是来解决微信用户不再从公众号认知世界的问题的。视频号1分钟的时长限制、支持图片视频、支持跳转公众号、沿用微信的用户名等，都是在完善微信的内容生态，旨在更好地服务微信用户。

对于运营人来说，无论视频号的内容如何变化，基于微信的社交属性一定不会变；而无论视频号的算法如何变化，基于微信好友推荐的模式也一定不会变。

4.哔哩哔哩：厚积薄发的年度新秀

我们最后一个推荐给大家的平台是哔哩哔哩，俗称"B站"、小名"小破站"。

如果你对于互联网不是特别绝缘，对于这个平台应该并不陌生。在相当长的时间它都作为国内知名"二次元"文化社区而存在，弹幕和鬼畜也让它时时出圈，偶尔刷出一定的存在感。就这样，它默默地作为视频行业一股小小的势力"圈地自萌"，低调地生存着，直到2020年。

在2020年你听到B站的消息，相信许多都是大事：跨年晚会超过各大卫视、《后浪》三部曲刷爆全网、"阿里七子"强势入驻、《风犬少年》清新出道、《说唱新世代》解锁中文说唱新玩法……不鸣则已、一鸣惊人不说，而且招招惊人。

就这样B站彻底出圈了，以全新的面貌：它俨然从ACG文化的代言人变成了整个"Z世代"文化的俱乐部。而瞄准这一巨大的价值，更多人开始关注这个平台、更多营销项目指定合作这里的达人，这个原本的"小破站"直接变成了炙手可热的"军争之地"。

我们同样也对这个平台报以高度的热情，并将之列入"第一梯队"推荐给大家。不过我们这样做的理由当然不是跟风，作为一线短视频团队，我们对于这个平台的价值有着自己的判断和思考。这里就和大家分享一下。

（1）B站，"牛"在哪里？

我们像建议大家摘掉"土味"的有色眼镜来看快手一样，希望大家在审视B站时也能把"二次元"的旧有认识放一放，不如此则不足以充分开发B站的价值。

那么说得这么玄乎，这个平台到底有哪些神奇之处呢？

1）它是长视频归位视频营销版图的最大希望

看到这里你也许会"虎躯一震"：什么？B站是个长视频平台？你在一本短视频书里推荐了一个长视频平台？

是的，确实如此。客观地说，B站并没有自己站队"短视频"或"长视频"，它只是没有对站内的内容进行时长限定，于是其中有短视频，也有长视频。不过从其优质内容的平均长度来看，10~20分钟确实也远远超出了行业对于"短视频"的界定。

不过它与"爱优腾"不同，十分值得广大短视频人深度关注。因为它作为内容赛道上的不可忽视的黑马选手，主要吸引的受众与短视频平台的重合度极高；同时在其中创作与运营的思路、方法也与短视频十分相近，越来越多短视频创作者也正在B站开设分号。

就这样，长视频领域不再是影视、综艺这样的PGC内容独大，也第一次出现了大规模的UGC生态——这将是长视频非常重要的一次进化。

从学理上来讲，长视频与短视频非但不是替代关系，还是彼此互补的：短视频擅长利用"短"的优势抓取受众碎片的关注，并形成广泛传播，但有限的篇幅能够承载的内容还是有限的。无论短视频如何强调"内容"都是很有限的内容。而长视频则刚好可以弥补这一点，这是一个真正可以让好内容尽情施展、肆意延伸的载体。

从应用的角度出发，在传媒与营销当中，其实对这两者都有需求。就像过去的营销中我们常会用简短的微博炒话题、做传播，同时用翔实的公众号、论坛、门户网站透露详细内容一样；当信息传媒从图文转变到视频的时代，人们也将借助这一长、一短两种视频形式来做类似的事情。而那时，长视频将重拾前些年被短视频压制住的光环，重新回到大众传媒的视野，以新的角色释放出更大的价值。

目前具有一定规模并有望健康发展，在与短视频的交融中引导大众意识的长视频平台，放眼一望，也就是B站最靠谱了。

2）B站是深度内容的"福地"

虽然目前各家短视频都希望兼顾多种人群，让不同兴趣、不同类型的人都能在里面遇到自己的"群"，但当发展出一定的体量时，也一定会陷入人群偏向之中。也许这一情况的形成是一种"天时地利"的偶然或"蝴蝶效应"，并非平台有意引导，但当一种氛围形成强势时，势必会影响其他人群的进入。快手因为"土味"至今还会让一些创作者畏而止步，就是一个活生生的例子。

而笼罩在所有主流短视频平台头顶的这种氛围，是"泛娱乐"。许多受教育水平良好、内容深度要求较高的朋友们（注意我只是说"这些人"教育水平是高的，而不是说短视频平台和其上的人是低的，别误会）总会抱怨短视频平台里没有他们喜欢的内容，整个氛围太"浮躁"。

虽然很不愿意承认，但客观来讲，似乎真是这样的。也许是因为短视频本来就不擅长传递深度内容，也可能是迅速成熟的商业机遇使得创作环境没有沉淀出足够的底蕴，总之，无论抖音、快手还是视频号、微视，都没有生长出特别多进行深度内容创作的创作者和与之对应的受众。这时，一些擅长此道的创作者就尴尬了，即便开了个号，也是面临"曲高和寡"的局面。

不过在B站就不存在这种情况。相反，这个地方聚集了许多在各个领域具备知识的原创UP主，一些具有内涵和思想分量的内容也总能在这里收获掌声。这些深度内容和娱乐氛围在B站融合得很好，即便是财经、法制这样的"硬核"板块，也能走出"半佛仙人""罗翔老师"这样的人才。

这或许要得益于B站特色的用户"考试"传统，又或许因为其最初聚集的"二次元"群体本身也是些学生或受教育良好的人群，具体已难深究。但毫无疑问，这是一个十分独特、异常宝贵的价值。

3）B站也许是氛围最好的"Z世代"聚集地

这不是我说的，它的出处是B站的当家人陈睿。不过这并非他"王婆卖瓜"式的自吹自擂，只要你玩过B站超过1周，或许你就会知道其所言非虚。

什么是好的氛围呢？创作者不浮躁、不功利，持续输出好内容，即便在收入微薄的情况下；受众讲文明、少戾气，不在弹幕骂人，遇到UP主接广告"恰饭"也会善意地给到支持；平台有着独特的风气和风格，不会随着商业化和资本化而轻易改变；无论创作者、受众还是平台方，都用自己的方式守护着共同的兴趣，并拥有属于它们的"黑话"和"仪式"……而这些B站都有。

这一情况并非一朝一夕建设完成的，它得益于B站十多年来坚持营造的社区文化，和早年作为少数人基于兴趣而组成的历史"基因"。当然更少不了平台、创作者、受众三者围绕着优质内容达成的三方默契。这些原因说起来容易，但却并不是随随便便便能模仿得来的。

这些情况带来的直接价值就在于，B站的用户黏性极高，无论对平台还是他们喜欢的UP主。我们在这本书中不止一次强调：做账号最重要的不是粉丝数，而是粉丝黏性，只有高忠诚度的粉丝才有价值，这和"并不在多而在精"是一个道理。因此业内有句话说：B站的1万粉丝能顶抖音10万多粉丝。

在这样的条件下，平台的长久发展就很自然了。现在短视频风头正劲，所以短期来看，各个平台你方唱罢我登场，似乎都展露着年轻文化的蓬勃朝气；但这还远远不够，无论是"Z世代"的年轻人本身还是对他/她们紧紧关注的群体，更需要一个可以持续生长的基地。而此时，B站变成为这样一个颇被看好的"种子选手"。

综合以上三点，总之，B站是个"清流"、是个"异类"，它的价值在当下是罕见的，在长远者是可期的。也许目前它还没有完全强大到让人立刻就能获得可观的收益，但却是一个非常值得以投资的眼光长远布局的平台。

（2）B站的推荐机制及运营要点

B站的推荐机制依旧和抖音很像。同样是基于标签针对性分发，也同样是基于一些指标来由算法判定一条内容的表现。只是这里有一些小小的差别：

在B站，标签并不只有等待平台给你来贴这一种方式，创作者自己也可以自己设置。在上传内容时，就可以在标签栏自行定义视频所属的标签，这就使得我们在面对算法时不是完全被动的了。

而在算法判定内容优劣时，除了抖音的那四个要素，B站还会进一步考察收藏、投币、弹幕等几项参数的表现。

这里收藏与投币背后的行为动机和点赞是类似的。所以仍然可以用之前提到的引人点赞的思路来做。也正是如此，它们和点赞一起并称"三连"，在B站是可以通过长按点赞按钮统一给出的，即传说中的"一键三连"。哦，对了，这里的投币消耗的金币并不会关联我们钱包里的"真金白银"，所以大家不必顾虑，喜欢一个视频就大胆给它支持吧。

弹幕则是评论的延展，所以也可以参照解决评论的思路来做。不过比起抖音，B站对于要"三连"、求弹幕的要求松得多，所以UP主还可以比运营抖音时多出一招——光明正大地要。当然，在B站这样的地方，你大可以把这件事玩出一些梗和花样来，这样会比毫无技术地直接要效果好得多。

除了算法之外，B站还保留了传媒行业历史悠久的"编辑推荐制"，即编辑可以对其看好的一些内容进行人为推荐。在算法主宰短视频平台的当下，这样的做法开始看起来还有点儿让人不解，但慢慢便显示出了其优越性：

这样做的好处在于有效补充了算法推荐的短板。很多时候数据表现好的作品，或者绝大多数受众"投票"选出的作品只能证明它是在一个偶然的机遇下调动了许多人的情绪，但这并不能证明它是一个好内容。

与演员一样，流量确实能够意味着商业价值，所以单从商业的角度来看，用这个来选拔种子选手无可厚非；但我们同时也要看到，许多演员流量一般，但他们确实是当之无愧的好演员，是能呈现动人心魄表演的艺术家。如果只是因为流量表现和是否能调动许多少男少女冲动消费者一个维度"一刀切"，使这些好演员久久埋没，让流量偶像来构成这个时代的表演主力，这显然是有大问题的。

所以，B站通过算法筛选具有流量价值的作品之余，也会让许多有价值但数据暂时表现一般的内容也同样能实现曝光。大流量有时是需要一些运气的，不是内容好就一定会在流量上体现，但有时经由编辑推荐被更多人看到以后，这些好内容反而会获得大量的流量反馈。

所以我们常说B站是个真正懂内容人的视频平台。

至于其运营要点，这里我们主要讲两点：

第一，一定要尊重B站的内容调性。一个氛围很好的社区，往往创作者和受众之间都会在某些方面形成一些默契，内容调性和话语体系就是其中的一部分，此时创作符合这种调性的内容就是一个明智的选择。

在B站，年轻态、轻松化、二次元、重创意、不浮躁、少戾气就是主要的平台调性。所以打官腔、"割韭菜"、粗劣浮躁的内容就先歇歇吧，这样根本无法和这上面的受众们"玩"到一起。在B站上放的内容最好可以专门规划，就像钉钉、拼多多在B站发的内容就很因地制宜，"鬼畜"的《钉钉本钉，在线求饶》和"中二"的《拼多多JO化》都不是其本来习惯的表达体系，这都是为了B站量身定制的。

因此，如果你说要把原本发在抖音上的内容同步发布在快手和视频号上我们不反对，但如果说要直接同步发到B站上，我们就不太建议这样做了。既然认同并想要攫取B站独特的价值，也希望大家可以舍得为它匹配独特的内容。

第二，要注意经营自己的"电磁力"。"电磁力"是B站衡量账号优质程度的指标，它由考察原创能力的"创作力"、反映粉丝活跃度的"影响力"及评估是否行为健康的"信用分"三个维度组成。

在这样的体系之下，视频的发布与运营就不再是一件创作者想"随缘"就"随缘"的事，而是会和账号建立起非常直观的关联。根据"电磁力"高低的不同，账号可以被分为7个等级，不过这个等级只会关联账号在创作、转化获利、平台服务等方面的权限多少，而不会对推送和流量有影响。

（3）商业化转型：B站大成前的重要考验

11岁的B站是个矛盾体：它的"破圈"之路虽然精彩，商业化方面却仍是个问题。据统计，2019年B站亏损近13亿，与其他主流视频平台相比，这一点无疑是个遗憾。

欲戴皇冠，必承其重。既然选择了要在视频内容这样一个商业氛围浓郁的赛道上和抖音、快手等选手同场竞技，B站就要想办法正视这件事，毕竟潜力再大也得先活下去。

B站在商业方面的尴尬是多方面决定的。

第一，与很多竞品开始就是冲着盈利展开布局不同，B站最初更多的是一个基于兴趣的社区，并没有那么直接、急迫的盈利冲动。

第二，内容和商业本就是此消彼长的矛盾双方，而在这方面的取舍上，B站至今仍然更倾向于内容多一些，于是没有采取许多能够做出商业增长，却有损内容氛围的举措。

第三，在大众化和商业化转型的进程中，因为不想让原本属于自己的小天地慢慢变得大众，并染上铜臭气，最初积攒下的二次元兴趣群体或多或少带来了一些阻力，这也使得平台的动作无法那么快。

不过近年来，更新发展定位的B站始终在为之努力："花火"广告撮合平台、电商嫁接、自制IP、直播、游戏、知识付费……B站不断尝试各种能给平台和平台上的创作者们实现商业增长的盈利点，举措肉眼可见。

这些效果最终能否有效地改变局势尚不好说得太早，但B站终于能够克服许多包袱和阻碍、打起精神来发力商业，这无疑是个非常好的开端，我们也表示由衷支持。虽然我们最初也是被B站浓厚的兴趣社区氛围吸引来的、多少会担心商业化会使得原本的这些变得不再纯粹，但从视频行业从业者的角度来看，这又是一个此时此刻必须做的事——毕竟负重须体强，越独特的价值、大的创新、担负越多人的情怀与希望，就越需要真正强大的体量来承载。

而如果B站的这次转型能够成功，以其对内容的理解深度和社区氛围的良好积淀，在内容与商业间找到一个新的平衡点、为行业探索出一个新的发展范本，实现一场"理想主义者的胜利"也是非常可能出现的事。

同时，对于广大内容创作者而言，我们也建议大家关注B站的这些行为，配合平台的节奏来采取措施——任何时候，紧跟平台趋势都是运营者明智的做法。也许错过了抖音、错过了快手，但现在同样优秀的B站也开始了商业化布局，这时你兴许会成为在这里吃到第一波红利的人也未可知。

:: 4.7.3　短视频转化获利

无论是企业、机构还是个人，大家加入短视频这场"游戏"中来，都希望能从短视频这片价值洼地中找到属于自己的财富。

这一节我们将会具体介绍短视频转化获利的几种形式，并且给出实实在在的建议，让大家能够清晰地了解短视频转化获利的几种方法。当然，我们不会大而全、穷举短视频所有的转化获利方法，而是在我们经过团队的实战经验中推荐几种方向。

而在这几种推荐的方向中有一个比较特别，就是短视频电商转化获利。因为它是目前短视频转化获利中玩得最热闹、品牌主们也非常感兴趣的转化获利模式，同时与电商结合也是几乎所有主流短视频平台共同发力的方向——可以说，"电商内容化"和"内容电商化"正是当下自媒体短视频领域的主题。

所以，在广泛介绍完几种转化获利形式之后，我们还会对电商带货这种形式仔细讲解一番，从其原理、价值到一些具体的操作建议。希望大家能够感受到我们创作这本书时对于"当下"和"及时"的重视。

1.几种推荐的自媒体短视频转化获利模式

（1）广告转化获利：内容转化获利的经典玩法

在大众的传统认知里，电视台是专业媒体专属的资源。电视台非常重要的一项营收就是接广告，通过制作精致的节目对外进行广告招商。这种盈利模式，本质上是在售卖广大群众的注意力，帮助品牌攫取受众心智。

同样的，短视频自媒体也拥有生产优质内容的能力，加上短视频平台的用户体量，完全可以依靠售卖广告来转化获利。相比于电视台传统的贴片或者插播广告，短视频因其更短的制作周期和更快的传播速度，反而更容易受到广告主的青睐。

广告主可以根据短视频账号的粉丝画像，结合商品或者活动信息，专门要求账号主定制一条软植入的创意内容。抖音上的"我是不白吃"美食号，就是在介绍特色美食的时候带出广告主的商品，品牌传播和带货效果都非常好。

要通过这一模式来转化获利，积攒足够的流量是一个前提条件。打广告的方式可以采用剧情软广告、测评种草或加片头口播等方式来做。如果可以，请尽量把它做得有趣、巧妙，太直白、太生硬就算平台不限制你推广，受众也会用脚投票"惩罚"你的。记住大家不讨厌广告，但讨厌难看的广告。

关于接广告的途径，你可以自己联系广告主，也可以通过一些平台自有的撮合平台，比如抖音的"星图"、B站的"花火"等。这些撮合平台一方面为了给账号主提供更多的转化获利来源、激励账号主持续稳定地生产优质内容，规范管理账号主的接单行为；另一方面也是为了保障广告主的权益，让其能够通过平台快速了解账号的情况。

（2）电商转化获利：越发开放的主流形式

前面平台简析中，我们就提到了在短视频平台的发展趋势中，电商将是几家共同的发力方向。电商带货内容可以做成剧情、科普、测评、种草等方式。

嗯？等等！

说到这里也许你的脑中也会产生这样的反应：这怎么和上面说的广告植入的内容方向这么像？

是的，就是这样。从内容的角度来看，这两种转化获利方向依托的内容题材都是共通的，它们只是在"钱从哪儿来"这个问题的回答上有所不同：广告转化获利主要是靠帮助广告主做"品牌"来获得一次性的收入；而电商带货则是靠销售他人的东西赚佣金或销售自有的产品赚取直接利润来获利。

如果你代卖的商品在视频平台支持链接的电商平台上有货，随视频或在你账号能够上架商品的地方（以抖音为例，可在商品橱窗、小店、小黄车等位置挂链接）就可以带货了。这时如果有广告主来找你合作，你大可以既帮他们打广告，也帮他们代销，赚取广告费和佣金两笔收入。

不过从行业的平均情况来看，除了流量情况极好、粉丝黏性极高的少数账号之外，靠帮人带货赚佣金都不如经营自有品牌获利多。因为当你对接一个商家要帮人带货时，他们一般只是会把给你的价格定在比正常购买便宜、和搞活动时差不多的程度，仍然不会把厂家自己的利润空间压得太多。

比如一个商品正常定价100元，给你的价格是70元，但它本身的成本实际上是20元。这时你只能借助从100元减到70元带来的30元价差促使你的视频受众在你这里而非直接去其他渠道购买这款产品，并从中抽成。但如果这是你自己的商品，你完全可以把链接价格定在40元，然后去赚它比起成本多出的这20元利润。这样不光你自己卖出一单能得到的更多，也能呈现一个更有竞争力的低价给消费者，促使他们多下单。

另外，广告转化获利更多的还是要单体账号粉丝足够大，而电商带货转化获利则更自由一点儿，可以依靠矩阵来做。这是因为广告转化获利第一要引起广告主的重视和兴趣，第二讲究粉丝精准，所以散布在多个号上反而增加了不确定性、减少了吸引力；但电商带货是一个结果导向的事情，"黑猫白猫抓到耗子就是好猫"，这时如果你有50个中小体量的号，每个号都能通过内容转化5笔订单，客观地讲，这要比一个对带货不在行的大号自己带成绩还要好。

当然，上面这些并不是我们关于短视频电商转化获利想和你说的全部。关于更多、更详细的解说，在这一章的末尾，我们会来具体讲解。

（3）引流转化获利：转化获利在视频之外

广告和电商是两种比较常见的直接"恰饭"方式，但谁说我们只能在账号短视频内部找转化获利点？当我们不把短视频内容看作资源位、售货窗时，还可以把它作为一把引流的"剪刀"来使用，即利用它能够有效收获关注的特点，将这些聚集在你视频上的眼睛引向其他地方，然后在那里"收割"他们。

这种玩法比较常见的有以下两种：

1）直播转化获利

"OMG，所有女生，买它！"

"感谢老铁送出的火箭，谢谢大哥的嘉年华！"

类似这样的话语大家一定不陌生，这就是我们说的直播转化获利——将短视频的粉丝导向你的直播间，然后既可以赚取礼物打赏，也可以直接带货。

前面我们说过，直播和短视频是互补的，短视频适合抓取人群碎片的注意力，而直播因为即时性和实时展示商品，所以带货的效果更好。目前我们在上面推荐的四个平台都已经支持直播，所以很容易就能实现从短视频向直播间的引流，当然观看你直播的粉丝也可以转变成你的短视频受众。

对于运营者来说，短视频和直播的互相滋养是很好的一件事，在一些平台上还可以获得更多的推荐量（毕竟这是个很捧场的表现），所以即便大家不打算通过直播带货，也可以开通直播。

2）企业平台外引流

如果你是一个企业，本身就在经营自己的业务线，那就可以把自媒体短视频的流量引导向你本来的主体业务上。比如我们来画公司就可以把抖音号中的粉丝引向我们的平台工具上，让他们购买体验我们的账号；餐饮店可以在他们的短视频内容中展现他们餐厅的环境、美食，并通过定位或留言评论的方式把好奇的粉丝引到店里消费。

同样，无论你做什么，也可以这样把你的自媒体短视频当作你自己的展示站，想办法把这里的流量转化成你主业的消费群体。只是这里需要大家先解放思想，把自媒体短视频转化获利的理解放宽到"间接转化获利"的程度，然后从前期账号定位时便要想好用什么样的内容，可以既吸粉又能让你的引流变得自然不生硬。

目前这种思路在餐饮、密室逃脱和教育培训等少数几个领域被实践得很好，其他行业要么把自媒体内容单纯当成一个生硬展示的地方，要么把账号和主页看作了两个彼此割裂的部门，没有构建起有机的联系。希望看到这段内容的你可以有所启发，踊跃地把这个思维应用起来。

（4）更多元的平台转化获利方式

上面是目前短视频转化获利领域的一些"大流派"。而除了它们，头脑灵活的从业者们还开发出了一些其他的转化获利方式，下面我们就简单补充几条"非主流"的小玩法。

1）平台激励转化获利

短视频平台在争夺用户的同时，也在抢夺上游优质的内容创作者。很多平台的任务中心里会不定期发布奖励任务，账号主需要按任务要求创作内容，平台会根据视频的播放效果直接发放现金奖励。

而B站还在这种玩法的基础上多出了一个更普惠且常规的方式：创作激励。当你的"电磁力"中创作力达到55、信用分达到80就可以开通这一权限，然后接下来你的视频每获得10 000播放量就可以进账约30元。

不过就目前来看，各平台悬赏激励单次任务能够给到的奖金一般都非常有限，且集中分配给了播放数据前几的内容；而B站的创作激励也如大家所见地同样很少。所以平台激励更像是"餐后甜点"，大家尝尝即可，并不是一个可以主要依靠的转化获利途径。

2）代运营服务

当短视频团队拥有成功的账号孵化经验，就可以尝试给有意向做抖音账号的客户提供代运营服务。当然，与运营自有账号有所不同，此类客户一般都会在合作之前给出明确的运营指标要求，包括粉丝量、播放量、点赞数等，有的客户还会要求维护和沉淀账号粉丝。如果你能按照KPI指标完成任务，就能获得全额的报酬。

单从转化获利角度来看，代运营的收入还是相当可观的。不过代运营的盈利能力很大程度上取决于团队的专业实力，毕竟代运营合同上白纸黑字的指标是必须要达成的。

所以，我们建议如果大家看中了代运营这个盈利模式，就一定要做好团队的修炼工作。从内容创作到平台运营、从项目管理到资源整合，每多一项能力，就多一分达标的保障。

3）售卖账号

有一定粉丝数量的短视频账号会成为一个具备交易价值的资产。所以，现在行业里也存在账号买卖的情况。

目前推动账号买卖的主要动力来自需求端。有一些公司认可短视频平台的价值，想要布局却又受制于人力、财力，索性便会直接采取走捷径的方式——购买账号。通过改名和重新认证，就能快速给企业或者个人带来一个可以对外展示的粉丝账号。

不过在此建议大家慎重买卖账号。一个原因是目前大多数短视频平台并不是粉丝推荐制，就算买来了百万粉丝的账号，没有优质的内容支撑，这个账号迟早也会陷入降权、掉粉的境况；另一个是因为交易有风险，账号的买卖行为属于虚拟交易，一旦遇到商业诈骗，任何一方想要维权都将十分困难。

2.从原理到操作，了解短视频电商转化获利

关于在这么多自媒体短视频转化获利模式中我们为何"独宠"电商转化获利，

上面已经说过了，是因为目前无论平台、品牌方还是创作者和受众，都对此抱有极大的热情。

这是为什么呢？

在碎片化时代，人们更焦虑，越来越求快。越来越多的人并没有耐心静下来读一本名著、看一部有深度的电影或听一段舒缓的古典音乐。木心先生在《从前慢》诗中说从前的日子"车、马、邮件都慢"，但现在，特别是在城市化进程中的人们，日常做事的心理活动是：我时间紧，快快快！年轻人甚至在倡导一种"及时行乐"的观念。

在这样的情况下，人们做出购买决策的速度也在加快。在购物模式上，至今为止我们大致经历了以下三个阶段：

在1.0的传统购物时代，某个品牌想要让消费者购买它的产品，需要先通过广告在消费者心中留下一个印象，消费者有相关需求时，会自行到实体卖场购买。"这个牌子我在电视上经常看到，买来试试吧"——正是基于这样的想法，品牌才实现了从品牌影响力到销售的转化。

这种传统方式的问题在于：要想让人买东西，周期太长了。

这时互联网的普及解决了从营销到购买路径太长的问题，又满足了大家足不出户就能买东西的需求。于是大家开始在网上搜索查看评论，找到答案后用电商购买产品，这就是2.0网购时代的购买方式。于是品牌开始关注网上的评论、用户的口碑，社会化营销也随之逐渐崛起。

而现在，你会发现人们变得更"懒"了，甚至都懒到跳过了搜索的动作。短视频达人和直播主播们帮消费者选出好东西，再通过他们的表演和互动让用户产生购买欲，便能让人立马下单。当你看一段抖音种草的短视频手机就这么轻轻一点，钱就付了。哪怕你第二天一早醒来有点儿后悔，但"既买之，则安之"，木已成舟了——这就是购物消费的3.0时代。

这种希望用最高效率、最小代价获得最大成果的心态，促使传媒一路进化到短视频，也使我们的消费进化到电商种草时代。所以"懒"是让短视频电商转化获利成为当下的热门，或许人类从很早以前便在潜意识中深埋着这种"懒惰"与"贪心"，于是当技术条件成熟了，这样一种解决方案便成为汹涌之势。

下面我们就来仔细谈谈在这样的大势之下，短视频电商转化获利怎么想、怎么做。

1 卖场时代

传统购物

先记住品牌
再出门到卖场购买

2 网购时代

懒得出门

用互联网完成搜索
通过电商平台购买

3 种草时代

懒得搜索

短视频、直播等方式
靠主播推荐，马上下单

（1）什么样的产品适合短视频电商转化获利？

适合短视频电商转化获利的产品，一般需要满足以下两个必要条件：

首先，低决策成本，也就是定价不宜过高。如果让KOL在短视频或者直播中卖车，不考虑薇娅这种连火箭都能卖的顶流大主播，这对大多人来说是很为难的。

我们常见到的适合视频种草的产品一般都是决策成本不高的品类，比如快速消费品（如饮品、零食）、日用品（如清洁用具、宠物用品），还有一些低价位的化妆品（比如口红、面膜）等。

其次，要有一定的品质保障，最好是"大单品"，也就是一个品牌用来发力的拳头产品。光有购买冲动是不行的，你的产品质量也得符合大家的期望值，大家喜欢花便宜的钱买东西，但并不会喜欢花便宜的钱买烂东西。如果你为了匹配低单价而甩出了一件远低于消费者预期的产品，那它并不能为品牌口碑创造价值，甚至会产生负面效应。

这时你也许会在心里犯嘀咕：又要我便宜，又要我保证质量，这样做会不会让我倒赔啊？如果你也有这样的顾虑，请仔细体会一下下面的这段话：

短视频电商的玩法打破了原有品牌先行的策略，而是讲究先造出一个爆款产品，再利用这个爆款的稀缺性、高性价比和差异化的特点去"教育"市场，获得用户认知和进行口碑传播，反向累积品牌资产。在这样的思路下，"信任"可以被快速地建立起来，并能够调动大量具有忠诚度的消费者自发传播商品的口碑，此时即便单笔利润不大，配合互联网所激发的动辄几万、几十万的订单量，真不见的不如原来单笔利润高但销量有限的情况。

另外，这里还是要提醒一下：无论KOL还是品牌方，都一定要明确短视频电商的目的，也就是"这件事对一个品牌产生了什么样的商业价值？"不能只是为了凑热闹，单纯地靠打折来促销。对一个企业来说，这样也许能短暂地赚到钱，但从长期来看却是在消耗品牌资产。所以还是要从内容到产品、从价格到传播，系统性地规划一场短视频带货。

（2）你需要知道的短视频电商操作流程

一般来说，短视频电商转化获利的操作流程大致可以分为以下四步：

1）突破门槛

即在短视频平台内获得开通电商功能的权限。一般为了维持内容的生态环境，避免出现"劣币驱逐良币"、机器人注册、营销号满天飞的情况而影响用户体验，许多短视频平台都会对电商功能设置一个最低门槛。比如抖音要求粉丝数达到1000且发布的非私密短视频数量不少于10条等。

那么作为想要实现内容转化获利的创作者，第一步要突破这个最低门槛，建立一个自己的流量池。如果能有垂直领域的定位，再配以持续稳定的内容出品，这个标准一般不难达到。

2）甄选产品

你有权利挑选你"代言"的产品，不过这不意味着你可以随性地按照自己的喜好来做这件事。一般来说，行业里已经总结出了一套基本的短视频电商选品方法，大家可以参考一下：

首先，确定品类，关联你所擅长的垂直品类。例如你家的猫是出镜对象，那就关联宠物用品。

当你没有选品经验时，可以让数据帮你说话。电商和短视频平台都有提供数据库，查看一下排行，可以重点看一下哪些产品是最近销售走势高的。

其次，评测产品质量。一定别让从你手中流出的产品有品质问题，现在即便是头部的带货达人，带货出现了品质问题也是一个很难处理公关的事情。如果可以，建议优先选那些自己熟知的、用过的品牌和产品。

再次，确定价格区间。选择你的受众能接受的价格，新人做带货的产品一般单价不建议超过200元。

再其次，关注回报率。如果你是帮别人带货，而不是卖自有的产品，那么就要看好它会给你匹配多少佣金。一般我们认为比较合理的佣金比例不能低于15%；当然如果是高价值产品，比例可以在10%左右，比如电器等。

最后，考虑产品的特质。一般来说，优选的次序为：功能稀缺的 > 有独特卖点的 > 性价比还不错的 > 一般产品。

3）关联内容

选好了产品就要为之匹配内容。建议你构建一个场景来展开你的内容，尽量考虑巧妙、和谐地植入，不要有太多硬广的痕迹。

记住，短视频与直播带货不同，我们的沟通场景通常不会是一个"卖场"，而是一个在受众期待中经过精心编排、加工的"作品"，所以要在技术上花一些心思。另外，再次强调内容标签的重要性。在制作内容的同时，一定不要忽略这一点，只有标签突出了，你的内容才能越来越瞄准对你真正有价值的目标消费者。

4）持续运营

做完某条内容之后，接下来还需要持续地运营。这时你需要持续关注以下几个方面：

第一，随时记录你种草视频的流量数据、销量数据、计算转化率。

第二，多看你这个赛道其他人的短视频和直播，对比跟你相同粉丝体量作者的作品。

第三，关注平台最新政策，包括扶持类型；如果你能加入其中，可以获得更多官方推荐的流量。

第四，策划一些小的互动活动，为粉丝用心准备一些优惠或者小福利。

第五，看看粉丝的留言和评价，有时你需要主动询问那些持续关注你的粉丝的意见。

（3）短视频电商与直播电商，两者的构成要素与区别是什么？

最后再啰唆一句，对比一下短视频电商和直播电商。这是因为这两者都是目前新媒体电商的热门领域，而就像前面我们要区分短视频与直播不是替代关系一样，也要对于这两种形式的带货逻辑做一个比较，以避免许多人"踩一捧一""顾此失彼"，割裂甚至对立地看待这两者。

事实上，短视频电商与直播电商也是互补的两种电销渠道，是企业互联网销售的"倚天剑"和"屠龙刀"，懂的人一定是将两者搭配，以使品销平衡、效果实现最大化。

1）直播电商

更多的情况下，直播带货是品牌为了某个特殊节点去找对应的流量主播为自己踢出"临门一脚"，你甚至把它理解成电视购物的互联网版本也没有什么问题。

直播带货通常是以一次商业活动来呈现的。如此一来，主办方需要考虑的因素就变多了，比如做传统电商的甲方经常提到的"人、货、场"：

所谓"人"，就是谁来播、谁愿意买。这决定着你选择的直播账号定位、IP设定和主播类型。

所谓"货"，就是你想买什么产品。这里包含产品的品类、卖点、定价、产品质量等信息。

所谓"场"，是指要在什么样的场景下进行这次销售。比如你要设计成怎样的氛围、用什么政策去激励、用什么媒介、怎么做话题扩散等。

直播种草中，大家更看重的是流量，也就是主播的人气，因为有流量才能够更多的带货。不过直播时长是非常有限的，有时遇到品牌"混播"，每个品牌用动辄几十万换来的带货时间甚至只有短短几分钟。在这种"寸土寸金"的要价下，再有实力的品牌也不见得能够持续高频地这么做。

此时就有人问了：企业不能自己做直播吗？

关于这一点，理论上当然是可以的。但我们并不建议，特别是对涉足这个领域不深的中小企业来说。总有客户主动提出想做直播，他/她兴奋地告诉我们：你知道直播种草吗？这比短视频更好，你可以和线上的人直接互动、在线答疑，多棒啊，你看竞争对手也在自己弄呢。

而每当这时，我们会问他/她："那流量从哪儿来呢？"这时他/她往往就蔫儿了。

直播能带货的前提是你有足够大的流量池，因为直播比短视频更难聚集人气，时间一旦错过内容就看不到了，一般靠现场抓取路人的关注，对于大多数人来说都是困难的。除非你们已经有了一个流量红人，比如CEO本来就是行业名人，那他/她倒是可以消耗自己的名气和流量来做一些直播。不过如果频次过高，也很难保证质量不降低、大众不厌烦。

而企业自己孵化直播网红就更难了。周期长不说，就算有了点儿成效，但这个人跳槽了、单飞了，你又该怎么办呢？如果有这个闲心，还不如把精力花在更能体现价值的地方为企业创造价值。所以在直播方面，对于大多数企业来说，不如多投入一些预算，把它交给专业的公司运营会更好一些。

2）短视频电商

相比于直播带货，短视频电商更偏向于一种营销。短视频作者会以合适的人设将产品的客观印象传递出来，基于内容营造受众对他/她的信任感。

这种形式与直接叫卖式的销售不同，它的回报会有一些延迟。也就是说，短视频对于带货的刺激作用往往不是立刻就能显现结果，而是在积累信任感并长期叠加后产生的一种量变效应。不过要看到，这种效应是与品牌积淀同步进行的，虽然进行没有直播那么迅速，但支撑着长久销售的品牌资产是在不断增加的。

要继续保持这一优势，短视频电商还需要紧紧绑定内容来做。对于内容的强依赖是短视频电商区别于直播电商的又一大特点。而比起泛内容来说，垂直类的内容规划明显要更适合电商一些。

一件产品刚开始营销时免不了激起一堆舆论的泡沫，但经过时间的沉淀，大家会主动过滤，渐渐仍然会选择自己判断或询问与自己喜好相同的那群人：你喜欢养狗，那你一定会更愿意相信那个也同样养狗的主播推荐的狗粮，因为他家的狗看上去毛色很好、很健康；你想学着做菜，你也会去关注那些美食主播用的是哪个牌子的食用油。另外，垂直领域的短视频能够帮助品牌更精准地找到用户，更容易嫁接品牌的商业价值。

为了让大家更直观地认知，我做了这张图表，归纳两者的区别，如下图所示。

直播种草	VS	短视频种草
流量	影响力侧重	内容
广泛	人群偏向	垂直
即时带货（销售）	回报效果	细水长流（营销）
做爆点"临门一脚"	应用场景	做长线"信任叠加"

通过这张图和这一小节的讲解，希望大家可以更清晰地认知直播、短视频这两种电商形式，在实践中有效地将两者综合运用，让它们互扬所长、各避其短。

第5章

传播，
短视频与营销

随着媒介的不断发展、技术的不断革新，短视频为人们的创作提供了更多可能。"这是最好的时代，也是最坏的时代。"狄更斯的这句话似乎放在哪个时代都不过时。每天都有新的事物在突破原有的边界，许多品牌和个人开始着手布局短视频领域，但请不要被单纯的技术和赶时髦的热潮蒙蔽双眼。

市场营销是一门自成体系的科学，它发掘价值、创造价值、沟通价值，并把价值交付给与之匹配的群体从而获取回报。短视频营销包含多种手段，而短视频作为营销工具，在整个营销链路中都发挥着独特的作用。

本章我们将在营销语境当中介绍短视频，这仅是我在行业中的一些经验与思路，更多新颖的手法和有价值的内容还需要大家共同探索、讨论，让我们多辨别事物的本质，让技术更好地为我们服务。

5.1
营销界的新宠：短视频营销

这一章，主要写给企业朋友们。

在线上营销不断推陈出新的当下，看到头部网红能带货，看到竞争对手的短视频账号也做得风生水起，有些企业就把"短视频营销"当作包治百病的良药。

一方面，这让我们欣喜，因为某种程度上这意味着我们将获得更多的机会；另一方面，这又让我们感到遗憾，因为其中的许多热情是一种建立在盲目和一时脑热基础上的"错爱"。当寄托了需求者不切实际的期望与信任时，我们就已经走在被"捧杀"的路上了。

短视频营销是什么？
短视频与营销到底是什么关系？
短视频营销又由哪些模块构成？
短视频营销要怎么做？

在我们看来，这些问题必须要想清楚。唯有真正从底层逻辑开始全面理解，面对"短视频营销"这么一个既诱人又庞大的概念时才能找到合理认知的出路。

了解我们习惯的朋友应该知道，虽然具有许多经验之谈的条件，但我们这个团队对于许多底层认知问题仍会保持朴素考据的态度，并会采取类似考据的方式"咬文嚼字"。所以下面我们也将先解决大家对于"营销"的认知，然后再进一步理解"短视频营销"。

如果你是一个广告行业或者咨询行业的从业者，并且对营销有成熟的认知和完善的体系，你大可不必在以下两小节浪费时间，直接跳到第三小节与我一起探讨短视频营销就好。

:: 5.1.1　营销是什么

首先"营销"不完全是一个动词。

我们在很多场景下观察过我们身边的人，许多人虽然异口同声说着"营销"，但想法似乎并没有在一个频道上。

其中比较多的误区在于把"营销"与"销售"混淆，认为它就是卖货。而又有一些人把"营销"与"炒作"等同，把那些溢价过高，甚至"坑蒙拐骗"的产品，归咎于营销炒作，于是"闻营销色变"。还有一群"小机灵鬼"，靠着文字拆解，把营销看作"运营"与"销售"的结合，说起两者来头头是道……

那么，营销到底是什么？和短视频又有什么关系呢？

"营销"仍然是个"舶来"的理念，对应英文中的"Marketing"，如果准确翻译的话，应该是"市场营销"。在这里，我们并不是要上语文课，但我还是希望大家认真品一品这两个字——"市场"。

有人的地方才会有市场，有价值的地方才会有市场。我引用一下现代营销学之父——菲利普·科特勒对市场营销的定义：

市场营销是个人和集体通过创造产品和价值，并同别人自由交换产品和价值，来获得其所需所欲之物的一种社会和管理过程。

由此可知，营销是指价值在人为管理下的流通过程（价值的流通）。

这是我十分信服的定义，开启了我营销生涯的大门。营销是一个复杂的体系，一般来说，完整的营销应该包含以下四个过程。

发现价值→创造价值→传播价值→交换价值

为了避免抽象，我们以一支牙膏的营销为例来一窥究竟。

通过市场调研，某牙膏公司发现：人们在漱口时常常会遇到牙龈出血的情况，并且愿意支付一定的费用来改善这样的情况（发现价值）；

于是他们没日没夜地研发出一款牙膏，这款牙膏能够有效改善牙龈出血的状况（创造价值）；

目前市面上已经有了类似的牙膏产品，但是该公司所用的是独特的药物配方，所以他们找准切口，传播药物牙膏的好处（传播价值）；

消费者从电视广告上、商品货架上得知了这款牙膏，并被这些信息说服，他们花费十多块钱从超市（或网络）购买了一支牙膏（交换价值）。

当然，完整的市场营销过程比上述复杂很多，甚至包括政治、经济、文化等因素影响，它们决定着一个有价值的产品是否能够完美地呈现在消费者面前。所以好好珍惜你买到的产品吧，它们可是"过五关斩六将"才来到你手中的。

通过这样的剖析，我们不难发现："销售"或者"炒作"这两个动作，不过是交换价值或传播价值中的一环，它们虽然存在于营销当中，却不能等同于这个庞大的概念。

不过营销绝非神秘之事。营销的核心除了"价值"之外，另外一个核心就是"人"。好的营销以人为本，洞察人心，创造对人们有用的价值，企业从价值的交换中获得利润。

:: 5.1.2　不断进化的营销观念

下面我们来具体介绍一些营销相关的理论观念，通过对于它们的理解，我们会更加细致地了解营销中的要素构成，并体会到营销是怎样一步步发生作用的。

更有趣的是，当我们把从过去到现在不同时代的经典营销理论放在一起比较，我们还能够从中感受到商业环境的悄然改变，从而更加清晰在当下做营销所需要扬弃和把握的方面。

20世纪物资相对匮乏，企业生产什么，消费者就购买什么，因此早期的营销理论往往从企业的角度出发。其中比较有代表性的理论就是经典的"4P理论"：产品（Product）——定价（Price）——渠道（Place）——促销（Promotion）。

而随着社会产能的提高，越来越多的产品被制造出来，产品的同质化也越发严重；与之对应，消费者的选择面变得更广，逐渐在商业中提升了话语权，于是营销理论开始真正关注消费者的需求。在这种背景下出现的代表理论是"4C理论"：消费者（Consumer）—成本（Cost）—便利（Convenience）—沟通（Communication）。

而当科技进步、媒介发展，越来越多的声音包围着消费者，企业发现只有继续整合出新的成体系的传播路径，才能有效触达他们的消费者。在此背景下，营销的链路也在不断升维。

上文说过，好的营销以人为本，关注消费者所关注的价值。当今的营销通过大数据抓取消费者画像，更好地反映了每一个消费者的价值，并通过环环相扣的路径链接企业与消费者的共同价值——我们也称为"链路营销"。

链路营销本质还是我们刚刚所定义的市场营销，但在"沟通价值"这一环节，将传统的"广告"转化为"窄告"，更关注"精准打击"，节省了广告主的投放成本。

现在关于链路营销有许多营销模型，常见的如"AIDMA模型""AISAS模型"等，都是基于消费者行为习惯的，也是目前短视频营销成立主要依据的。

AIDMA模型

Attention	Interest	Desire	Memory	Action
注意	兴趣	欲望	记忆	行动

AISAS模型

Attention	Interest	Search	Action	Share
注意	兴趣	搜索	行动	分享

看到这里，请问一下你自己：在你的认知中，原本想要通过短视频实现的"营销"是否是这样的？如果不是，通过上面的讲解是已经找到了新的认知角度？当确保我们对"营销"一词的理解达成共识之后，再继续下面的阅读。

:: 5.1.3　短视频营销是营销链路的一环

当我们理解了营销不是某种简单的行为，而是一个复杂的体系之后，我们再来看待"××营销"这类词的时候，思路就要清晰许多。

市面上常常出现的"××营销"不过是在表达，"用某种方式，完成营销中传播价值这一环节的手段"。与其叫"××营销"，不如说是"××推广"（方式），无论是"IP营销""娱乐营销""内容营销"皆是如此。于是"短视频营销"的本意也就显而易见了："用短视频来做推广"。

但这只是原则上的。在实际情况中，在营销这个无比复杂的体系中，既是内容又是媒介的短视频除了在推广环节，也在链路中的其他环节扮演着不同角色。

1.广告短片：价值翻译与促进销售

在营销历史中，短视频营销在很长一段时间处于"传播价值"的环节中。把时间拨回到20年前，那些电视机上一个一个短小精美的广告片，它们算不算是短视频呢？

当然，它们已经够短啦，从15秒到30秒，几乎很难有更长的幅度。

不过彼时并没有"短视频"的概念，人们把广告片视作一种烦人的存在，嫌它们打扰了欣赏电视剧的美好。不过这些短视频的"老前辈"已经践行了现代短视频的一部分价值——把企业的产品翻译成对消费者有用的价值。

脑白金的广告，堪称价值翻译的典范——"今年过节不收礼，收礼只收脑白金"。在这短短的15秒内，它密集地对两个群体传达了两个信息：

（1）老年群体：脑白金是一种健康的产品，可以帮助老年人维持年轻的身体状态。

（2）送礼群体：脑白金是一种公认的礼物型产品，如果还在苦苦思考过节送什么，不如就送脑白金吧。

于是，每每遇到过节送礼的场景，年轻人再也不必苦苦思索给长辈送什么礼物，而长辈们也知道了收到什么样的礼物才是有分量的。多么完美的传达！原来"隔山打牛"的绝世武功，还存在于营销学之中。

而我们在卖场和餐厅中也能依稀看到短视频广告。这些广告循环播放，用更加鲜艳的色彩、加重加粗的降价信息，反复刺激着我们的神经，让我们在不知不觉中掉入"买买买"的"陷阱"。这样的场景位于"交换价值"的环节之中，也就是我们常说的销售与促销环节之中。

人们使用智慧，使短视频能在有限的时间内浓缩大量的信息，将产品价值与促销信息传递给受众，这是早期短视频在营销中的主要功能。

2.UGC与口碑传播

好的广告是为消费者提供有价值的内容和信息。很多早期的广告表现手法，都是在特定场景中为人们提供解决问题的方案，例如我上文所说的脑白金。而还有一些则是将产品作为推动故事发展的线索，以此引发人们的认可——这便是内容营销的前身。

当今，内容营销十分常见，无论是信息流广告还是原生广告等听起来高大上的营销手法，都与内容营销有关。

近年来，抖音、快手等短视频平台的崛起，让短视频进入了"众创"时代。人人都是短视频内容的消费者，人人也都可以成为短视频内容的创作者。这些五花八门的短视频，也归属于一个分类——UGC（User Generated Content）。

UGC指用户原创内容，用户的私密关系圈往往更愿意自发地传播UGC，能够更好地为企业或产品书写信任背书。在选择一个电子产品时，我想大家多数还是更愿意相信身边朋友的推荐，而非商家的自卖自夸。

早期的视频类UGC平台以YouTube为代表，国内则是以早年的优酷和现在的B站为代表，用户多将自己制作的视频上传至平台免费分享。其中一些关于品牌和产品的分享，简直就是给企业免费打广告。从好物推荐到数码产品开箱，这些目前短视频拥有的内容，早已存在于早期的UGC平台，我们也称为口碑传播。

聪明的读者已经发现，当短视频用于口碑传播时，其实这属于链路营销里的"分享"环节。早期的营销理论没有足够重视用户的反馈与分享，这也导致产品在流通过程中无法得到改善。现在，许多信息分享平台都开放了评论的窗口，越来越多视频平台也增加了互动性更强的"弹幕"功能，使企业能够获得最真实的参考信息和建议。

3.UGC与"病毒传播"

很多乙方的朋友，想必都接到过类似这样的Brief：本次传播内容需要自带话题性，能够做到病毒式传播……这里的"病毒传播"是指视频火爆，引起极大轰动效应的同时还要能够被人不断接力转发，俗称"爆款"。

很多时候，我们认为一个引爆全网的"病毒传播"是件可遇不可求的事情。就像2019年初大火的《啥是佩奇》，很多营销专家分析得头头是道，不过在我们看来，又多少有些事后诸葛亮。

那么"病毒传播"难道真的是一个无法策划、无法复制的事情吗？

作为产出过众多"爆款"视频的团队，我们的答案是：这样的结果或许无法绝对把握，但每一个"病毒视频"背后又都"站"着一定的共性原则，这是创作者确定能够追求的。

"社交货币"的原理就是这样的。社交货币其实是一种谈资，人们在交谈中交流有趣的内容和信息，这些内容和信息在社交网络中流通，像货币般在社交中流通。

围绕一个内容的谈论多了、分享多了，内容也就自然越来越火，传播面也越来越广。同时，通过分享这些谈资也能够拉近人与人之间的距离，增强群体之间的联系感与归属感——这些就是"社交货币"所能购买到的东西。

那么对于普普通通的我们，既做不到如"哈利波特"的作者那般天赋异禀，也没法像"漫威宇宙"背景雄厚，又应该怎么去把握，利用"社交货币"呢？

或许，我们可以让用户自己创造社交货币。

比如"网红打卡"就是一种不错的手段。"打卡"这一动作非常简单，没有任何操作门槛，你只需要去到某个地方，动动手指、按下录制键，就能证明"我来过"。而这些证明"我来过"的短视频不正是UGC吗？人们是非常愿意分享我到过这里的信息的，这样一来，"我来过"又具备了社交货币的属性。而当许多枚这样的社交货币投入到社交媒体中流通起来，很快会带动一群人跟着"印钞"与"发钞"，就这样，"病毒传播"产生了。

抖音平台的挑战赛也是同样的道理。平台通过规定的玩法、专门的贴纸道具或者手势动作来引导大众进行短视频UGC，再经由他们自己的社交媒体分享出去，影响更多人主动参与进来，最终形成一个全民为品牌造势的狂欢。

不过说一千道一万，能够引发用户UGC的本质还是营销人要去关注消费者所关注的点，好的营销是不会偏离人们追求的价值的。

4.互动短视频与沉浸式体验

互动的沉浸式体验大多出现在电子游戏中，其中一些游戏还有专门的类别，如"角色扮演""视觉小说"等。玩家通过扮演游戏中的主角，在一些时机做出选择，影响故事的发展，获得不同的结局。大家都爱玩游戏，主要原因正是如此。

那么，我们能否把营销传播做得像游戏一样有趣、吸引消费者主动参与，轻松地传达品牌或者促销的信息呢？

当然。江山代有才人出，互动短视频就是为此应运而生。

近年来市面上互动类短视频层出不穷，国外的Netflix（网飞），国内的B站、爱奇艺、腾讯都面向内容制作者开放了互动视频的窗口。由于我们的主题是短视频，所以我们不讨论互动电影或者其他篇幅更长的互动类内容。

短视频篇幅有限，这也决定了互动短视频中的交互点不宜过多。但是，目前市面上很多互动短视频，往往只给受众一个选项，而且选项极其无脑，或者就是产品或信息的强行植入，受众即使完成了互动，也最多是走个过场而已。

这样做，显然是披着互动短视频的外衣，丢着互动短视频的脸。受众既无法从互动中获得乐趣，还可能对内容本身产生抵触情绪——因为他们被敷衍了。

互动短视频的核心在"互动"二字，但并不是给受众A、B、C三个选项就是互动。在游戏行业中，互动被称为"交互"，用简单的话来说就是"核心玩法"。核心玩法不仅能带来玩游戏的乐趣，更重要的是能传播创作者的思想理念。典型代表就是大名鼎鼎的任天堂公司制作的各种游戏。

我认为，有趣的互动短视频需要创作者有游戏的制作理念，像做游戏一样地去做互动短视频。举个例子：

银联云闪付的互动短视频——《一个不该存在的广告》。关于具体的视频内容不在此赘述，有兴趣的读者可以自行搜索看看。这里只说这个案例最有意思的是它的互动模式——摇晃手机。每当来到一个关键节点，视频就会提醒观众不妨摇一摇手机，摇晃手机后才能继续观看下面的故事了解进展。

而到故事的最后，谜底揭晓：银联云闪付，只需拿着手机或银行卡对着Pos机轻轻一挥就能完成支付。这样一来，受众很容易就能get到摇晃手机的用意，也马上就记住了云闪付的功能。

当然，这个短视频就内容而言也有一定的缺陷，但是它与做选择题不同的非同寻常的互动思路是值得我们学习的。

随着技术的不断发展，也许在做选择题之外，互动短视频也能够有更多的交互形式创新。交互形式的创新并不是为了秀技术、搞花样，而是要精准找到受众的诉求，创造出一套双方都能接受的核心玩法，让受众在能像玩游戏一样体验短视频的同时，还能轻松接收到你想传达的信息与价值。

5.IP营销

IP也是近年来非常火热的一个词。它的包含面甚广，在不同语境下也呈现出不同的内涵，但因为我们是讲短视频的书，所以我们在此更多讨论的是短视频在IP营销中发挥的作用。

这一点上，我们可以借助两个大家耳熟能详的短视频IP案例来加强理解：

先看大名鼎鼎的"朱一旦"，它属于故事型IP，每集在1分钟左右，内容以黑色幽默、讽刺现实为主。同时这里面还有非常多的典型性的人物，如戴劳力士的朱一旦，爱攀比的邢酒肉等，都可以作为单独的人物IP进行故事的再创作。"朱一旦"里的每个小故事都处于同一个世界观中，如果连起来就是一个"朱一旦"宇宙，这样的故事型IP有非常高的黏性，吸引人们像追剧一样地追短视频。

我们再来看同样大名鼎鼎的"华农兄弟"，他们的短视频以Vlog为主。也许淳朴的华农兄弟一开始并非有意要打造IP，但当他们以稳定的高质量内容积累了越来越多的粉丝后，他们自然成为IP。华农兄弟展现了镜头之下的农村生活，他们养竹鼠、摘野菜，也满足了人们猎奇的心理和欲望。

通过短视频营销，为什么要打造IP呢？

因为IP自带吸引力，更容易转化获利。短视频IP用精彩的内容吸引了大量的粉丝，因为IP内容的可延展性，也容易让粉丝主动制造相关的话题和内容（同人）。而这些粉丝的属性和标签相对于大众媒体更好被抓取，合适的广告主就会找到相应的IP进行广告的打造。基于这样的逻辑，企业IP化的营销打造也就能够起到拉近与消费者之间距离的作用。

比如，肯德基的做法就是将自己的创始人IP化，不仅把山德士上校的形象做成了Logo，还一遍遍讲述他创立肯德基的故事，让消费者能够感知到肯德基这个品牌是真实的、有历史的。

如果企业没有那么悠久的历史，创始人没有经历曲折的故事，我们同样可以提炼品牌理念，再把这种理念具象为一个可视的图形（Logo或者吉祥物），然后围绕着这个图形来讲故事。

短视频是一个非常好的讲述IP故事的载体，当你有了这样的基础准备，短视频便可以帮助它注入内容，并"不胫而走"。同时可以为它添上几个伙伴，构建一个属于它们的世界观宇宙。是不是和"朱一旦"的打造如出一辙？

请一定理解：吉祥物形象本身并不是IP，只有赋予它精神理念、故事内容并被大众认可之后，它才会成为一个IP。

6.品牌塑造：品牌的持续露出

我刚刚学习广告的时候，有这么一个疑问：为什么可口可乐品牌如此强大了，它每年还要花费如此多的费用在各种活动赞助、体育赛事和电视广告里？这难道只是可口可乐财大气粗、有钱任性吗？

而随着短视频平台的崛起，又有各路大品牌也纷纷开通自己的短视频账号。这时又有许多人开始问：这些财雄势大的大品牌如此急不可耐挤进这样一个低门槛的战场，发布这一条条简单的短视频，到底为哪般？

其实，这两种看似略显矛盾的行为背后都"站"着一个原因：品牌为了维护在人们心中的稳定地位，需要持续性地露面。

新的流量池对品牌们来说自然是红利不错，但它同时也带来了一个问题：受众有限的注意力会被更多人瓜分，此时如果一个品牌的声量不足，很容易就会被淹没在信息的海洋里。

另外，一个品牌存在诸多的竞争对手，如果你不发声，别人并不会停下嗓子。

因此，在这场声量"争夺战"中，其实受益者是广大消费者。为了更好地取悦消费者，品牌只能拿出比竞争对手更有趣的内容，持续不断地满足消费者的内容需求。

短视频号作为品牌持续露面的手段，从目的和作用上来看，和微信公众号、微博号是如出一辙的。不过需要注意的是，每个自媒体平台有不同的规则和相应的受众，这是需要使用不同的运营手段的。

而最重要的是，在保持品牌形象露面的同时，一定要保持品牌调性的一致。营销的每一个环节，都在对品牌进行着塑造。如果把品牌形容成一个人的话，那么营销就是这个人行为举止的总和，短视频则是这个人的谈吐。如果你的品牌是"绅士的"，那就用"绅士"的腔调来进行你的短视频制作。

另外，持续性的品牌露面还有助于品牌的年轻化发展。注意，我这里说的是品牌"年轻化"，而不是"年轻人化"，虽然很多百年品牌在年轻人的网络阵地玩得"水深火热"，但品牌不应该只去讨好新生代受众。品牌年轻化是保持与时代的沟通，让品牌发展永远与时俱进。就目前而言，采用短视频形式是一个让品牌保持年轻的不错的手段。

以上就是有关短视频营销的一些手段。当然，这远远不是全部，短视频营销还会根据具体的情况有着多种多样的变体和延伸。在技术更加发达的未来，还可能会出现更多的新形式，如VR短视频营销、AR短视频营销、全息投影短视频营销……谁知道呢？

但要相信，无论何时，关于营销拥有扎实的认知基础、独到的见解和解决问题的思路，你都不会迷茫与盲动，毕竟万变不离其宗。而且，如果你刚好天赋异禀或有"灵机"注入，搞不好还能创新和玩出更多花样来。

:: 5.1.4　关于企业短视频营销的三条建议

企业短视频营销路子多多，但这背后同样也需要"心法"。前面我们就普通个人进行短视频创作专门开辟了一大章来讲"心法"，这里我们就再针对企业短视频营销来补充几点更加有针对性的建议。

1.做有价值的短视频，体现企业的专业实力

"专业，你唯一的生存之道。"

这是大前研一的《专业主义》一书封面上的一句话。尤其在经历2020年许多大事件的洗礼后，它更加值得被每个企业主认真对待。

在如今国际化和信息化高速发展的时代环境下，原有很多来钱快的商业模式已经逐渐被市场淘汰，比如利用信息差赚差价、靠掌握一手资源的垄断型生意等。

同时，在2020整体经济增长放缓之后，多数政府、企业或个人，又都倾向于小心、谨慎、细致地规划每一笔支出与消费。在此背景下，是否能提供更加专业、更具性价比的服务，势将成为区分或决定企业能否快速增长的关键要素。

举个例子：

合肥的某家公司，专门为企业或个人提供资金管理、投融资分析等服务。其创始人是一名毕业于同济大学的高才生，拥有经济学学士、法学学士、金融硕士、MBA四个学位，曾投资过上海万达广场、华润、中粮等众多企业。

从专业的角度来看，毋庸置疑，这家公司的实力肯定是优异的。但在大环境下，他也面临着同样的问题。由于短视频营销的赋能，他及时解决了问题。

这家公司的具体做法是在抖音上开了一个名为"珍大户"的账号，主要讲解一些经济学知识，通过趣味化举例的方式，将专业知识包装成普通人都能听得懂的短视频内容，吸引了许多精准受众。

在这个账号的评论区，我们能够看到很多观众咨询"珍大户"如何选购股票、基金应该怎么购买等经济和金融相关的问题。这也可以看出，短视频账号也是企业的一个对外窗口，它可以实现更好的品牌宣传和专业能力的展示，也可以为企业的

转型与转化获利做好铺垫。

因此，从现在开始，每一家能提供专业服务或产品的公司，都不要放过用短视频展示企业实力的机会，无论你是选择用趣味化包装专业知识（参考抖音号：珍大户），还是用搞怪故事提升品牌知名度（参考抖音号：51美术），抑或是用故事冲突放大企业的服务价值（参考抖音号：立方甲品牌设计）……你总能找到一个适合你的呈现专业的方式：把品牌自身的价值嫁接短视频，就是一个好产品。

2.做人格化的短视频，传递企业的品牌调性

随着品牌的同质化越来越严重，同类产品不同品牌的区分度也越来越小，于是"品牌调性"逐渐成为企业营销中十分受关注的一词。

品牌调性，简而言之就是客户对于品牌的感观和认知，或理解成消费者看到品牌时，大脑中闪过的一系列与品牌相关的情感因素。很多时候，客户选不选你，在于是否认同你的品牌调性。

短视频作为承载信息的媒介工具，它的内容是如何体现甚至影响企业品牌调性的呢？

现在的短视频平台，借助智能化推送系统，千人千面地匹配观众喜欢看的内容。因此，企业要抓住短视频的机遇，将自己的品牌或者产品进行人格化的包装，并借助平台的内容筛选与匹配机制找到对的人、说对的话，传递自己的品牌调性。

在这一方面，我们可以以办公软件钉钉来举例。在居家办公、上课期间，钉钉、企业微信和飞书三家分别代表阿里、腾讯和字节跳动出战协同办公软件市场。而钉钉作为最早研发协同办公软件的企业，也及时抓住年轻人的偏好，在居家办公、上课期间创造了多条短视频内容，一时间在网络上被刷屏级别的曝光。

有趣的是，观众们并不是在贴片广告、信息流广告、线下广告这些财雄势大的企业常常光顾的渠道上看到这些内容，而是在B站、抖音这样的视频平台上。

钉钉洞察到了视频平台用户喜欢的文化和对话方式，没有采用制作精良的TVC短片，而是用"鬼畜+手绘"的方式，制作了一条看似"粗糙"的短视频内容，以其IP"钉三多"的口吻在线求饶"卖惨"。

这条短视频内容，在B站的播放量达到2 500多万。这骄人的品牌营销效果，一要归功于企业借助人格化的IP包装，以符合受众喜欢的对话方式表达了品牌的态度；二则要归功于短视频平台的推送算法使好的内容会得到更大面积的曝光。

因此，企业要深刻理解短视频平台的算法机制，并借助平台大数据的力量筛选企业想对话的人群，用短视频这种媒体形式重新包装营销内容。

3.短视频的门槛的确在提高，企业要认清内容创作的天花板

有读者读到此处，很有可能已经开始要跃跃欲试了，准备一头扎进短视频的"浪潮"中，后浪奔涌。

但是，来画作为一家有责任感、有担当的短视频一线从业企业，我们当然不能只站在企业期望的短视频红利角度来和你对话；相反，我们也想和你说一说短视频创作的天花板有多高。

很多专业的短视频生产机构拥有非常庞大且专业的制作团队，却也无法做到每条内容都能打动人心，为企业或者品牌带来海量的曝光。而正在阅读本书的你，可能公司里甚至还没有组建结构相对完整的短视频创作团队，想跨着专业鸿沟做到前者都做不到的事，更是难上加难。

这时我们建议企业可以做好心理预期，不要一来就对标专业机构的内容模式和成果。要认清企业的团队现状，在追逐风口的路上既不慌张也不轻视，把握好企业发展的节奏，一步一个脚印地将短视频生产的能力融入到企业的日常工作中去。

拍视频比其他任何信息媒介载体要考虑的东西更多一些，从场地、时间到团队配合，一切偶然的、不经意的因素都可能影响最终的效果。因此比起上来就要做"爆款"，坚持团队创新、才华共享、协力共创，从企业最基础的产品介绍、员工培训、工作流程等方面开始做图文内容到短视频形式的转化才是扎实做事的首要内容。这样既能避免盲目重金入局短视频、最终却因为转化获利模式不清晰而折戟沉沙，同时也能用好短视频这种受众更易接受的媒介形式，做出企业自己的短视频内容产品。

5.2
"品效合一"，是不是一个伪命题

谈到短视频营销，就难免聊到"品效合一"这个词。因为在近些年的营销语境下，这个词似乎等于一场短视频营销的理想结果，甲方纷纷用它来要求乙方、乙方也会用它来诱惑甲方，于是渐渐地，当大家讨论要做一场怎样的短视频营销时，共识总会慢慢被引导到这四个大字上来。

不得不说，随着传播媒介的数字化发展，广告效果的监控手段相比之前越来越丰富了：信息流广告能打开后台，监控人们的浏览、点击、转化情况；电商平台能把广告直接推送到每一个用户的手机屏幕上，同时了解有没有转化为消费购买；就连传统媒介也可以清楚知道人们在广告海报面前的一举一动。

同时，传播媒介正在与购买渠道兼并融合，"接受信息"与"消费购买"几乎可以同步发生：朋友在群里分享某产品的详情页，点开查看相关的信息后就可以购买；各种平台的种草内容，背后就是产品的网络橱窗；就连线下的视频海报，也给受众们留下了二维码，随时期待着发生转化。

好时代似乎已经到来，广告主们庆祝自己不用再被忽悠，一些利用信息不对称来换取高额利润的广告公司门路也会越来越窄。于是"品效合一"理念的异军突起似乎正逢其时。

不过在这个时候，我们还是想要往这火热的氛围上浇一盆冷水，并伴着这冒出的几缕青烟说几句不应景的话。因为坏行情下最怕打击士气，士气弱则人心不稳；好态势下最忌乱信好话，头脑昏好牌也可能会错失。

在第1章我们说过目前的短视频行业覆盖着一层厚厚的泡沫，上面"站"着一群烧昏头的人。如果"品效合一"也是这样，那就是非要及时规正不可。否则顺着这条路一路乱走，就像醉汉骑瞎马，进了沟都不知道怎么搞的。

因此，下面这一节我们就来好好聊一下这个"时髦"的概念。

∷ 5.2.1 当我们在讨论"品效合一"的时候，我们讨论什么

虽然大多数营销人都听说过"品效合一"的理念，不过我在这里还是稍微给大家捋一捋，在本书语境下什么是"品"、什么是"效"，方便我们在后面的讨论中达成共识。

在没有数字化媒介的时代，传统营销人把广告分为两大类：品牌广告与效果广告。品牌广告对应"品"，效果广告对应"效"，两种广告分时、分场景投放，各自达到不同的目的。下面我们分别来讲一下。

1.品牌广告

计算广告奠基人安德烈·布罗德对品牌广告的目的有过明确的解释和论述，总结一下他的意思：品牌广告就是"创造独特良好的品牌形象，以提升长期的转化率

与毛利率"为目的的广告。

在这种说法中，上半句说的是手段，后半句说的才是最终的目的。首先，提高长期的转化率，并不是说品牌广告在当前没有效果，而是说效果的影响需要足够持久；而提高毛利率，说的是广告活动的目标应该是相对竞品产生溢价空间，而不是通过折扣获得销量。

上面这张图，就是一个典型的品牌广告创意的体现。我们可以看到，画面中并没有介绍任何具体产品的信息，只有一位能够引起注意和被记忆的女士形象以及商家的品牌商标，而下面的文案十分没有存在感。

显然，这幅广告的创意目的主要在于让看过画面的人把这个品牌与"奢华""高端"的调性连接记忆。这样，如果将来有一天选择奢侈品，选择该品牌的概率就会大大增加。

在传统营销时代，品牌广告的方法体系已经发展得比较成熟，此期间保留下来的理论知识和实战案例，到现在也都有参考和运用的价值。但即便到了数字营销时代，品牌广告却依旧没有解决一个大难题——如何具体有效地评估品牌广告的效果。

品牌广告当然也有"效果"，但这种效果不能用"销售量"这样的硬性指标来考量。对于一个品牌而言，一次品牌广告活动在受众群体中留下的"认知度""美誉度"非常重要，但这属于传统品牌广告的测量标准，需要大量的访谈和调研来定性、定量。

有的读者可能要说：在网络平台投放的品牌广告，可以通过"转发""点赞""评论"等互动来评估广告效果呀？这一点并没有错，但并不完全正确，上文说到，品牌广告的目的是"提升长期的转化率与毛利率"，单以一次品牌广告活动的参与度衡量，不足以完全证明长期有效。

简单地说，品牌广告的效果评估是一个测量人心的过程，而每个人的文化水平、认知水平甚至经济水平都存在差距，这就使得品牌广告的效果的评估标准很难有一个标准答案。

品牌当然不是一个伪命题，但是品牌是如何存留在人心里，又是如何在人心中运作的，是传统时代到数字时代都没有被正面回答的问题。

2.效果广告

对于效果广告，安德烈也下过定义。准确地说，效果广告应该叫作直接效果广告（Direct Response）。而直接效果广告的目的是马上获得或短期内获得用户转化的行动。

我从中午点外卖的App上截取了两张效果广告的信息图片，从中我们可以清楚地看到，效果广告的风格调性与品牌广告的风格调性是截然不同的。效果广告往往利用时间期限、折扣让利，让受众看到后产生消费冲动并迅速完成转化。

不仅调性与目的不同，效果广告与品牌广告的受众选择也是有所区别的。它要尽可能选出那些马上就能掏钱的客户来投放。在数字时代，企业靠看用户最近买过什么、搜过什么以找到短期内的转化人群。如果要马上卖出化妆品，应该面向那些最近搜索过相关词或浏览过相关商品的人；要马上卖出汽车，最靠谱的是跟摇号网站做数据合作。

所以你看，"品"与"效"的传播人群、传播目的都是有所差异的。把"品"和"效"在广告活动上分开，清晰有步骤地达到宣传目的是重要的营销方法论。

看到这里，有的朋友可能会抬杠：品牌广告的最终目的不还是"卖货"吗？这不就是"品效合一"了吗？这样的说法就把某一次具体广告活动的目标庸俗化了，这背后的逻辑就和某健康媒体说的"坚持每天喝一杯热牛奶九十年，一定能活过九十岁"是一个路数。

我们在网络上和一些营销书籍上查阅了很多"是否存在品效合一"观点的内容，有支持的也有反对的。但是我们最终发现，支持"品效合一"存在观点的阵营大多都在强调如何在一次"品效合一"的营销活动中测量"效"，而对"品"的测量含糊其词。

这实在是一个非常有趣的现象，如果读者不相信，也可以去看一看别家的观点。

:: 5.2.2　短视频营销存在"品效合一"吗

答：基本上不存在。

是的，我们的回答就是如此简单粗暴。

仔细阅读上文的朋友会发现，我们的观点是：无论哪种营销活动，去追求"品效合一"都是不切实际的。"品"和"效"是不同的广告目的，在今天看来，这两个目标并没有现实中可以合一的基础。

本来我在前面说了，"品"本身应该怎么衡量都还没有搞清楚，跟"效"又怎么合在一起呢？如果非要合，十有八九就变成了采用计量注册数、转化数这样简单粗暴的办法。但在这当中，品牌广告产生的长期效果既难以归因到具体的展示上，又会因为周期过长无法产生一个结算依据，"合一"最终也只能是个美好的愿望。

按理来说，短视频营销归属于内容营销，而内容营销在整个营销体系或者链路中大多是在某一个环节发光发热。这是由于短视频的篇幅有限，承载的内容就更加难以兼具"品"与"效"的双重信息。

因为书本不太方便用短视频来直接举例，我们就用同一个品牌的两张不同的海报来说明这个现象，短视频文案和表现的道理与同样如此，大家稍做一下"通感"，相信就可理解了。

因为篇幅限制，短视频和海报会尽量通过聚焦有效信息来获取人们的注意力。而上面的两幅图，分别是商家在进行品牌宣传和投放效果广告时采用的不同创意。

在文案策略上，品牌广告就会显得更加"走心"，用比较柔和、诗意的文案使受众产生共鸣；而效果广告突出一个简单粗暴，把价值点、利益点最突出地呈现，最大化地呈现在受众面前，翻译过来就是"欲购从速"。

在相应的表现策略上，品牌广告的画面品质更高，营造出与品牌调性相呼应的场景，配合slogan加深品牌在人们心中的印象；效果广告则追求视觉冲击，配色更加亮眼，把文案中的利益点提炼放大才是关键。

很显然，把品牌创意变成效果创意，直接效果毫无疑问会提升，但是在宣传品牌特质、追求长期转化率方面就未必十分理想了。很多时候，一些效果广告通过打折、买赠等手段吸引转化，反而消耗、折损了品牌形象（想一想奢侈品为什么基本上不打折）。现在许多粗暴的短视频、直播营销做到最后饱受诟病就是因为踩到了这个坑里。

⁛ 5.2.3　如何正确看待"品效合一"

上文中我们理性地分析了营销活动中何为"品"、何为"效"，也表达了我们的态度：短视频营销基本不存在"品效合一"。

所谓"基本"，就是大概率是这样的，但也不是完全不可能。事实上，在短视频营销的历史中，这样的案例仍然是存在的。

比如：2018年，美国登山鞋品牌添柏岚（Timberland）的一支广告短片《踢不烂，用一辈子去完成》在互联网上获得刷屏与好评的双丰收，使得添柏岚在中国完成了一定程度上的本土化。同年与次年，添柏岚的登山鞋在中国的销量也得到显著增长。

在当时，"品效合一"的概念还并未盛行，甚至根本没有一家媒体或广告门户用"品效合一"来评价这支广告。但这支广告确实实现了营销人员梦寐以求的"品效合一"。

想必很多读者或多或少听过或看过这支短片。这支短片原本是一个品牌广告，它具备顶尖的文案以及与之相匹配的镜头语言，引发了大量受众的共鸣。因为我们不是在上广告赏析课，所以就不在此逐帧分析该广告片了。

我想表达的是，在对品牌产生强烈共鸣的情况下，是能够促进消费者的购买欲的，特别是在一些非理性消费的场景中，只要提供方便消费者购买的渠道（视频或海报上贴上二维码，下载App不算），就能在一定程度上达到"品效合一"。

当然，这支广告片发布在2018年"双十一"前不久，配合"双十一"的促销政策，添柏岚才得以真正实现大卖。一次营销活动是由一系列环节组成的，千万不要去单点分析，看到一次直播带货成功就想说"品效合一"，那真的就是想多了。

但别因为我刚刚举了个"品效合一"的例子，就认为我立场不坚定了像《踢不烂，用一辈子去完成》这样能够带动同期销量增长的品牌广告，是需要天时地利人和的。说得更清楚一点，这需要极佳的能力与耐心。

而这样全身心的做品牌的耐心，往往属于凤毛麟角，这就像买彩票中头等奖一样。我想我们总不能把一个小概率事件的成功法则当作大多数营销的基本法则吧？

所以，这种情况下，我们应该怎样正确看待"品效合一"呢？

1.不做急功近利的甲方

每一个企业的最终目的都是盈利，除非是慈善机构。在大环境不太好的情况下，去劝导一个新兴企业沉下心来去做品牌，往往也是非常不现实的事情。但即便是这样，品牌方还是需要避免不分目的的、不分情况地"恰烂钱"。

最近经常看到一些品牌，在新品上市的时候就采用直播带货的手段。先打上××主播的名号，再标一个"9元"的价格，等到直播时一通刷人气，直播完毕后各种战报、铺天盖地，然后美其名曰"品效合一"。

现在的直播带货，多把一些品类集中到一起售卖，口红、吸尘器、洗碗机，其实淡化了单个品牌的信息，并以打包价进行流水线式的推荐。直播带货确实是近年来比较有效的销售手段，但我们上文提到过，折扣促销对品牌而言其实是一种消耗，当消费者习惯了以较低的价格购买你的产品，那么廉价的标签可能也会随之打到他们对你的品牌认知上。

短视频领域同样也是如此。我们很多时候有这样的苦恼：甲方要求我们一边建立品牌形象，一边马上就要有转化。

但事实上，单靠一条短小的视频，本就难以建立人们对品牌的认知。试想，你会愿意接受一个陌生人的推销并马上购买吗？

而当产品发生转化时，你能确定消费者仅仅是因为一条短视频的影响就产生消费的欲望、从而购买吗？这种购买会因为品牌的影响而产生可持续性吗？

"品效合一"太具有诱惑性了，但无论如何它都是在以偏概全地看待复杂的营销体系。因此作为品牌方的甲方朋友们，一定要把持住，别使自己掉进去。

在面对一个项目时，我们建议甲方朋友可以划分一下项目的侧重点：这一波是主打品牌吗？还是服务与销售？然后多观察市场的规律，多给消费者提供便利的渠道，多做一些有效的、可持续的营销活动。把这些做到位了，也许就不会被一些被包装起来的概念欺骗了。

2.不做自欺欺人的乙方

同时，作为乙方的我们也需要自律。我想请在阅读本书的同行负责任地想一下：我们真的能保证策划或执行的一次营销活动达到"品效合一"吗？

在大环境之下，很多乙方越来越被动。一方面要拿出自己的专业性、真本事做好事情；另一方面又要考虑某些甲方不切实际的KPI、ROI等指标。而"品效合一"的概念大多便诞生在这种两难下的推脱与说辞中。

在广告数字化的时代，检测广告直接效果的手段多了、信息透明了，但同时也把一些广告效果"神圣化"了。投放一个信息流广告，承诺10 000的点击量，最后却只达到6000；偷偷刷个量吧，销售量却没跟上。这个时候，"品效合一"就很管用了："甲方，您这预算要求太离谱，虽然效果没达到，曝光量总有吧，这些都是为品牌做长远的铺垫，这叫'品效合一'！"

以上的情况还多见于近年来兴起的网络直播市场。因为"品"的效果难以衡量，所以常常被用来当作"效"的幌子来打掩护。

虽然这种苦衷我们理解（事实上我们同样面临着这样的苦衷），但我们仍然奉劝乙方的朋友们：如果真正想让行业好起来，不如像添柏岚一样，认真去推敲文案、打磨每一个镜头语言，真正打动消费者，而不是成天和甲方玩文字游戏，在没有必要的地方争取更多的预算。

当我们能把每一支简单的广告做好时，再去仔细研究"品效合一"吧。

—5.3
如何用短视频进行一场精准的营销

本节开始，我想请大家先思考一个问题，为什么广告被称为"广告"？

对，广而告之。我想这是大多数的朋友，脑海里第一时间都会浮现的一个词语。广告要尽可能"广"，这是广告这种营销行为诞生以来人们不约而同达成的一个共识。不然集市里的叫卖声也不会一个比一个大，毕竟"声音大"也是可以更加广泛地引起关注的一种策略嘛。

是的，前大众传媒时代，广告越"广"越好。一条广告，要投在订阅数最多的报纸的最大版面上、要投在收视率最高的电视台的黄金时段、要投在人流量最多的地段的最大的屏幕上。这一点原则甚至延续至今，不管你是否承认，"广度"对广告效果的影响还是很大的。但是这样地追求"广度"，必然会造成资源的浪费，这其中不仅有广告主的预算，还有受众们的耐心。也难怪，谁让在早期的消费者中（可能现在也是），广告占用了大家有限的娱乐时间，穿插于各大电视剧与真人秀之间，推销着我们一辈子可能都不会买的商品。

但或许，面对这样的尴尬，我们并非无能为力。或许我们应该掌握"精准营销"，在扩大声量的同时，也不会带来太多的负面传播效果。

:: 5.3.1 什么是精准营销

字如其文，精准营销就是使用更加精准的手段达到营销传播的目的。咦？好像一段废话！别急，在你去百度之前，我替你把"精准营销"的定义在百度中搜索来了：

精准营销（Precision marketing）就是在精准定位的基础上，依托现代信息技术手段建立个性化的顾客沟通服务体系，实现企业可度量的低成本扩张之路，是有态度的网络营销理念中的核心观点之一。

让我们划一划重点："精准定位""现代手段""个性化""可度量""低成本"。

精准营销这个词本身不难理解，只要通过足够的手段来达到足够的精准度，我们都可以称为"精准营销"。可问题是，如何做到"足够精准"呢？

很多朋友认为，这是一个技术层面的问题。但我认为，这不只是技术层面的问题。

现代技术如使用大数据平台、网站Cookies、LBS等，都是分析人群基本特征的手段，如果还要将用户精准细分下去，可能会涉及更深层次的隐私问题。因为本书不是一本给程序员看的书，也不是让大家看了就会成为程序员的书，所以技术层面的问题我们先放一放。

我认为，"精准"还是一个意识层面的问题。因为技术的发展，"渠道"方面的精准已经有了很大的进步。我们在互联网上浏览某种商品之后，马上就会收到铺天盖地的相关的广告，但是这些广告的内容呢？它们会因人而异吗？

在很多朋友心中，精准营销应该属于媒介投放的范畴，只要把广告投放给想要影响的受众，那就大功告成了。但是，对于上千人展示一面的内容还是精准营销吗？

虽然我们能给不同的目标群体贴上相关的标签，但人们的实际偏好与标签体现的内容是存在出入的——我们不能说25岁的受众一定会喜欢同一种音乐或者画面；我们也不能让在某片区域生活的人们都认可同一个理念……单纯依靠标签分类，通过投放来达到"精准"，和"星座算命"的区别不大。

于是这里我们就要引入本书的主角——短视频。

你可能会再次疑惑：就算精准营销不只是属于渠道投放的范畴，那和短视频又有什么关系呢？

前面我们说过，短视频营销的本质是内容营销；那么显然精准营销的另一个支点就是"精准的内容"。诚然，以目前的资源与技术，我们非常难以做到内容上对千人展示千面，但是我们可以尽量为不同的人群匹配接近其口味的内容——这才算是一次完整的精准营销。

所以，我认为精准营销不单单是技术层面的问题，还是意识层面的问题。随着社会的不断发展、大众需求越来越个性化，产品分类也越来越细，传播也需要随之精准化发展。

这种精准能在节省广告预算的同时，也让传播路径可监控，这样既避免了资源的浪费，也减少了受众周边的信息噪声——这是未来营销活动的趋势所在。

只有建立在"内容"与"渠道"双重精准之上的营销，才是真正的精准营销。所以，除了技术的探索之外，我们还要建立"内容精准"的意识。

:: 5.3.2　建立"内容精准"的意识

在讨论如何做到"内容精准"之前，我们要先建立"内容精准"的意识。

其实，从过去到现在的广告策划活动中，我们对人群的调研、对人群的洞察，都是为了让我们的广告传播内容更加精准。下面我们来具体说一下这件事。

此时，我们希望各位朋友可以先抛开原有的成见，丢开脑海中的"不可能""无意义"，跟着我仔细来体会其中的道理。

1.打造精准的内容是一种及时的解决方案

读过《三体：黑暗森林》的朋友，应该还记得这么一个场景片段：主人公罗辑休眠后，来到百年后的未来城市中，那时电子屏与媒介无处不在。在罗辑和警官史强的交谈中，这些隐藏在各个地方的电子屏会主动弹出相关的商品或服务的广告片，询问他们是否需要。

这是科幻小说对精准营销的设想，不过里面的情节的确很有启发性。

你是否有时也会遇到类似的情况：当你产生购买某种产品的需求时，正好就看到了它的相关广告；而无论这是巧合还是商家的"暗送秋波"，这些广告都像是一个应景的锦囊妙计，解决了人们需求的同时，还留下了不错的第一印象。

当然，这背后是大数据算法与商家的监控在起作用，这在现今早已不是什么秘密。因此有些人又开始渐渐认为这是一种骚扰，需要提高对个人隐私泄露的警惕。

不过不得不说，设计一条精准的广告内容，确实是一种及时的解决方案。当男生纠结于周末带女孩去哪里玩比较浪漫时，一条度假乐园的广告推送到了他的手机里；当老爸纠结于哪种裤子穿起来更舒适得体时，优衣库为他推荐了旗下的产品详情页……

当广告不再是一个骚扰信息，而是像一个专业人士在适当的时机提出合理的建议，那么我相信大多数人还是非常乐意接受这样的广告的。这样效果的广告同时也能为品牌加分。

不过以上只算是一个美好的愿景。就目前的"精准"推送的质量来看，它们更像是流氓软件与骚扰广告的结合体，这些强塞给消费者的信息大多数是无用的，而且会让人产生一种被监视的感觉。

一方面是由于技术层面的问题，商家的"定投"只能根据用户最近的浏览来进行人群追踪，而这些浏览记录有时候是非常私人化的，用户本身是不想被监控的。

另一方面，这也是因为内容不够精准。有时候凑巧推送了相关性比较高的产品，但是所匹配的图片和文案让人实在无法产生消费的欲望，最终反而增加了负面的印象。

所以我们在前面不止一次地提到过：好的广告不仅传递有效信息，也能达成商业目的。精准的内容更是如此，它需要在好的时机给出正确的方法——我们首先要建立这个意识。

2.精准的内容能够带来归属感

逢年过节或生日时，我们都会收到商家发来的祝福消息，但是我们从来不会理会这些消息（除非发的是红包）。

这是因为我们知道这些消息的内容雷同乏味，而且每个人收到的信息几乎都是一样的。这些相似信息的作用无非就是提醒用户："喂，我还在这里！记得常来消费！"大多数时候，用户收到这些信息，转头就点"取消关注"了。

事实上，精准的内容更应该像是"私人订制"，给接收人带来一种惊喜感。自己关注的品牌反过来相当了解自己，无疑能够加深用户与品牌之间的情谊，个人与品牌之间便由此产生了归属感。

但这时，一些企业朋友们可能会说：如果每一次推送的都是精准的内容，那么会导致付出的成本太高，是一个非常不现实的事情。

就目前而言，确实如此。但是你们有统计过自己的核心用户吗？这些核心用户难道不值得用"私人订制"的内容，牢牢稳固下来吗？

除了个人与企业的归属感之外，精准的内容还能带来群体的归属感。

微信的朋友圈广告为什么要开放评论功能，并显示有多少朋友可能看到？这是因为它虽然是"精准投放"，但是收到信息的人们始终是一个群体。如果这个群体是某品牌的核心用户群体，那么他们可以在一个广告窗口之下"抱团"，形成一个粉丝阵地。

他们讨论的当然就是那些精准的内容，这些内容可能会不同，但是这是一个有意思的过程，就像在电影中寻找"彩蛋"。这些"彩蛋"里隐藏着只有粉丝团体才知道的小秘密，在相互分享与交流中，大家获得了成就感与归属感。

我们可千万不要小看这些"彩蛋"，它们会让人与人之间产生对比乃至攀比，让大家更愿意来讨论这些内容与品牌，让核心用户与核心用户之间、核心用户与品牌之间的感情更紧密。

3.精准的内容更需要区分品与效

前面我们讨论过"品效合一"，结论是这基本上是一个伪命题。于是自然，我们在做精准内容营销的时候就要区分本次营销活动的目的是"品"的还是"效"的；是要提高品牌曝光，还是要促进销售转化。

客观地说，精准的内容比大众传播更要注重"品"与"效"的区分。

首先，品牌广告和效果广告面对的受众是不同的，这注定了需要使用不同的说话技巧与表现手法。品牌广告更注重挖掘那些潜在的消费者，同时能够稳固目前已有的用户。而效果广告则需要让那些能够掏钱的消费者马上购买，刺激他们的消费欲望。

你可能会问：既然品牌广告的功能之一是培养潜在的消费群体，那不应该广撒网，去做大众传播吗？

是的，没错。对于一个急需扩张的品牌来说，精准营销显然有些限制步伐。但精准营销真的不能帮助一个品牌进行扩张吗？

显然不是。

所以对于一些预算有限的企业，可以用大部分预算去影响那些符合品牌消费群体特征的KOL。这些KOL有明显的特征与偏好，企业可以根据他们的特点制定私人化的精准内容。

一方面，这样使成本可控；另一方面，这些KOL还可以向企业反馈品牌优缺点的信息。当KOL成为品牌粉丝后，他/她们就会成为品牌更大的发声口，以口碑传播影响更多群体。可以说，精准的内容可以让小众走向大众。

而在效果广告的层面，精准内容的定制还要去考虑不同用户对同一款产品的不同需求。

举个例子：一款男士剃须刀，年轻的用户可能更注重它的款式与外观，年长一些的用户则更注重它的功能与实用性，那么在针对这两种对象进行广告文案与广告画面设计时，可能就要采取不同的表现策略，这样就能更好地提高他们购买的概率。

∷ 5.3.3 如何做到"内容精准"

明确了上面这几层意思，我们终于可以来谈一下怎么做了。这里我会简单介绍目前市面上已有的技术，结合这些来探讨一些实现"内容精准"的方法。

当然，我们并没有忘记这是一本有关短视频的书，所以下面我们探讨的"内容精准"更主要的还是围绕短视频。

前面说过，短视频精准内容的制作要比制作图文更加复杂，如果掌握了短视频精准内容的制作方法，想必也能触类旁通，对其他类型精准内容的制作也会有认识。

1.尽可能地细分你的受众人群

精准营销离不开的工具之一就是大数据。但要注意的是，大数据并不等于人群画像。它描绘了人们的行为习惯，但是无法参透这背后的原因、无法参透真实的用户需求与用户心理，所以还需要营销人员恰到好处地研究与洞察。

那么，如何尽可能细地划分受众呢？

（1）维度要尽可能多

这是一个显而易见的要点，但是我们应该从哪些维度着手呢？

其中不仅包括用户人群的基础信息，如性别、年龄、生日、地区等信息，还应该与其购买信息关联。如购买品类的偏好、最近购买时间、打折敏感度、客单价、购买地区等行为信息。

此外，甚至对于用户所在地的天气信息都可以与之关联，为精准营销做准备。

（2）标签要有层级

在给受众打上标签后，不要着急制定内容策略，而是对这些标签进行交叉对照以及历史数据分析，以此判断什么样的内容适合什么样的人群。

同时，这些标签之间需要有层级：一级层级、二级层级、三级层级……每一个级别的内容都要有完整性与独立性，确保筛选的对象不重不漏，也将内容的配比细化。

关于这一点，如果你想详细了解，推荐学习用户的RFM分析模型、用户访问频率分析、用户贡献度分析等内容，并尝试使用一些雷达图一类的分析工具。

2.使用合适的AI内容制作工具

看到"AI"二字你可能会退缩，别怕，就目前的人工智能而言，其算法已经可以满足多种内容创作的场景。市面上如PPT、PhotoShop等软件都内置AI功能，能快速生产许多较为复杂的画面内容，还有一些企业开发的营销云平台也能通过算法对不同的人群快速生成不同的内容相匹配。

如果你想制作内容精准的短视频，就不得不提一下来画动画平台。来画动画平台，不仅能像做PPT一样简单地制作短视频，还配置有AI算法，可快速生成美术元素与配音。

这可以让你快速上手制作多种多样的短视频内容，也可以嫁接云平台，通过AI来配置精准化的素材、从而实现精准内容的制作。

3.注重每一次内容触达之后的反馈

精准的内容意味着精准的反馈。无论是受众的点击、预览、购买、评价，甚至是关闭，都是值得留意的反馈信息。这些信息将会指导下一次的内容创作或者是技术的调整。

总之，本节的目的在于启发大家思考，多去探索短视频营销的可能。相信在不久的将来，广告会变成真正适合于每一个人的、有趣、有效的信息，实现真正的"精准告知"。

而到了那时，短视频内容也势必会在其中发光、发热。

5.4
KOL营销正当红

"KOL营销"这个词最近太火了，很多项目中，甲方点名要KOL进行推广或带货。

KOL，全称Key Opinion Leader，直译过来就是"关键意见领袖"，是指在某一个群体中有较大的话语权或影响力的人。随着短视频平台的崛起，短视频类的KOL在各个领域深耕，聚集了数量可观的粉丝与流量。

所以谈及短视频营销，就不得不说说短视频领域的KOL营销。

谈到这里，有的读者可能会问，现在的明星、网红，甚至一些自媒体，他们都可以自称为KOL，KOL是不是一个泛概念？短视频领域的KOL又有什么不同，他们在营销手法方面和别的领域的KOL又存在何种差别？如何选择适合自己企业的短视频KOL进行营销呢？

别急，下面就会带着大家讨论以上这些问题。

:: 5.4.1　认识KOL营销

意见领袖（Opinion Leader），是一个很酷的名词，不过请别误会：意见领袖并不是领袖。

早在1940年的传播学研究活动，"意见领袖"一词首次被提及。这涉及一个有趣的实验，感兴趣的朋友可以自己搜索，1940年拉扎斯菲尔德在美国伊利郡所做的有关二级传播的实验。

拉扎斯菲尔德认为：传播的信息是存在二级流动的，第一级是由大众媒体到意见领袖，第二级才是由意见领袖到大众。

受限于当时的环境与技术，并不是每一个人都能接触到大众媒体，所以意见领袖的早期相关理论存在着局限性。不过这也给我们提供了最基础的参考：相对于大众媒体，群众受意见领袖的影响更大。

而在当代语境下，KOL的语义涵盖面积更加广泛。研究机构认为，只要在特定人群中有较大的话语权与影响力的，都可以归属为KOL，包括明星、网络红人、达人、自媒体机构，甚至虚拟偶像……所以你会发现：意见领袖不是领袖，甚至可以不是"人"（没有骂人的意思）。

同时，KOL营销的发展也反映着媒介发展。在前大众传播时代，KOL就以明星代言人的形象活跃在电视、报纸之上；互联网时代社区/社交网站的出现，则给KOL带来了更多内容分发的营销价值。随着移动互联网的崛起，KOL内容形态和互动方式更加丰富后，营销玩法也不断被挖掘和创新，矩阵式自媒体交易平台也应运而生。

一般来说，KOL的粉丝群体有着明确的标签、有着相同的兴趣爱好，或者相近的统计学特征，是非常容易抓取的营销目标。同时，这群粉丝互动性强、购买力强，对于KOL的忠诚度高，也是企业和商家喜欢的营销对象。

于是这就使得在互联网时代下，KOL可以通过社会化媒体打破传播渠道的群体边界、发动粉丝群体对营销信息二次传播。而这也会进一步扩大营销活动的覆盖范围。

就趋势而言，当下的KOL营销有三大趋势：

（1）选择垂直化。泛娱乐类的KOL存在受众标签不清晰的缺陷，有很大的局限性，一般被当作信息扩散的传播渠道。而垂直领域的KOL因为更深的专业性和划分得更细的受众粉丝越来越受到品牌方的青睐。接下来，KOL营销的价值还将继续向垂直领域转移。

（2）投放矩阵化。当下KOL矩阵的价值也越发凸显，投放模式更加有机智能，不同层次的KOL组合更加科学有效，往往能够发挥出"1+1＞2"的矩阵能效。同时，短视频平台提供了透明、可选择的KOL矩阵，也方便品牌选取组合。

（3）决策复杂化。随着媒介环境的愈加复杂，媒介的选择也是KOL营销的关键。KOL不止存在于短视频领域，短视频类型的KOL也可通过软文、直播等形式进行扩张。

因此在决定KOL合作时也不要仅局限于短视频领域，在针对KOL的人设和粉丝群体定制内容的同时，巧妙进行媒介组合也是KOL营销的关键策略。

∷ 5.4.2　如何选择适合自己企业的KOL营销

目前短视频领域的KOL营销和传统领域的一样，多以投放为手段，把KOL视为拥有特定粉丝群体的媒介渠道。

但这里我要请各位读者思考的是：KOL多以人或团体为主，与传统媒体不同，其能动性和多变性是传统媒体所不能达到的。所以与其投放，不如与KOL共创内容，或根据KOL的个人特性与粉丝的偏好，给KOL足够的空间使其在一定程度上自主创新，最终发挥出与传统媒介完全不同的效果。

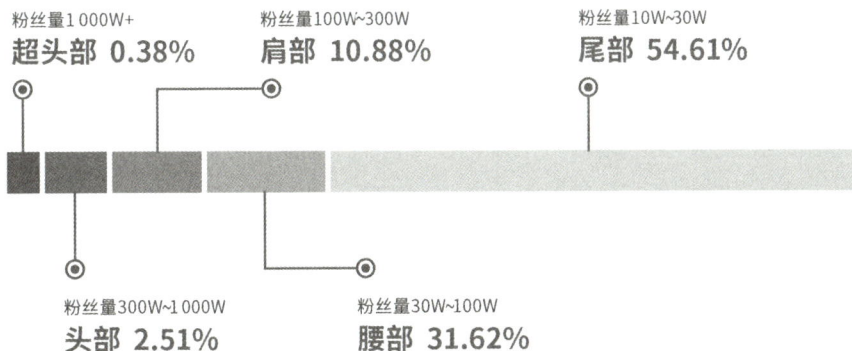

粉丝量1000W+
超头部 0.38%

粉丝量100W~300W
肩部 10.88%

粉丝量10W~30W
尾部 54.61%

粉丝量300W~1000W
头部 2.51%

粉丝量30W~100W
腰部 31.62%

1.KOL选择策略

选择合适的KOL是KOL营销中最关键的一个环节。除了要结合短视频平台特性之外，更要抓准KOL背后黏附的目标粉丝群体，整合不同体量和类型的KOL、搭建有机联动的内容营销矩阵，将传播效果最大化。

从体量上来看，头部KOL引流价值更大，肩部、腰部KOL性价比更高，而尾部KOL在内容分发和扩散上具有不可忽视的价值。而从类型视角来看，明星类KOL更加适合话题引爆；垂直类KOL更加适合深度内容解读；泛娱乐类KOL则更适合营销信息的分发。

（1）头部KOL

头部KOL是平台粉丝在300万~1 000万以及1 000万以上（超级头部）的KOL。他们多以明星或社会名人为代表，本身自带话题与流量，不止在某个特定平台有影响力，在跨平台甚至跨类型的内容上也有极强的话语权。我们以明星为例，说一说头部KOL的选择策略。

明星类KOL一般负责引爆话题，在抖音平台的短视频挑战赛中就可以邀请明星作为话题发起人，带动平台内外用户参与。明星类KOL的营销成本和风险性更高，因此选择合适的明星类KOL显得尤为重要。

通常来说，在选择明星类KOL的过程中，主要需将营销目标与明星人设、粉丝画像和热点动态三个方面进行匹配，进而筛选出更加合适的明星KOL进行营销合作。

以"溜溜梅"为例。2017年溜溜梅在抖音短视频平台发起的#溜溜梅全民抗酸挑战#中，邀请代言人演员杨幂作为话题发起人，并由杨幂团队率先制作短视频，介绍规则玩法，引起了大规模的粉丝效仿参与。

杨幂在2017年因为电视剧热播，拥有极高的热度，其粉丝以18~25岁的年轻人为主，刚巧符合溜溜梅的办公室零食定位——这是选择她代言效果不错的内在原因。

值得注意的是，由于明星类KOL在整个营销传播活动中起到关键性的作用，因此选择到合适的明星后，后续的媒介选择和策略选择也需要充分考虑明星自身的特点和意愿，进而实现更好的营销效果。

（2）肩部KOL

粉丝在100万~300万的KOL是肩部KOL，他们以达人为主，处于各个垂直领域的顶端。肩部KOL的专业性强、粉丝的标签化高，内容偏"硬核"。总而言之，肩部KOL是性价比很高的KOL，适合各个垂直领域的品牌认知与效果转化的营销。

选择肩部KOL时，一定要结合KOL的个人调性以及其粉丝群体的偏好进行。粉丝群体是能够接受自己关注的达人接广告的，但是只有广告的关联性强，植入手法巧妙，广告的内容才会被粉丝们接受。

"果子哥哥"是知名的搞笑配音类KOL，在抖音平台拥有255万粉丝。2018年，果子哥哥"恶搞"配音××手机系列广告，在各个媒体平台走红，平台用户纷纷转发，为××手机带来了巨大的声量。本案例可能不是官方性质的投放，但如果是官方性质的投放，那可以称得上是非常巧妙了。

除此之外，数码达人的测评、美食达人的探店、美妆达人的化妆教学，都是肩部KOL的投放形式。这些肩部KOL的投放手法提醒我们：不要把KOL只当作媒介或者工具，这些达人创作的专业性内容更加贴近粉丝群体的需求，是能让品牌曝光更有效、让带货更自然的。

（3）腰部KOL

腰部KOL的粉丝数量在30万~100万，相对于肩部KOL，他们的粉丝数更少，同时也有更大的潜力。300万粉丝作为平台的一个门槛，划分了平台KOL的"头部"与"肩部"，这也是垂直类KOL非常难以逾越的门槛。

腰部KOL与肩部KOL存在很多共性，他们都在自己的垂直领域发光、发热。腰部KOL在内容表现和创意上相对于肩部KOL可能稍有欠缺，有一些可能是因为时间沉淀不足，还有一些是因为所处垂直类相对小众、难以增粉。

不过如果企业预算有限、想以某个垂直领域作为基点向外扩散，这时腰部KOL可能就是营销投放的首选了。这时我们要去挖掘内容的深度，而不是急于扩大认知的广度，要用运营思维一点点拉动认知。

至于腰部KOL的营销内容，与肩部KOL的营销内容有很大共性，因此就不在这里进行赘述了。

（4）尾部KOL

粉丝在10万~30万的KOL，就是尾部KOL。关于尾部KOL，近年来还有另一个新兴的叫法——KOC（Key Opinion Consumer），即关键意见消费者。

在这种称呼中，他们不再是"领袖"，而是广大消费者中的一员。我们姑且不讨论KOC是否是一个伪概念，从数据统计中可以看出，尾部KOL在KOL群体中占比54%，如其称呼一般，有着明显的长尾效应。

一般来说，没有一定知名度的品牌如果选择与尾部KOL合作，那么必然不会产生水花。不过尾部KOL的优势在于分布广泛、接地气，可谓"从消费者群众中来，又到消费者群众中去"，有极强的亲和力与可信度。

所以，对于尾部KOL，我们一般不建议做单独的投放选择，而是配合腰部以上KOL进行组合投放，形成对消费者的声势包围圈。

据机构统计，从2020年3月抖音平台的KOL带货分布情况来看，日化品牌"花西子"大多选用尾部KOL，占比高达60%。此外，该品牌采用的头部、肩部KOL各占比1.9%；腰部KOL占比36%。

头部KOL做声量与曝光、尾部KOL则注重"氛围"，这让消费者产生了"人人都知道花西子，人人都在用花西子"的感觉，并产生亲自一试的欲望。

2.KOL组合策略

认识短视频平台不同层次的KOL之后，如何有机地组合这些KOL也是至关重要的。如同媒介组合一样，合理的KOL矩阵能够有层级地进行传播，触达每一个层次的受众，使投入产出比效益增大。

在这里，我们就简单介绍一下"声量场型""金字塔型""能效站型"三种KOL组合策略。

（1）声量场型

顾名思义，是利用KOL搭建一个声量场，聚焦关键人群，集中火力推动认知或转化。

这种模型主要适用于营销目标清晰、以销售转化为主的对象；他们的营销主体通常为有特定消费群体的具体产品。

这种类型搭配的核心策略在于搭建垂直类KOL矩阵，多平台同期进行造势；同时聚焦火力单点突破，在特定领域范围内造出大声量传播热度。

具体搭建要素如下：

首先，选择多平台，覆盖同一消费者的多个触媒场景，形成深度触达和刺激。

其次，KOL的选择以垂直领域的腰部KOL为主，尽量规模化，以覆盖更多垂直领域下的不同粉丝群体。

最后，注重内容差异化。对于不同KOL不同平台的内容需进行个性化定制，避免同质化内容集中过曝而引发用户反感。不过不管怎么创作，都不能偏离品牌核心理念。

（2）金字塔型

金字塔型策略，将不同梯度的KOL进行合理的安排组合，有层级、有阶段地进行传播。

这种模型主要适用于营销目标以大范围的信息触达为主的情况，如品牌形象、新品上市等重要信息的传播。其营销主体通常以大众消费品为主。

这种类型搭配的核心策略在于搭建有层级的金字塔型KOL矩阵，通过传播阶段的排布与互动话题的炒作，阶段式地持续推动营销信息的扩散。

具体搭建要素如下：

首先，制定阶段化策略，以"预热-引爆-持续扩散"等类似的执行节奏不断扩大营销活动声量。

其次，打造热点话题，注重挖掘话题点的互动性和可创造性内容，进而扩大其二次传播价值。

最后，金字塔型KOL选择策略。可以选择1~3位头部KOL领衔发声，再通过各个领域的中长尾KOL承接话题，覆盖更多不同垂直领域下的粉丝群体。

（3）能效站型

这种策略是要将不同层级的KOL功能分工，把他们视为几块独立的"能效站"，其中包括：传播支持、深度沟通支持、互动支持、导流支持四大"能效站"，共同形成传播闭环。

这种模型通常会在大型整合营销传播活动中起到功能性辅助作用，应根据各个传播阶段的需求灵活调整。

其核心策略在于将KOL营销作为整合营销传播活动的支持传播渠道，借助KOL自身的影响力和灵活性，根据不同环节的传播需求定制不同的传播策略，共同推动整个营销目标的实现。

具体搭建要素如下：

首先，策略制定要灵活，先根据整体营销诉求梳理各个环节的关键目标，再分别对应制定KOL的选择方案和内容策略。

其次，形式要丰富。在线上话题传播的基础上，尝试更多创新内容形式，如线上线下联动等。

最后，要做到彼此联系。不同环节的KOL营销之间需保持一定的关联，以防用户接收营销信息过于分散甚至偏差。

除了上述三种外，短视频类的KOL还有很多种营销与投放方式。虽然以上只是简单地介绍，不过也已足够能帮助大家想明白这件事了。

最后的最后，我还要给企业与品牌一点建议：比起高攀那些千万级粉丝的超级KOL，不如回过头来多关注自身的品牌。

只要深耕自己的垂直领域、把握好受众的传播心理，再做好优质稳定的内容，你的品牌也有机会成为KOL。到那时，你就不用借助其他KOL之力，能依靠自己源源不断地收获属于自己的粉丝与品牌忠诚度了。

—5.5
我们鼓励企业，自主生产短视频

随着用户体验的升级，传统图文的内容阅读量逐年走低。碎片化的阅读环境下，"Z世代"的年轻人也更乐于接受更直接、更多元的传播内容，于是，企业和品牌的自媒体不得不迎合大众而"被升级"。此时，大多数选择笑着拥抱浪潮的企业都开始做起了短视频，但困惑与抱怨却出现在了那边笑声的背后。

> 老板："企业做短视频是该找代运营，还是企业内部组建团队？"
> 管理者："外包成本高，制作时间长，宣传效果还出不来，咋办？"
> 执行者："以前只需要会写文章，现在要会'十八般武艺'，我是不是掉坑里了？"

面对这些扎心的问题，我们给出了一个意外的回答：企业可以自主生产短视频。

没错，我们鼓励大家"自己动手，丰衣足食"。

不过……在此之前，你需要做些改变。

∷ 5.5.1　找一个好的合作方，就像找人谈恋爱

曾经有个客户跟我说过："找合作方，跟找对象一样，先要彼此看对眼，还得让日子过得下去。"这个比喻让我印象深刻，后来长年从事创意产业，才发现双方还真存在着一套"择偶标准"。

如果你是一家短视频内容营销机构，理想的甲方品牌首先是能拿得出钱，然后还得要看这个企业是不是根正苗红、品牌和产品的底子好不好。

内容创意可以锦上添花，却很难做到雪中送炭。"广告之父"奥格威说过："不是每一棵树上都能结出广告的果实的。"说直白一点，产品不好或是品牌面临舆情危机，单靠内容创意根本救不了。

而对于甲方企业来说，在找合作方时也有着自己的标准——他们通常会优先选择那些知根知底的制作团队。这就像两个发小之间多年建立起的信任感，即使知道他不是最优秀的，但没关系，让一个更了解你的人帮你做事，总会有种默契，说专业一点，这叫节省沟通成本。

在这样的"双向挑剔"下，如果你真找到了这样一个"门当户对"的搭档，那么恭喜，祝你们幸福。

但如果没有，坦白来讲也是常事。不过或许我们可以一起梳理一下其中的原因：

第一，成本控制问题。企业面临控制预算还是追求品质的两难处境。总会有客户在说："视频的制作成本比起图文的高太多了。"是的，短视频所涉及的制作环节、制作周期、人力成本等，都远大于公众号的图文写作。这就让很多想要沿用图文时代玩法的企业，或是选择降低内容发布的频率，或是选择压低外包方的制作费用。

但无论是以上哪种，都是企业不得已而妥协的结果。这就导致很多企业看似在做短视频营销，但其实只是填补了新媒体矩阵中缺失的短视频板块内容，这样做却远远享受不到短视频带来的流量红利。

第二，时间管理。短视频比起图文新媒体，对内容的创意、剧本编排的要求更高，甲乙双方之间的沟通成本几何级增加。而且短视频通常都在几十秒到三分钟，文案字数在200字到900字，远小于图文时代平均2 000+的字数。许多人都知道，内容创作的领域文字越少，编排内容的要求越高。于是要想甲乙双方能准确地理解对方的想法，并顺利完成故事大纲、故事脚本、分镜脚本、后期创作等环节，没有三五个时长在30分钟左右的电话会议，很难如期达到甲方的要求。

第三，外包机构的能力参差不齐。许多批量作业的外包机构，都是采用"小组项目制"的工作方式来为客户服务的。即三五个人构成一个临时小组，执行外包项目的时间内，为甲方客户"出谋划策"，并完成短视频内容的创作与生产。这种情况下服务能力往往也具有极强的随机性，有时会好、有时又很差。

而且说句残酷的"大实话"：无论一个项目对甲方而言有多么重要，但对乙方来说，也只是他服务的众多项目中的一个，因此当精力有限时也更多的是提供标准、易操作的解决方案，很难照顾得面面俱到。

我曾经和一个在品牌方工作的朋友讲过上面的这段话，他当时听完，把正要去夹菜的筷子一下放下，然后半玩笑、半沮丧地说："本来我是能接受理想的合作方不好找，但听你说完突然一下郁闷了。因为这几点合情合理，仔细一想又没有任何办法解决它。"不知道听完，此时的你是不是也这么想？

是的，最无奈的不是事情办不好或不好办，而是你找到了原因却发现这原因本身是"天经地义"的、根本没有办法克服。

而像前面章节所说，当5G"新基建"时代到来，短视频的社会需求量激增时，你的企业能否在更加紧张的劳动力中总是挑到适合你的那一个，就非常值得好好思考一下了。

∷ 5.5.2 每个企业都能拥有生产短视频的能力

合适的外包方难找，这是接下来企业短视频营销难题的外部原因。而与之相呼应的还有一些内部因素。

首先，作为甲方，也许你自己都不知道对于你正在负责的这项内容创意来说，最关键的是哪几条信息。于是你花了好多精力和乙方沟通、让他们能够理解你的项目，却没能够说出最能帮助创意者"神之一手"的那条信息。

其次，外包说穿了就是依赖他人解决问题。这种行为在所托的事情很偶然或不那么重要时是有更多好处的，虽然多花了点钱却也省去了很多力气；但如果这个事情是会持续对你造成影响并至关重要的，那就不一样了。

这就像我们会让人帮我们取快递，却很少让别人管理我们花钱；我们会雇人帮助我们打扫房间，却很少会雇人帮助我们锻炼和学习。而如我们前面讲到的，在5G时代，短视频创造和运用的能力将越来越成为一个品牌底层的核心诉求，这时在这方面一味给外包送钱，却使自己的团队得不到这方面的成长和积淀，这显然是不划算的。

外有重山、内有顽疾，也无怪5G面前，多数企业都要"进亦忧、退亦忧"了。但好在这样的尴尬并非没有破解之法。

给各位的建议是：利用生产力工具加上合适的创作方法，赋能企业原有的团队，使之高效率、低成本、快速地组建一个短视频创作团队。把高难度的品牌宣传视频制作工作交给专业公司，对于更多轻量化的短视频，鼓励企业能够实现自主生产。

其实每家企业、每个人都能创作短视频故事，不是只有专业的视频公司才有这样的能力。

现在无论是作为企业主还是企业雇员，一提到短视频创作，都会表现得相当为难：认为创作短视频的门槛很高，非科班出身的外行人是很难染指的。但事实上，这纯属未知下的无谓恐惧，大可不必。

如本书开篇所述，创作短视频从本质上来看，其实是观点或信息的一种输送行为。换言之，职场中无论是负责公司人事管理的HR、还是负责产品营销线的销售经理；无论是对内输出企业文化和公司内训，还是对外宣传品牌形象和产品功能，只要你需要信息传递和思想表达，就需要短视频——这就是企业自己生产短视频的契机。

而比起乙方，企业自己的内部人员反而是最适合来给自己做创意的那个角色。你合作的乙方再细致，对于你们的公司、产品及关键领导的思想、性格的熟悉程度，也赶不上你。你在昨天经营大会上一闪而过的念头也许是他们无论怎么做功课都无法获得的感悟——这就是企业自己生产短视频的优势。

更何况在如今越发普及的短视频时代，只要你不是个"2G少年"就不会对短视频太陌生。能够在当代职场中立足的年轻人大多学习能力是过关的，这时从"多看、多学"的角度出发，相信很少有谁会说自己对短视频完全没有认知，而且怎么学也学不会——这就是企业自己生产短视频的条件。

所以此时最最关键的反而是人们的意识与自信。无论企业还是个人，都需要打破迟疑的纠结、敢于向舒适圈外迈出这一步。

作为企业的管理者，你可以尝试从团队中找到一个拥有协调组织能力、对结果认真负责的员工，将这个神圣而艰巨的任务交给他。

而他所需要做的，就是扛着这面企业发展至关重要的旗帜，在公司中发现和召集有想法、愿意尝试新事物的同事，组建起一只小而美的创新团队。

而这件事一旦开始，企业将会慢慢发现通过这样的行为，员工对于企业文化的理解认知、对于品牌调性的拿捏把握、对新知识的迁移学习都会得到同步提升。这对于企业来说，无疑是有百利而无一害。

相信我，此事既成，这个团队不仅会是你们自有短视频内容的来源，也会是企业无价的核心人力资产。

∷ 5.5.3　便利的生产力工具，降低短视频创作技术门槛

看了上面的内容，我想多数企业都会精神振奋、跃跃欲试吧？

不过与此同时，你的理智人格保不齐还是没有办法放过自己，因为上面讲了企

业自己生产短视频的种种便利和好处，却唯独留下了最关键的那件事。

怎么做？

孟子说过：有的事是"不为"，有的事是"不能"，自己生产短视频这事对许多人来说，障碍并不在主观的意愿，而是在于客观不知如何突破技术难题——非不为也，是不能也。

也许你已经听说许多头部的地产、互联网"大厂"已开始重金搭组自用的全职短视频团队了，但请放心，我们建议的解决方案当然不会这么"重"。这样简单粗暴的方案还是留给那些财大气粗又没什么更好方法的人吧，我们的方式很巧妙！目前专业的短视频创作公司使用的，大多是以Adobe系列套装——AE、PR等专业剪辑制作软件，这些软件功能强大，但由于学习门槛过高，大多是科班出身的人在使用。而企业现在新组的创新团队中，几乎没有人有基础的软件操作能力，更不必说去制作更加高级、复杂的短视频内容。

而来画洞悉了这一需求，从公司创立之初便一直在想办法满足"零基础的人想要制作短视频"的诉求。我们经过了近三年的研发、迭代和升级，终于呈现出了"来画动画"智能短视频创作办公平台，可以真正实现让普通人"像做PPT一样做短视频"、让非科班专业出身的人也能掌握短视频创作的技能，拥有用短视频表达内容的能力。

接下来，我就从几个方面简单和大家讲一讲，来画动画工具是如何实现降低创作门槛的。大家在阅读本章时也可到www.laihua.com对应查看具体界面、体验各种功能。

1.提高工作效率，让创作全面提速

专业的短视频制作软件操作界面和功能十分繁杂。而对于初入短视频创作行业的新手来说，一打开AE或者PR的界面，除了惊叹专业高端的功能界面，内心也一万个问号闪过：这个按钮是什么意思？这个功能有什么用……

此时他会怎么做？硬着头皮报课学习、立誓要啃下这块硬骨头吗？

很遗憾，并不一定如此，我们太过高估人们对于探索未知的决心和自制力了。据我们调研了解，多数抱着"试试看"来尝试短视频制作的新手在被这种架势看"晕"后会直接关掉！

所以来画面向广大普通用户，第一个要解决的就是这个问题。让我们一起来看看来画视动画视频创作工具的界面。

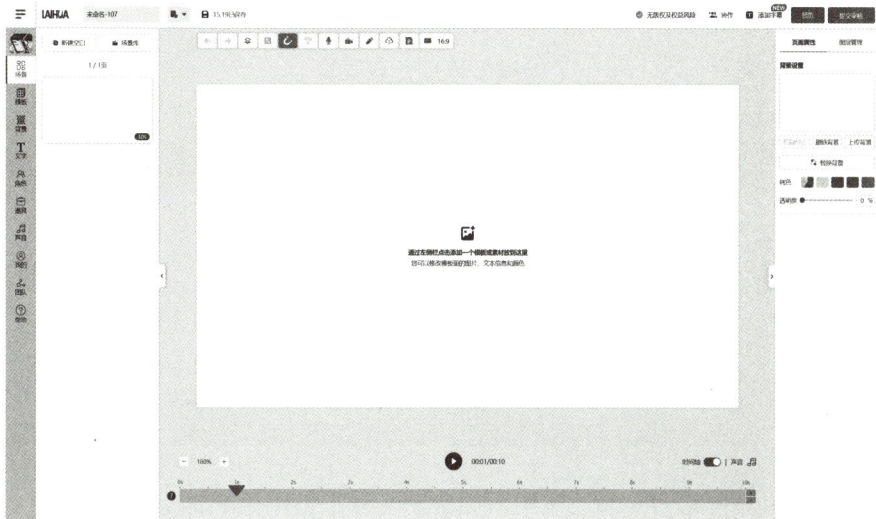

为了最大限度地降低用户学习上手的门槛，我们将界面设计得与PPT界面类似。从上图可以看到，左边一竖栏是素材界面，拥有近5 200万来画自主制作加上采购其他版权网站的素材，完全能够满足企业日常短视频内容创作的需求。

同时，来画依托多年的动画制作、服务过几百家品牌客户的经验，总结出了一套可更改人物动作和表情的动态素材包。创作者在制作动画短视频内容的时候，无须掌握动画骨骼绑定技术，只需要根据视频内容的需要，勾选出合适的动态人物素材即可。

界面左边第二栏是场景栏。该场景栏的设计思路沿用了PPT的幻灯片页面，但又有所不同，来画平台上每一个场景页不仅代表画面，更多了一个"镜头时间"的概念：每个场景页皆是一个时间镜头。

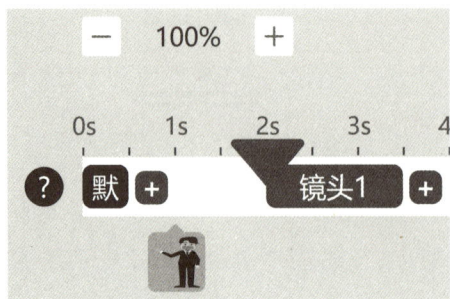

在场景页与场景页之间，平台也内置了非常丰富实用的转场动画，鼠标移至对应的预设转场上，即可预览转场动画效果，极大地方便了场景页与场景页之间的衔接。

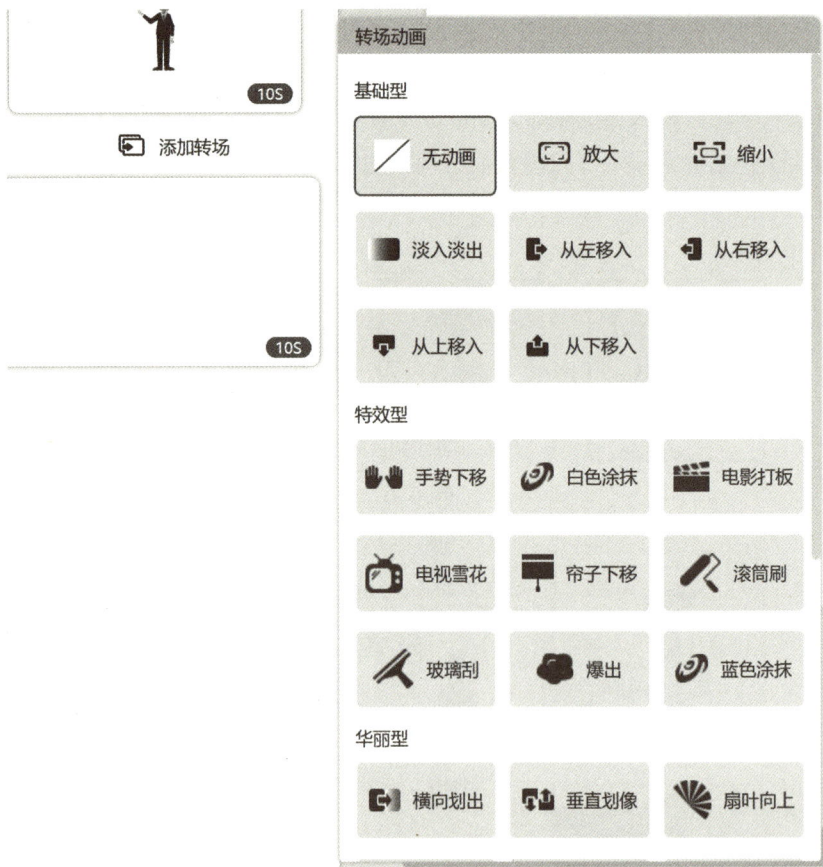

在界面的最下方，有一条时间轴，它把控着整条短视频的节奏。在场景中加入的每个元素，都会在时间轴上显示，用户只需要在时间轴上拖动元素的进出场标志，即可调配元素的出入场时间和动画。

配合时间轴上的镜头设置，能够实现类似于摄像头的调焦和镜头运动。多加练习，熟练地使用好镜头功能，能够让整条视频的节奏和观感上一个档次。

界面的最上方是平台的智能功能栏，内含"AI智能语音""AI智能绘图"和"智能文字云"功能。在这里为短视频配音成为一件不再需要额外成本的事情，借助"AI智能配音"功能，用户只需要输入想要配音的文字内容，即可自动输出一条智能语音，用户还可根据具体的短视频内容，选择合适的男声、女声抑或是童声，一键智能高效创作。

来画动画坚持简化操作的产品设计理念，从人性的用户体验出发，设计了简单模块的操作。用户只需轻松将文字、图片、视频、音乐、动图、手势等素材自由结合，既保证了创作的自由度，又提高了短视频的生产效率。

但界面与操作的简单并不意味着效果实现的程度低。事实上，这样的简化并不是靠减少功能实现的，而是我们不断根据一线短视频创作团队的心得重构产品逻辑而得到的——有许多功能平时只在它需要出现的时候才呼出，又有许多没有意义的环节被我们"五步并作两步"转化了。

这些设定统统为了一个目的——从多方面提高生产效率，为广大有望进入短视频领域的用户提供一个有力的生产力！

2.视频编辑云协同，快速促成"团队作战"

作为企业新成立的创新组织，如何解决跨部门、跨工位的远程协同创作，是一个避不开的核心问题。试想，作为创新组织的牵头人，在团队沟通和创作过程中，如果不断遇到沟通不畅、反馈不及时或各成员之间进度无法同步等问题，肯定会极大影响整个团队的产出效率和成果。

因此，除了使用协同办公软件来管控项目进度及沟通内容需求外，还应该使用来画动画工具提供的视频创作协同管理功能。

来画平台支持添加团队成员，共同完成作品创作。这里共有"管理者""设计师""成员"三种角色权限，每个成员皆可自由使用其他成员共享的视频草稿和素材。

团队中的编导和文案管控着短视频的脚本，他们最清楚这条短视频内容应该以什么样的形式呈现，因此他们可以根据自己的想法寻找到合适的视频素材并上传到协同空间。而此时，动画制作人员就可以直接调用并继续编辑下去，省去了大量的沟通和文件传输的成本。

此外，来画平台还支持多人共同创作同一视频草稿，这能够让多名成员都能参与到制作过程中来，各自发挥创新能力、制作出有趣好玩的短视频内容。

3.海量原创版权素材，为商业作品保驾护航

在企业的创作场景中，版权隐患是一个非常现实的问题。我们总在创作时不知不觉使用一些素材或字体，结果因此收到版权方的侵权警告或律师函……可谓不知不觉、防不胜防。

为了解决商用场景中的版权授权问题。首先，来画花了近三年的时间，借助几百号的设计创作人员，为平台的用户打造了一个丰富的素材库，这里不仅有设计精良的动画素材，还有非常多高清的实拍视频短片，较大地降低了视频创作过程中缺乏元素表现内容的问题。

其次，来画平台自带版权自动检索功能。它能自动识别创作草稿中的素材，如遇到侵权问题即刻提醒。

同时，我们还对接了字体家、千图网、方正字库、视觉中国等众多知名的版权素材方，引入其授权可商用的版权素材，集万家之力以满足各行各业的素材需求。至今为止，来画还是类似产品中在版权保护和侵权预防中做得最全面的一家。

4.一站式视觉资产管理，确保企业宣传形象统一

对于已经有VI视觉系统的企业来说，如何管控好视频创作中视觉的统一性，往往也是个颇费精力的事情。

品牌色、LOGO应用及其他规范都是品牌资产深化的成果，原则上应该通过对外展示的作品不断强化。但很多时候由于企业分支部门机构复杂、一线设计人员或乙方公司品牌视觉规范意识薄弱，容易无视规范、各行其是。

久而久之，品牌视觉系统渐渐紊乱，很容易让受众产生一种混乱感，还极大地增加了乱用侵权素材（主要是字体）而导致的纠纷风险。如果你的分公司、子公司或代理商、经销商遍布各地，对于这点应该会深有体会。

针对这种情况，来画动画内置了"品牌视觉资产管理库"，管理员账号可以在素材库中上传统一的品牌LOGO文件、VI视觉系统的标准素材，团队其他成员只需选择协作空间中共享的素材，无须担心因为素材来源不规范引起的品牌形象不统一的问题。

同时，当低权限的设计者做好了作品，还会向协同管理者提交审核，这时无论作者身在何地、是什么人，公司品牌管理部门的人员都能够对他/她的作品进行复核，确定无任何问题风险后再对外发布。

5.团队共创成为可能，放大每个员工的价值

前面的章节我们专门讨论过一个短视频创作团队的经典配置，其中有编导、摄像、后期，动画制作中还要加入画师，大家分工明确、各就各位——这是理想化的、属于"正规军"的打法。

但在越来越多普通企业开始选择自己生产短视频时，这样的模式或多或少会存在一些问题：一方面，这会给企业增加不少的人力成本，而短视频转化获利相对于直投效果类广告来说，周期更长，收益也无法预估。

另一方面，对于还在试水、纠结要不要果断入局短视频营销的企业来说，短期内凭空"变出"这么一些原本不存在的工种也确实非常考验魄力。

不过在传统的生产模式下，这就成为普通企业"上车"短视频之际非常为难的一个问题。

但这一问题对于来画的用户来说并不难解。因为来画是一种有异于传统视频生产思路的新模式，新的生产力自然不必固守旧的生产关系。于是在它低门槛、高便捷的优势下，可以支持企业先用现有的人员"改编"上车。

原本的公众号"小编"、平面设计师或负责制作PPT的人我想多数公司都不缺，这些就可以是现成的"改编"对象。而且来画高效的特点也无须他们完整转型，我们的很多用户都是一面做着本职工作，一面制作短视频的优秀"时间管理大师"。

就这样，团队可以低成本地度过转型期，接下来即便确认走短视频自生产的新方向，也很容易扩大团队和复制这种模式、放大更多员工的价值！

第6章

合作，
甲方乙方"攻守道"

　　这些年我们接触过许多志愿投身于短视频并入职公司全职来做的新人，他们从各行各业而来，却都是因为短视频调整了职业发展的方向。当问到为什么这样选择，他们的答案五花八门：有趣、有创意、前景好、听说很赚钱……但无一不是或多或少地只看到了它美好的那一面。

　　作为一个很早便投身短视频行业职场的人，来画从工作室式的小团队起步，发展至今成为一家准C轮融资的公司，一路风风雨雨、摸爬滚打，短视频职场到底是个什么样子，对于我们来说可算是非常立体了。客观地说，上面的那些优点都是真实的，它们是这个行业的特点，也是短视频行业职场的"A面"。我们将它翻过去，它的"B面"可就没有那么美好了。

　　且试言之：首先，短视频的职场加班非常繁重，就我们公司而言，凌晨街道的空气几乎是家常便饭。其次，就像浪漫故事走向生活就会充满柴米油盐，一个个出色的短视频作品背后堆积的也总是一地又一地的鸡毛。也许你会说，但至少一番辛苦后能把自己的创意施展出来，那种满足感也是很大的。但很可惜，许多时候在商业的项目中，创意的发挥余地并没有理论上的那么大，许多时候作品做出来早已经不是你最初想要做的样子……

　　说起造成了上面这种局面的原因，短视频团队在市场上时常扮演的"乙方"角色是一个很大的原因。乙方即服务方，无论是接广告、视频定制或是其他，短视频绝大多数的主流转化获利途径都是要靠和作为委托方的"甲方"打交道来实现的。这很辛苦却又难以避免。

　　所以，短视频行业的职场并不是美好的，除了看上去的那些美好，这些悲苦和无奈也是新人考虑入行时建议必须正视的。如果你在判断后仍然愿意选择这个行业，那么这一章的内容送给你——我们专门准备了一些关于短视频行业"甲方乙方"的"攻守之道"，是我们多年来在服务甲方的一线中总结出来的，虽不能说彻底改变上面的问题，但却可以在相当程度上缓和许多不必要的冲突、减轻这种辛苦。

而如果你是一个在甲方公司工作的朋友，也推荐你看下这一章。校正预期并更有技巧地做甲方，也能够更好地让乙方理解你的想法，并节省许多因为沟通不畅带来的情绪低落与时间损失。总之，甲乙方合作是双方的事，谁的状态不对项目进展都会变得麻烦，这种麻烦双方谁都逃不开。

6.1
甲方乙方，如何科学地认知

在具体阐述甲乙方如何彼此相处之前，我们先要解决他们如何自我认知和彼此认知的问题。也许你会说我来是听你讲干货的，直接上解决方案就完了，何必从甲方和乙方是什么开始讲呢？这又不是要写学术论文。

但我们的选择是：不。

至少在这个问题上，我们仍然认为这样做是十分必要的。因为在我们常年进行短视频服务的体会中，90%难搞的项目都是这个环节出了问题：甲方不明白怎么做甲方，乙方也不明白怎么做乙方；不是在操作中慢慢迷失了，而是一开始就没有想清楚过。再加上一些对于对方不切实际的幻想，一切顺利还好，可一旦项目出现什么问题，所有的矛盾都会以更加猛烈的方式爆发，搞得大家两败俱伤。

所以，接下来我们将从"知己""知彼"两个角度带大家科学地认识甲方乙方，毕竟只有这样才能"百战不殆"。

:: 6.1.1　知己：甲方乙方，到底是什么关系

短视频业务中的甲方和乙方，应该是什么关系？

也许你会说：那还用说？一个是给钱的、一个是收钱的罢了。

是的，这是个事实，但却没说完。一方给钱、一方收钱的关系也分不同的类型：比如商场里的买卖是一种；员工和雇主是一种；医生和病人、委托人和律师这种顾问式服务又是一种。所以除了给钱和收钱，我们还要看到专业性的因素。

事实上，短视频业务或者说整个广告传媒业务的甲方和乙方，更接近医生和病人这种关系，因为这种交易本质上还是一种有门槛的智力服务，而不是简简单单的货品交易。所以这里的甲方和乙方还有一层业余、专业之差：甲方虽然是给钱的，但同时他也是不专业的、需要帮助的。乙方与此相反——所以在这场交易中，甲乙双方都是"强势"与"弱势"同体并存的。

事实证明这一点是万万不能忽视的，当前许多广告传媒行业的甲乙方之间就只看到了给钱和收钱的关系，于是一个任性索取、一个一味迎合，结果最后作品庸碌"自嗨"得多、真正出色得少，徒留下"五彩斑斓的黑""不要用PS要用Photoshop"这样的笑谈。

也许你会不服，认为这个只是极为特殊的情况，毕竟现在乱指挥的甲方和只会哄甲方的乙方不常见了。但如果我们用大家日常熟悉的医生病人的关系来类比一下，就不难发现其中的尴尬了。不妨想象一下下面的场景：

有个病人感冒了，去医院挂号问诊。但是没等医生提问，他先开口了："医生，我体温有点高，肯定是胃部引起的应激反应，你先给我做个胃镜吧，然后再开点治胃炎的药……"

这个时候医生应该怎么做？二话不说，按照病人所说的写下处方单吗？还是仅把他的意见和推测作为参考，然后仍然按照科学的一套方法来诊断和处置？显然后者更靠谱。

但当医生说："你这就是伤风感冒，问题不大，我给你开盒感冒药吧"，这时病人不乐意了，说："你这分明是不重视我，我必须做胃镜！"对此你又怎么评价？

我相信对于上述的这些"怪象"，该怎么选择大家还是非常确信的，这里面关联的三观几乎已经接近常识了，这时如果我说真的有个病人这样做了，并且还得到了医生的无条件配合，你一定会认为他们两个犯了"神经病"。

在医生和病人之间，病人是甲方、医生是乙方，但这位"甲方"并不敢颐指气使地指挥"乙方""乙方"也不会放弃原则、一味迁就无理的要求，是因为这场"合作"需要极强的专业基础，并关系着一件至关重要的事情——病人的生命健康。

然而，当我们把这两个角色换成广告行业的甲方和乙方时，这种奇怪的配合关系反而成为常态。殊不知，广告传媒也是一个需要专业技术的事情。这里的技术不仅指诸如短视频制作这样的实现技术，更是指对受众的洞察和把信息转化成不同受众乐于接受的语言的能力——而让信息到达目标受众并引发他们的正向共鸣，这对于品牌营销而言，也是一件像生命健康一样必不可少的事情。

想要达到这样的效果，首先要戒掉的就是"自嗨"。受众喜不喜欢是个相对客观的事，甲方说了不算，乙方说了也不算。不过乙方一般还是会比甲方更有办法一点，因为称职的策划会对人性和不同人群的人群画像、接受习惯进行研究，同时熟悉短视频的各种"语言"、懂得面对什么人群选择恰当的方式——这同样也是一件需要专业的事情。

乙方公司中的专业人员，有的是经历过至少4年专业训练的科班生，有的是拥有10年技术经验的行家老手。他们日复一日地在一个技术领域实践总结，也许还未达到专家级别，但是对于从事岗位的工作技能的掌握与判断是会强于普通人的。不仅如此，当一群这样的人聚在一起，集群也会让他们拥有更多的讨论、交流条件。所以除非你是天赋异禀的"人中龙凤"，否则尽量不要轻易认为你闭门造车得到的结论会比专业团队高明到哪儿去。

因此我们说，短视频的甲乙方关系应该是属于"顾问式"，而不是"佣人式"的。那具体怎么做呢？我们慢慢往下看。

∷6.1.2 以受众为中心，甲方乙方共同的工作法

虽然提到了种种不合理，但不可否认，在相当长的时间里，广告传媒行业的甲乙方关系就是"佣人式"的。不光是缺乏实力、品牌的小公司，许多4A广告公司也是以这种状态在服务的。

但大家千万别因为这样就认为这是经历过时间检验的合理模式，看待一个事情也要结合它发生的具体环境与时代。广告生来就是为了影响受众的，对于甲方而言，掏钱做广告从一开始买的就是目标受众接受的程度和效果。只是在相当长的时间里，广大受众的感受缺乏一个客观的呈现方式和衡量标准，所以一条广告的评价就成了一件说不清楚的"玄学"，暂时只能以甲方的喜恶为标准。在这种规则下，哄甲方开心当然就成为广大乙方面前的一条捷径，受众洞察和技术水准反而还要靠后一点。

不过这种情况现在已经越来越难以为继了，原因也很简单：随着互联网与广告营销结合得越来越深，受众对广告的态度的客观呈现问题渐渐被解决了——浏览量、点赞数、评论内容、转发行为、转化统计都可以用来衡量和评价一条广告的效果。从这一刻起，广告的评价就已经不再是一道"言之合理即可给分"的"主观题"了，短视频作为互联网营销在当下的主力，更是如此。

眼下广告传媒行业中的传统势力哀鸿一片，主要也和这一改变有着直观的影响。甜言蜜语、投其所好、无限迁就渐渐不能决定一切了，面对惨淡的流量和评论区里的群嘲，甲方就是再好哄应该也不会认为这个广告是成功的，即便这是根据他的"指导"完成的。

所以，可以说围绕目标受众增加专业度在广告产品中的介入，是甲方和乙方共同要做的事情。

在这当中，甲方作为相对业余的一方，所能做的就是找到一个有真才实学的乙方，然后最大限度地支持他发挥专业：给到尊重、多点信任；可以提问、可以讨论，但尽量别去业余质疑专业、外行指挥内行。

至于乙方呢，虽然是收人钱财，但作为专业的一方，一定要承担起责任来。一方面，一定要修炼和提升自己的专业性；另一方面则要认识到自己是以"顾问"的形式来服务的。一定不要放弃专业立场一味哄甲方开心，因为数字营销逐渐成型的年代，即便甲方暂时因为情感或利益因素放过了你，但当数据一"说话"，"皇帝的新衣"也便再难以为继。

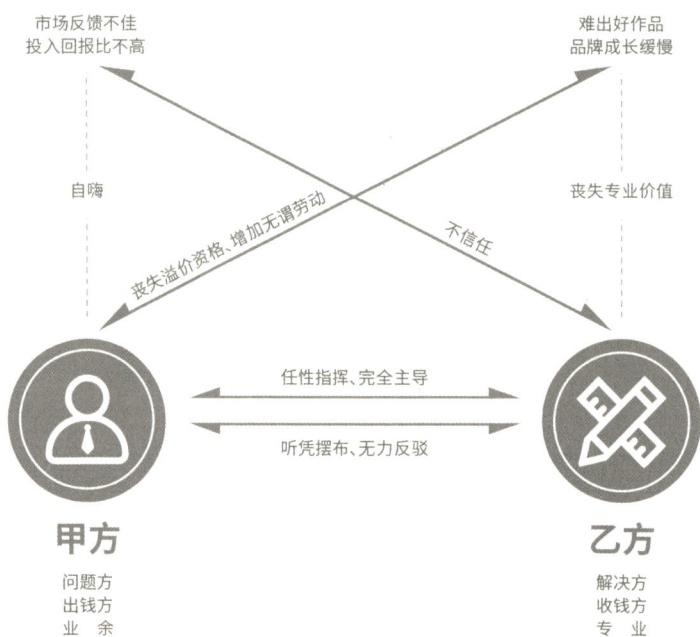

市场反馈不佳
投入回报比不高

难出好作品
品牌成长缓慢

自嗨

丧失专业价值

丧失溢价资格、增加无谓劳动

不信任

任性指挥、完全主导

听凭摆布、无力反驳

甲方
问题方
出钱方
业　余

乙方
解决方
收钱方
专　业

也许你会说许多合作中的甲方对接人实际也是办事的，就算广告效果不好让公司的钱打水漂了他也不心疼，反而是如果不能讨他欢心、项目进展坎坷的麻烦更大、更直接。但你信不信，如果他的老板或审计人员发现了这一结果来责问他，他就算不会立马会换副面孔回来折磨你，下次的合作也基本没有什么指望了。

更何况，当你放弃专业立场而听凭不专业意见的摆布，产生的作品是很难优秀的。手底下长期走出的都是平庸的作品，品牌成长便会很慢，这样不仅难以溢价，也会增加许多无谓的劳动。从长远来看，这对一家公司而言显然是个问题。

∷ 6.1.3 知彼：甲方乙方彼此不切实际的幻想在哪里

说正题前，先看下面一个真实的小故事：

> 昨天我的心情很糟，大清早起来从成都飞到杭州见一个合作方，结果不光因为对方诚意问题和对方发生了一些争执，还在离开他们公司后不久，猝不及防地被一场暴雨"拍"在了路上。回到酒店本指望换上浴袍把衣服晾一晾，却发现房间里根本没有配备，打电话给前台得知这里的浴袍要付费购买，价格还不低……
>
> 我们来看这三件让我烦恼的事。与合作方发生争吵确实是双方因为一些事项上的操作不当带来的，从某个角度来说是个随机突发事件，属于遇上就躲不开的烦心事。但被大雨淋湿和浴袍风波则不是这样：
>
> 如果出发前一天看一眼天气预报，我就会随身带一把伞免于被淋；而即便被淋，如果我能提前知道，就可以在路过商店时买好一件换穿的衣服，可能还要比在酒店买浴袍划算一些——无论是雨还是酒店，本来都没有错，但却因为我的错误判断间接带来了麻烦，于是这次旅途的烦心事一下从一个变成了三个，造就了我近年来难忘的一次"囧途"。

事实上，在日常的短视频合作中的重重障碍也是类似。一方面，因为自我定位不明而"乱作为"确实会带来许多磕碰与摩擦；另一方面，双方因为错误地估计形势而"白生气"的情况也不少。所以想要真正合作好，除了找到自己的定位之外，短视频合作的甲方和乙方还需要对对方有着充分地认知，破除一些不切实际的幻想。

那么短视频的甲乙双方之间都有哪些常见的不切实际的幻想呢？

首先说甲方对于乙方的幻想。许多时候，在甲方的想象中，乙方是这样的：

第一，非常专业、无所不能。所以不管怎样刁钻的问题，想提就提，即便自己评估这事不简单，但转念一想既然你出来做这个活了，就什么都难不倒。如果你说这事有困难，那就是不想好好给我做。

第二，一点就透，不用我说。所以描述自己的想法时只说什么"要好看""要眼前一亮"，提意见时也只是说"不是我要的""没有击穿心智"，像两位高僧"打机锋"，一切尽在不言中。

第三，无论如何都会尽心尽力对待项目。所以"虐"你无极限，心想反正你收了我的钱再怎么也会乖乖把活做好的；有时有什么意外没法及时配合，那就干脆晚点儿给反馈意见，这期间我不找你你也找不到我，等回头我有空了再随时回来，但你还是要按照原定时间交成品。

想象很美好，但很可惜，甲方朋友您想太多了。

首先，乙方不管怎么专业，也做不到无所不能；对于一些难的事情或许他们还能想想办法，但是对于那些压根不可能的事，也要允许对方说一声"爱莫能助"。比如我们曾经做过一个项目，甲方是一个艺人经纪公司，一段配音原定要用一位明星的原声，结果事到临头明星突然要赶另一个通告没有办法配合了。于是"机智"的甲方便让我们找个音色相近的配音演员来模仿这位明星，但要求从口音到语气一模一样，同时还要比明星自己念感情更饱满、演绎更到位……

其次，广告合作中的沟通和日常生活中的任何一种沟通并没有本质差别。平时你去商场买衣服，知道讲清楚希望买一条夏季穿的连衣裙还是春秋穿的牛仔裤，顺便还会贴心地提醒一下售货员帮忙找修身一点儿的还是宽松一点儿的；在餐厅吃饭遇到味道不可口也懂得说是咸了还是食材不新鲜，那么为什么偏偏到了广告合作时就觉得给到一句"意识流"的指示或者干脆一个眼神，乙方就能准确无误地接收信号呢？

最后，也是最有必要说的是：一个项目对于甲方和乙方的意义往往是不一样的。对于甲方来讲，可能两年才做这一条短视频，从上到下重视得很；但对于乙方来说，这只是他们无数项目中的一个，任何时候，在同期开展的十几个项目中都能找到几个类似的项目。当然这不是说乙方就不会认真地对待，但如果双方相处得太不愉快，随着好感和耐性的慢慢消磨，有多认真地对待这个项目就不一定了。对于有经验的乙方来说，对你失望时根本不需要拌嘴，少出几分力、把出品控制在刚刚能够过关的水平是再简单不过的事情，而这种情况甲方甚至察觉不到。但本来明明可以做到100分的作品，最后却只做到60分；本来明明是打算用心打磨，最后却只是蒙混过关，这当中甲方的损失无疑是很大的。

所以作为短视频合作中的甲方，首先需要具备一定的同理心，并给到专业人士与合作协议相应的尊重，凡事友好协商、心平气和。如果有条件，尽量还是可以了解一些基础的专业知识，并尽量使用具象、参数化、具有落地性的语言来传达指令；如果做不到，那至少可以把自己的感受描述得细致一些，或干脆能配合具体参考案例来表明意图。下面我贴上来自我们一位优质甲方的示范。

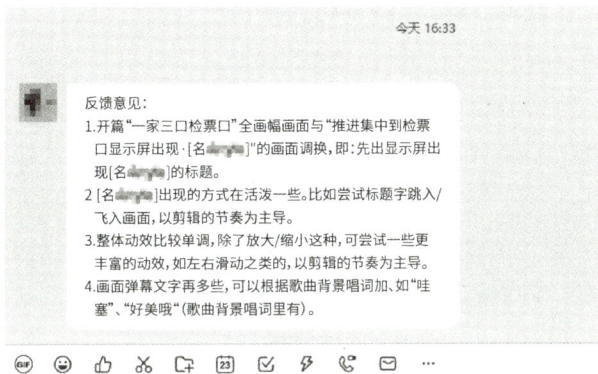

然后我们再讲讲乙方通常对甲方有哪些不切实际的幻想：

第一，非常懂自己要什么。所以格外相信甲方说的每一个细节，不验证也不辨别；如果交作品时甲方表示不满意就火冒三丈，甚至要拿着甲方先前的聊天记录与之逐字逐句地"对质"。

第二，能够给到建设性的指示。一种情况，乙方不光要听甲方的感受，连同甲方的一些解决方案也要言听计从；另一种情况，在甲方提出问题时不会自己思考，反而去问甲方有什么建议。

对于这两个问题，仔细看过我们上一节就不该迷茫了：在双方的合作中，甲方是业余的一方，作为乙方的你才是专业的。所以千万不要指望甲方给到的意见中有多少是成熟的，要明白这里有许多都只是他们从个人认知情况出发给到的一些猜想，其中甚至有些名词和术语都是张冠李戴的。

比如，我们前天就遇到了一位客户觉得目前的画面"不够喜庆"，并希望我们"把明亮度调高"。但事实上，那幅画面本身的问题在于色彩间的对比做得不够且饱和度整体较低，从而略显寡淡，单纯调节明亮度并不能起到太大作用；正确的做法应该是修改局部配色、增强色彩对比，并适当提高饱和度。所以作为专业的一方，乙方要做的不是指望甲方直接给出答案，而是在尊重甲方意见的基础上用自己的专业仔细处理和吸收，并更多给到甲方自己的解决方案。

具体做法我建议一定要善用沟通这一"武器"，用提问、引导来"庖丁解牛"，并结合一些可视化的案例、示意来辅助沟通，通过你的专业判断来探知甲方真正的意图和想法，这个我们后面会讲。

第三，有时间观念，能够因为工期紧张而积极配合响应，于是在需要其配合时经常模糊地说一句"尽快回复"，或干脆把问题或文件一发，然后就默默等着甲方不知道什么时候能出现的回复，"敌不动，我不动"。

第四，认为甲方能对自己的判断与承诺负责。于是甲方说了句"我要时尚的，不要传统的"或"前面没问题了，继续往下做"信以为真，感觉得到了明确答复就欢天喜地一顿操作，既不判断也不做预案，结果最后甲方翻脸快似翻书，徒留无可奈何。

关于这两个问题，主要原因是在于高估了交易中的人性。虽然很不应该，但以客观来看，现在的广告交易中甲方确实会时常存在倨傲、轻忽的状态，对于这一现实，乙方不该低头却也应做好坦然面对的准备。

对于问题三，建议乙方朋友们可以确定自己的一套工作流程，既管控项目中的需求，也管控其中的时间进度，无论甲方在意与否，乙方都要把这些事放在心上，并做到耐心细致、不厌其烦。

对于问题四，建议乙方朋友们可以习惯基于不利的可能性多想一层预案，让自己无论何时都有准备。当然，这只是"治标"的办法，想要真正"治本"，根本上还是要提升自己的在技术操作和客户沟通上的专业水平。甲方也许不懂自己到底要什么、怎么做，但对于符合大众习惯的好设计还是有认知的，如果你能保证每一稿的完成度都比较高，且没有什么太大的别扭和硬伤，即便方向和甲方描述的仍有差异，但也难保对方不会同意你的操作。

6.2
拿到有效的Brief，项目的第一步

"Brief"这个词，在短视频甚至整个广告传媒行业非常常见且无比重要。指的是项目需求，这是项目开展的第一步。所以在解决甲方乙方"知己知彼"的问题后，两边平心静气地坐下来沟通项目，就从这里开始了。

广告行业的产品不是标准的货品，而是针对千差万别的甲方需求提供的解决方案，因此搞清楚项目需求并整理出来就显得至关重要。

Brief是整个项目进展中核心围绕的一份文件，策划、排期、方向甚至执行人员都会据此而动，并会由项目管理者同步给后续的每个关键环节执行者，可谓意义重大。Brief越详尽、越精准，项目人员掌握的关键信息越多，项目也就越容易做得出色。

可你知道吗？这并不是一件容易的事。我在短视频行业从事进行项目管理多年，经手的大小项目不下千个，同时从业久了也经常能遇到同行在项目遇到瓶颈时和我咨询解决之道。在这一过程中，我发现能做好Brief的人是少之又少的。

这是因为之前说过的，Brief的信息起点——甲方往往并不专业，也不一定描述得清楚自己想要什么，于是信息从源头上就出现了问题。这种情况下需要专业的乙方用稳健的逻辑和技巧性的提问对甲方进行引导，并适时地抛出自己的专业判断，并向甲方谨慎征询、谋求共识。然而这又是需要专业训练才能达到的境界。

要知道甲方的需求并没有你想得那么简单，至少没有简单到你直接靠着两条聊天记录就能执行那么简单。所以千万别因为轻忽或者没时间就把这一环节草草了事。

下面我们就来重点带大家了解一下Brief的一些要点和背后的门道，并说一说乙方要如何抽丝剥茧、去伪存真，拿到项目相关的关键有效信息。

不难看出，这一节更多是写给广大乙方的，但如果你是个常年在甲方公司工作的人也不妨看看。下面的内容同样可以使甲方更加清楚项目需求表达时的重点和盲区，帮助大家更高效地向乙方传达准确的意图，降低项目后续的沟通成本。

∷ 6.2.1　一份Brief至少包含哪些要素

在这一部分的介绍中，我们会结合自己日常使用的一版项目需求表来讲解。在每一单的需求中，商务同事都需要提交一份"客户视频需求表"。把这些信息整理清楚，一个Brief就基本成型了。

之所以制作这样的表格，一是为了帮助新人快速了解公司项目需要关注的几个要点；二是在沟通时提示商务或项目经理不要漏了重点；三则可以一目了然地呈现关键信息，提高后方人员的接受效率。这样一个小小的工具表格，确实为我们繁重、琐碎的项目管理带来了许多便利，我由衷推荐给大家，也可以制作属于自己的专用项目需求表。

客户视频需求表		
项目名称		
视频类型	功能　　广告　　宣传　　病毒传播	
视频时长		
数　　量		
预　　算		
甲方情况以及项目背景		
受众情况		
尺寸及清晰度	常规　　　　非常规	
播放渠道		
文案参数	呈现思路	
	主体形式	
	风格基调	
	人称视角	
画面要求		
传播效果		
交片时间		
商务流程	■ 是否已签约?	
	■ 是否已打预付款?	

当然，这只是从我们来画的视频业务出发整理的，根据自己公司的业务不同，大家可以自行调整或重建表格的内容。但无论如何，有几点是对短视频项目来说比较关键的，无论如何都建议大家搞清楚。下面我们来看一下：

1.甲方情况与项目背景

这里面包含两个方面：甲方情况和项目背景。

甲方情况，包括但不限于企业的行业类型、发展规模、主打产品、品牌调性、面向客群、主要竞品等。这些信息往往不会直接决定视频项目的操作细节，但却可以为接下来的项目沟通与执行判断提供一个重要的认知基础。

比如风格。同样是一个年会视频，甲方对它的希望同样是"高大上"，但不同性质的甲方想要的很可能并不是一回事：如果是家国企，想要的可能是个黑金配色、光效和粒子特效齐飞的视觉；如果是家互联网公司，可以是扁平极简的，也可以是波普、朋克的，但一定要有不俗的创意。

又比如尺度。同样希望视频能够"幽默"或"有创意"一些，如果是家传统企业，可能做到不那么古板、"老百姓喜闻乐见"就差不多，再多就有些过了；但如果是个极具活力的互联网公司，那要的一定是真正能够在互联网上抓人眼球、戳中笑点的"硬货"，绝不是一般的段子就能满足的。

至于项目背景，指的是甲方为什么需要这个视频服务，这个是一条直接指向视频具体创作的信息。一般情况下，这部分的描述可以拆分成"问题"和"目的"两层来分析。这很好理解，除了形式较为特殊的单位存在单纯消耗既有预算的需求，大部分甲方选择花一笔钱还是因为遇上了一个难处，想要通过短视频的方式来解决的。具体怎么写，来看下面的两个例子就知道了。

案例一：

甲方刚刚完成二代接管，新董事长认为品牌老化是限制销量增长的主要原因，近年来其竞品已陆续走上品牌年轻化路线、效果显著【问题】。因此迫切希望使品牌搭载互联网、进行年轻化升级，以短视频为切入口在年轻群体中产生影响和认同【目的】。

案例二：

甲方每年有一笔宣传预算，正常由负责传播的下属子公司执行。但连续几年效果平平，前些天大领导看到了竞品的短视频产品，认为己方产出的内容毫无竞争力，让子公司对标着寻找新思路，但出了几条都不满意【问题】。因此决定将剩余预算拿来向外寻找合作方，希望我们可以策划出可以与其竞品一较高下的作品【目的】。

这一部分我们建议乙方代表可以和甲方多聊几句，并像日常聊天、唠家常一样，事情了解得越细越好，即便甲方直接给出了看似标准的答案，乙方也可以对有疑问的细节进一步补充提问。同时，呈现成文字时也可以写得细致一些，避免过度概括过滤掉了一些重要信息。

这是因为我们永远不知道哪条信息会对项目起到关键的帮助。

比如第二个例子中，我们正是听说了是甲方自有团队的创作失利，所以特地让甲方提供了他们的成品来看，我们在创作时就规避了在类似思路上花精力；同时，也正是听说了甲方每年都有提前划拨宣传经费的好习惯，所以在创作规划时我们也将项目定位提升了一个档次，投入了更高的重视与成本来做这个案子，目的是通过一次漂亮的合作能够拿到他们明年的订单。

想象一下：如果我们的商务同事只带回了一条竞品的视频，然后干巴巴地告诉大家"对标这个来做"，上面的这些操作就根本不会有了。

2.目标受众

我们为什么需要广告、需要短视频？

当然是给人看，并希望他们可以接收到里面的信息，并按照这里的引导要么记住一个品牌，要么伸伸手点个购买。

但我们要知道，这里的"人"并不是所有人，也不是随随便便什么人。人和人是不一样的，有的人对于你的产品是感兴趣的，存在消费可能的，有的则不然。很显然，我们要找到的一定是前者——这些人是我们的目标客群，同时也是短视频的目标受众。

于是锁定这群人，并把内容做成他们喜欢的样子就非常重要了。针对不同的受众，即便是一模一样的信息，需要选择的表达形式也是不一样的：同样是表达"坚持"的精神，面对爱好运动的人群，是用一个数十年如一日雕刻石头的匠人好还是一个赛场上永不言弃的奔跑者好呢？同样是展现"理想生活"，面对一群"90后"群体，是呈现一个在公园喝茶遛弯的场景还是伴着节奏音乐的一段街头舞蹈呢？如果表达形式选错了，那无异于把错的鞋码套到对的脚上，效果肯定要大打折扣。

因此，做短视频和射箭一样，一开始就要看到终点在哪里，然后根据目标受众来推导创意和形式。在获取目标受众的过程中，当然首先要询问甲方，如果这个受众刚好是他们一贯的目标客群，他们基本能够给到非常清晰的人群画像。

但如果你发现这次甲方想要瞄准的是他们过去所不熟悉的新群体，或因为时过境迁他们并没有意识到目标人群的变化，那就需要乙方代表通过谈话来确定受众的类型，并根据专业知识来帮助甲方明确人群画像了。

比如，我们之前服务过的一个客户是做商务男装的。但老一辈创业者起家时面对的是改革开放初期的商务人士，但时至今日，虽然面对的仍然是商务群体，但显然已经换了一批人了，除了穿的还是西装领带之外，所追求的精神、追求、品位都悄然发生了改变。在交谈中，我们发现甲方对于商务人士的理解仍然还停留在20世纪80年代，于是及时打住记录，而是婉转地提醒了甲方这个画像已经和我们这条视频的目标受众偏离了，继而通过我们积累的人群数据和新媒体上的对应人群行为来帮助甲方重新校正了认知。不用说，这个案例的结果一定是很成功的，这和项目人员在初始时对目标受众的明确是密不可分的。

3.播放场景

播放场景简单来说就是视频做好后在哪里放？新媒体平台、线下大屏、投放广告、内部观看……这同样也是一项重要信息。

不同的播放场景下，受众对视频的关注程度不同、对视频的内容和制作要求也不相同。比如你做一个视频是用来在抖音上传播的，这时受众对是否观看这条视频的自由选择度是很高的，所以我们务必要注意"三秒原则"，在开头的几秒钟就快速吊起他/她们的胃口；同时内容要足够具有传播价值，毕竟要考虑流量。

但如果播放场景是在一个线下的活动上那就不一样了。一群人被拉到一个屋子坐下，四周灯光一黑，只有中央的巨大屏幕亮起来，这时，这块屏幕上的东西只要不是太不给力，还是可以吸引大家看下去的，平淡一点、时间长点都还是可以接受的。

所以在制作的开始就明确这些情况是非常必要的，创作者必须提前知道适合的尺度在哪里、观众的忍受度在哪里，如此才能确定合适的创意方案。

另外特别提醒一句：如果播放场景是在线下大屏，我们还要加问一嘴屏幕的尺寸、分辨率、清晰度等具体参数，如果有条件最好还可以实地看一下。问尺寸是因为现在有许多线下大屏是狭长的，甚至是极不规则的"异形屏"，这种情况按照常规的16∶9来做会非常别扭，要么容纳不全、要么被挤到一角。要解决这个问题，一开始最好就能根据实际显示尺寸设置视频的画面尺寸。

分辨率、清晰度也是类似的道理，量体裁衣是最直接也最稳妥的办法。不过这些确认的理想答案都不该是诸如"形状就跟公司的差不多""比之前的还要清晰一点儿"之类模糊的描述，尺寸也不需要你用设备现去测量屏幕的长宽，这些信息都应该是具体和现成的参数，在这块屏幕购入时就写在参数列表里，一般会场屏幕的主要负责人都会很清楚地告诉你这些数据。因此这看起来复杂但却不必犯难，问对人就好了。

4.使用时间

项目时间节点是一个项目非常重要的信息点，不管是哪种短视频，总归是要拿来用的，用就会有一个具体的时间，因此作为乙方也需要事先明确能够留给自己操作的期限。明确地了解甲方项目的时间节点，包括甲方内审时间、使用时间及甲方是否存在其他中间环节，可以帮助我们更从容地安排和协调内部人员的工作、管理项目时间进程。

这并不难理解。只是在日常的项目处理当中，我们时常会遇到时间非常紧张的情况，这是一个非常实际的难题。一般遇到这种情况，首先当然是要向甲方征询能否延长制作周期以确保达到理想中的预期效果。如果不行，则可以思考一下能否通过加班、换人、简化流程等"非常手段"来保证项目如期完成。

如果还是行不通，那就是真正考验项目团队专业功底的时候了。此时项目团队需要讨论并试图找到一个在既定的时间期限内可行的新思路，并引导甲方接受这一基于实际困难的变化。当然，我说的新思路可不是原定要加包装现在不加了；原来要做动态现在不做了；原来要做两分钟现在只做一分钟……这些都不对，好的乙方不会采用粗暴减配的方式来处理这件事情。

正确的办法是充分理解甲方的核心诉求和之前解决方案中的精髓，然后暂时放下那套方案。然后把这件事当成一个新的命题，基于现实条件重新构思，但尽力确保可以兼容前面提取的精华要素，即所谓"脱胎换骨"之法。如果要缩短工期却不降低品质，一定要多使巧劲。

总之，目前大多数的短视频服务都还是个靠人力完成的活儿。一般情况下，一个人在一段时间内所能完成的工作量再多也基本就是那样了，很难以任何人的主观意志为转移。虽然高手、低手之间失误率会有一定的差距，但考虑到短视频创作仍然属于一个非标准化的产品，品质高低的评判又受不同人的主观偏好影响，因此整体平均来看，并没有起到显著的扭转作用。因此"辛苦辛苦""领导压力"这种单方面的主观期盼及机械而理想化的"产能计算"都不能解决这个问题，它归根结底还是需要项目团队的专业底蕴和灵活机变来解决。

5.项目预算

要为这条短视频的创作付出多少钱，这个对甲乙双方来说都是一个大问题，虽然略微敏感却不容轻视。我的建议是双方可以在项目构思前就能把预算明确好。

这样做的道理很简单："有多少钱，办多少事"。这句话现在因为使用语境的原因常会让人感到一些市侩和功利，但抛开这个影响，它背后实际站着的是一个非常客观且现实的商业道理：做生意一定是要赚钱的，在利润率一定的前提下，甲方整体的预算越多，乙方可以用来投入其中的成本当然也越多，多投入和少投入能做的事当然是不一样的。

再次强调一下：上面我始终都在阐述一个中性客观的情况，千万别认为我在宣导小商人的狡诈。事实上，对于良心的乙方公司来说，虽然仍然会受上面这一原则支配，但对待大项目和小项目，他们仍然会拿出一样的重视来想尽办法做好的。

短视频服务是个灵活得甚至有些"神秘"的事情，它最终带来的良好效果并不绝对取决于你投入多少成本来做这件事，很多时候我们发现一个制作粗糙的视频成了爆款，而它旁边一堆每一帧都流露着"珠光宝气"的作品却无人问津。因此对于一个以"好效果"为目标的作品而言，大有大的做法、小有小的做法，无论预算多少都有可能找到合适的解决办法。所以甲方朋友千万别因为怕被轻视而刻意隐瞒预算，早早明确真实情况，让专业的乙方基于真实情况给到贴切的落地建议才是靠谱的做法。

当然，不管是哪种处理方法，说到底还是要甲乙双方都认同。在预算有限的时候找到依然可行的方案并不难，但如果甲方偏偏不认可这种使巧劲儿的方法，而是依然希望能够花100元钱干10 000元钱的事，那就没有办法了。这个时候，提前明确预算，也可以帮助双方直接明确这次合作是否必要继续推进下去，为了根本上存在矛盾、终究无果的事情无限投入精力，对双方而言都是损失。

不过在现实情况中，确实还是有许多甲方是没有预算规划的，他们更多的是需要乙方先报价。那么这种情况下该怎么做呢？

先说错误的做法：直接丢一份不同档次视频的报价单过去，或根据甲方一开始给的样片估一个价格，这是不可取的。说这样不正确并不是说绝不能这么做，实在没有办法或没有精力的时候这样做也是可行的，但如果有条件或者想要极力促成这次合作，这两种做法的问题是很大的。

因为它们并没有基于"这个"项目在谈论，这种情况甲方在专业度不够的情况下要么会选择放弃和你"绕弯弯"，要么会做出糊里糊涂的判断。基本上我们说一个项目，一定是一个太极盘，一面代表预算（钱）、一面代表解决方案（货），双方前期沟通谈判一定是个让这个太极盘的全貌渐渐清晰的过程。因此在开始谈论一个项目时，在这两者中一定要至少触及一个方面：要么从钱开始、要么从货开始，否则就没有在谈这个项目。甲方要买个茄子，你却和他说："茄子先放放，我们聊聊萝卜的事吧"，这岂是成事的态度？

基于这种情况，下面就说说推荐的做法：首先建议仍然可以摸一摸甲方对于价格的心理预期，具体说不上的时候可以提供一个区间，如果这也困难，你就可以通过提问"围"出一个答案："10万元一定可以做到尽善尽美，不过这个价位您是否会觉得有些高？""8万元效果也相当不错，性价比是很高的，应该可以吧？""那5万元是否在您的考虑范围之内呢？"……把开放问答变成一个点头或摇头就能回答的判断题，多数情况下还是会奏效的。

然后结合关于项目背景、甲方情况、受众画像、预期效果、口味偏好的了解，在得到的区间之内，给到甲方一个简要方案（至少是个样片+一小段简短说明）和对应参考价格，并告诉具体最终报价是根据正式确认的方案来定的，这里提供的效果和价格仅供参考，如果你有任何想法可以尽管来沟通。如果你想要做得更周到一些，我会进一步建议直接给到三套样片和价格，把你心里最推荐的放在中间档位，然后再给出一个"简配版"和"升级版"，从效果到价位都呈现出一个梯度来，然后"保中争上"。

:: 6.2.2　如何拿到有效的Brief

就这样，我们大致可以把这张项目需求表填满了。但要知道有了这个表格并不意味着万事无忧。工具能否用好还是要看人，这个表格可以使沟通中的信息不至于遗漏，但收集到的信息准不准确还是要靠乙方代表沟通引导的技巧和思维判断来进行。

沟通者的"功力"高低差异很可能使同一个项目得到的Brief信息天差地别，但效果不会骗人，这天差地别的信息中心一定会有一方得到的信息是有偏差的，而偏差的信息是没有太大意义的。因此我们这一节就来说一下如何在综合素质上发力，拿到一个有效的Brief。

1.理解甲方"想要的"不等于"需要的"

为什么专业的广告团队都需要全职的项目经理？

为什么说项目沟通是个需要专业素养的技术活儿？

为什么填满了项目需求表也不见得能做出对的东西？

为什么看似清晰的甲方需求照着做完他却时常不满意？

上面这些问题统统可以用一句话来回答："因为甲方"想要的"并不等于"需要的""。

实际广告项目中，乙方常会在和甲方打交道时面对两种信息：甲方需要的、甲方想要的。所谓"需要的"，就是客观上真实能够帮助甲方走出眼下实际困难、实现预期目的的实现方式；而"想要的"就是甲方自己主观上喜欢或者认为应该采取的方式。不光在前期Brief获取时会遇到这些，在项目执行中的沟通中也普遍存在。

但很可惜，由于专业知识以及经验的缺乏，甲方很多时候不能全面、科学地理解和解释事情，因此许多"想要的"解决方案并不能真正地解决问题，前面我们通过医生和病人的例子讲的种种哭笑不得的事情揭示的就是这种尴尬。

因此作为乙方，应该更多致力于帮助甲方挖掘他们真正"需要的"东西。在真正和甲方沟通当中，乙方要用心判断，仔细甄别出他所说的哪些是"需要的"、哪些是"想要的"，然后把这两种信息区分对待。

对于"需要的"信息，毋庸多言，当然是作为接下来分析和推导方案的重要依据，并记录进Brief当中。至于那些天马行空的"想要的"，则要先自己问一道"是否合理"，如果不会和"需要的"背道而驰，那当然要给予最大程度的尊重，并想办法兼容进方案里；但如果是与真正合理的目标矛盾的，就要与甲方进行具体沟通，解释一下问题可能出在哪，并讲明如果实在无法融合将不会采纳。如果对方坚持，就要具体询问一下如此坚持是为哪般，是否有着"大领导明确要求"之类的硬性原因，如果真的有，就要寻找更加具体的解决办法了。

那么在甲方铺天盖地的需求中，"需要的"和"想要的"要如何甄别呢？这些年我们有一个经验，绝不能说有多严谨，但在实战中确实行之有效：我们认为在非专业出身的甲方口中，关于制作过于具体的要求更多只是"想要的"、是需要我们认真甄别的，而制作之外的以及与制作相关但比较模糊的感受则会更多包含靠谱的重要信息。

我们可以通过实例来感受一下：

> （1）我们希望这个视频可以采用年轻人喜闻乐见的形式，让我们的品牌更多获得年轻消费者的好感。
>
> （2）我们希望这个视频你们可以请某位明星来，让他一边跳舞一边把我们的广告语念出来，以此让我们的品牌获得更多年轻消费者的好感。

这是一组关于项目背景的描述，如果你是一个短视频服务商，听到甲方提出上面哪个要求时会觉得更靠谱呢？

再来看一组：

> （1）这幅画面我觉得很别扭，几种颜色看起来非常不活泼。
>
> （2）这幅画请把红色饱和度调高，黄色换成我给你截图的这种黄，蓝色的比例缩小到现在的一半左右，否则非常不活泼。

这是关于制作的需求反馈，同样作为一个短视频服务商，听到甲方这么讲，你会更喜欢哪一句呢？

这些年来我们发现，对于刚刚做项目的新人来说，他们往往更喜欢标号为（2）的那两句，因为它无比具体清晰，直接按照这个操作似乎就可以了。但事实上，除非这个提意见的甲方非常专业，否则这充其量就只是他们"想要的"，如果真的照着做了，结果真的不一定好，最后效果不好搞不好还会被痛骂一顿。

这是因为这种判断需要更多的专业知识来做支撑，而甲方往往是非专业的，超出了他能力所能覆盖得住范围太多，出错的概率也就极大地增加了。相反，标号为（1）的这两句虽然感觉似乎没有什么建设性的意见，包括描述上都还是一些"虚话"，但却真实反映了两个有用的信息：他需要以年轻受众为目标进行精准策划、这幅画面的色彩使用让他感到沉闷——解决这两个问题，就是他所"需要的"。

从表面来看，像（1）这样的需求似乎比（2）的含金量少很多，但却是在恰当的分寸上。

这就像一个病人，见到医生就只说"医生，我胃难受"，剩下就交给医生望闻问切，并在医生提出一些问题时回答一下自身的感受，这是没有什么问题的。因为上面他的这些描述都在反映真实的情况，根据这些表征，医生会用他的专业来找到你的问题，并帮助你完成具体治疗。

但如果这个病人上来就讲了一堆自己对于自己病情的诊断，并提出了一堆药名出来，这时医生会作何感受，又该如何反应？照着执行吗？显然不是。因为这些都是超出了他本身专业能力的判断，中间夹杂着太多的猜测、盲区、偏听偏信与经验主义。如果这位病人只是和你我一样并非专业出身的普通人，盲目听从他的要求反而容易治出问题来。

因此就让甲方刚好做到他能力所能达到的程度，引导他们讲一讲问题、谈一谈前因后果、提一提感受就好了。剩下的分析、判断、解决就由专业的项目人员基于知识和经验来进行。但可惜我们并没有办法控制甲方如何表达，那么如果他的表达仍然是非常具体的，我们该怎样做呢？

答案是：尝试用转化的办法，试图通过现象看本质，还原一下他这样建议背后的原因可能是什么：比如上面第二组中的（2）句，不管甲方提出的解决方式靠不靠谱，但可以感受到他对这幅画是有意见的，而且主要原因是颜色没有传递出活泼的感受，这样我们就将一句"想要的"转化成"需要的"。

2.学会提问，不做"工具人"

你见过医生向病人询问症状吗？

你见过侦探向证人了解情况吗？

你见过记者对当事人进行采访吗？

问你一些问题然后拿笔记下，这几个职业这样工作，你的秘书、助理也这样工作，但两者是不同的。其中本质上的差别在于：这三种职业这样做是为了收集关键信息，然后让他们为自己所用，用这些拼图拼出所追寻的答案与事实，是在主动地发挥作用；而助理的询问和记录则是在接受安排，然后遵循你的指令来执行，是在被动地工作。前面一种工作模式的主导权是握在自己手中，而后面一种工作模式的主导权则是在别人手里的。

根据我们之前反复在讲的，对于项目中的乙方来说，显然是要用前一种模式来工作，虽然现在许多乙方仍是在用后面一种状态来做事。主动、专业、独立，这样才能最大限度地体现价值。

在具体的短视频Brief沟通中，乙方也需要借助询问沟通来工作。这时大家可以想象一下开篇提到的那三种职业的工作状态，我们也要这样做。为了详细了解甲方信息、挖掘真实需求，乙方代表必须一丝不苟地发问，并用专业知识和逻辑对获得的信息进行组织和梳理，搞清楚真正的情况，而不要因偷懒或马虎留下盲区。因为这个过程不是为了让你拿到一份"圣旨"，而是让你获得充分的条件，然后灵活发挥来解决问题。

这个过程中不要怕来往、碰撞，要试图用有效的沟通去伪存真、逼出真相。前面说过甲方的描述中有许多只是他一时兴起"想要的"，对于这些他并不见得有多少坚持在里面，只有真正切中要害地探讨才能在重重迷雾中找到通路。也正因如此，逻辑清晰、开朗健谈的项目经理才会成为广告项目中不可或缺的重要角色。

下面我们就结合两个根据真实项目经历改写的案例来感受一下上面所说的道理。

案例一：

A	B
乙：你好，请问你要做什么样的视频呢？ 甲：我要个高大上的视频，讲我们产品的 乙：好的，我们这就做…（做完了）… 甲：什么破玩意儿，再见	乙：你好，根据同事的反馈，您目前需要一部产品宣传片，更多希望使用一个IP形象来介绍是吗？ 甲：其实也不一定用IP，当时只是说了一个设想 乙：好的，如果是这样，那我们建议不使用这个形象，直接介绍会更为直观 甲：好的，你们专业听你们的 乙：好的，那我们继续确认下一项……所以我们这次需要的视频是一个如表所示的视频，是吗？ 甲：是的，没问题

案例二：

A	B
乙：你好，请问你要什么风格呢？ 甲：色彩要艳，人要时尚，都市又温馨的感觉 乙：好的，我们这就做…(做完了)… 甲：什么破玩意儿，再见	乙：你好，请问你要什么风格?是否有参考图呢？ 甲：没有，反正色彩要艳，人要时尚，都市又温馨的感觉 乙：好的，根据您的描述，我们找了几幅艳丽时尚的图，您看下哪种更接近您的目标呢？另外，时尚和温馨原则上不大好同时表现，所以我们也找了几幅温馨的，您看下是想同时兼顾这种风格吗？ 甲：你们发的第二个感觉就挺好，但是温馨的那几个感觉都不对。其实第二个这个就挺温馨，也时尚。 乙：了解了，所以咱们说的"温馨"主要是说希望画面中的情节人们其乐融融一点，而整体风格像图二这样就行了是吗？ 甲：是的，没问题

感受到了吗？要让项目平稳开展，就要这么聊天，循循善诱中带有来自专业的"较真"，这是职业项目经理的素养。

《庄子·养生主》中曾有"庖丁解牛"的故事，是说一位厨道高手可以得心应手地解剖一头牛，并能带有一些潇洒和艺术性。其中的原因就在于他能够清晰地了解一头牛的周身构造，哪里是骨头、哪里是筋肉，闭着眼睛都能一清二楚，因此从不用蛮力，解剖时专门会往骨头的缝隙间运刀，力度、角度拿捏得恰到好处。

而我们做短视频项目也是如此，也要厘清项目的前后脉络、关键信息以及甲方的"需要"与"想要"，然后才能以专业知识为刀，在其中"奏刀騞然"，游刃有余。这都离不开认真细致的提问和推导。

这一点同时也可以作为甲方朋友们判断站在你面前的乙方是否专业的依据，能够做到这样沟通侧面上体现着一方代表的职业程度，这需要深厚的专业素养，也体现着他敢于负责的担当与自信。只会客套寒暄、不谈专业的；只会像"复读机"一样唯唯诺诺的；又或是腼腼腆腆不会提问的，这些风格的乙方市面上也很多，但都不是特别建议托付的。

3.建议输出，观点交锋

上面讲了要敢于通过提问来凑齐信息、梳理思路，这部分则要讲的是要敢于同甲方交流观点。

看病时，医生在患者迷惑或猜想不合理时给到靠谱的判断、在处方的基础上给到诸如饮食方面的辅助建议，这些都是观点的输出。它们都是在对话往来中实时产生的，从患者的描述和反应中得出，同时也是对于其描述、反应的反馈。

在短视频项目的Brief获取中也需要这样进行。还记得吗？之前我们说过广告项目中的乙方原则上应该提供的是"顾问式"的服务，而如果只有提问而没有观点反馈，是实现不了这点的——这是原因一。

至于第二个原因，是在于这是想要和甲方达成有价值的共识所必要的。注意这里我说的是"有价值"的共识，做一个只会迎合的"复读机"和"记录员"当然也算是一种共识，但在甲方需求散乱、矛盾、缺少专业支撑的情况下，这样的共识并不能帮助事情解决得更好。

那么具体怎么沟通和输出观点呢？

第一，对于其观点正确合理的部分予以肯定，并尽量据此做些可能采取的落地方向的简单推演。比如前些天一个甲方来找我们，说想要通过趣味美食教学视频的方式把品牌的心智传递出来，我非常认可这种思路，就可以在抖音上找了几个有特色的同类账号给甲方看，以它们的成功来肯定甲方的观点。然后又根据其中几个账号的得失，给到了甲方诸如结合复古元素、轻剧情、风格化等追加建议。

第二，对于其观点中与项目的客观效果实现违背的部分进行进一步沟通。先问一下这样建议的原因，看看能否找到隐藏在这一"想要的"背后的根本诉求，将之转化成"需要的"。

如果能够发现这背后的诉求，就可以看一下能否通过另一种合理的方式来解决它，讲解新建议的同时，也通过一些案例来解释一下为什么不建议通过他提出的方式来解决问题。而如果发现甲方的提议背后并没有特别立得住的根本诉求，那就直接通过案例和你的知识体系来建议他放弃这一想法。

第三，对于其犹豫不定的观点，帮助他做出判断。在交谈中，甲方时常会有诸如"我突然想到一个形式""有一个观点我不知道可不可行""我看到隔壁家做了这样的形式，我们是否可以尝试一下"这样的表达，这背后往往就是一些他们也不大确信的"想要的"。对于这些，我们要第一时间予以正面回应，带着甲方分析它的可行性，如果发现不可行，要讲清楚为什么不适合这个项目，但以后可以在什么样的场景中进行尝试。

当然除了这些，甲方还有一些疑惑是没有明显表露出来的，这和性格有关，也有当时谈话场景、状态的关系。这时就需要乙方代表在嗅到一丝不合理或诡异点的时候及时对这一点进行了解，并提出自己的观点，这时甲方如果对此不是特别执着和确信就会表达出来。具体可以回去看一下上一小节"学会提问，不做工具人"里在表格中展现的"案例一"，这就是用深度沟通解决甲方一个看似坚定但实则并不执着的诉求的例子。

第四，一定要有理有据，并擅长给出解决办法，尤其是在否定甲方观点的时候。要知道没有人喜欢被人反驳与拒绝，即便对方的态度是礼貌、柔和的。但在Brief的沟通中，乙方难免会对甲方的一些观点进行分析辩解，放弃采纳一些观点也就不可避免。因此在这样做的时候，我们一定要展现出专业和客观，让他即便情感上略微感到不爽，但理智上也能够被原谅。

一方面，我们要做到有理有据地表达，让甲方看到你并不是基于个人原因而否定他，而是经过科学、专业的一番思考，客观上判断这一行为不大适合项目最终结果的呈现才这样做的；另一方面，凡是提出问题和意见时，就要给出另一个可以替代的解决办法，毕竟甲方付费给乙方是希望他用专业来解决问题，而不是单纯指点江山、给自己挑刺的。

第五，必须保持对甲方意见的尊重。虽然我们说乙方代表一定要在项目沟通中保持独立、清醒与专业，不可对甲方的所有需求一味盲从，但这并不意味着甲方和他的意见不重要。即使甲方提出了一听就十分业余的意见，把意见拿来认真地想一想，体会一下甲方提出这一观点的初衷、看一下这个意见是否仍然具备采纳的可能。即便最终仍然要否定它，也一定是慎重地否定。

之所以特别提到这一点，是因为在我5年多的项目团队管理中，见证过许多职业项目经理的成长。其中新手的障碍更多的是在于做不到理性、独立地给予甲方"顾问式"的服务，但对于那些已然成长起来的项目经理则相反：他们的问题则时常出在把握不好这个主动、主导的"度"，做好了几个项目便扬扬自得，基于专业的自信与激情越过了线，反而发展成了优越与傲慢。

处在这种心态下，对于客户的观点他们往往不能认真吸收，常常不经剖析便急于否定，甚至有人故意卖弄许多专业概念来诱导客户放弃观点，只是因为他不想因为这一需求而增加工作量……

在我看来，这仿佛是属于半成熟阶段项目人员的"小考"，无关专业却攸关心性，只有迈过了这一道坎才能让你成熟的专业发挥更大的价值。因此一方面我们鼓励乙方们敢于开口、敢于在项目中发挥能动性，但同时也要时刻保持恭敬谨慎的态度，在进阶之际护持好自己的心性，挺过这一关。

4.找出甲方的关键决策人

乙方没有拿到对的Brief，还有一个因素是没有沟通对人。

在一个项目中，乙方面对的甲方往往并不是一个人：有决策人、有对接人、有相关辅助人员。在很多项目中，当你表示可以把甲乙双方拉一个沟通群的时候，甲方总是不知道从哪里一下子冒出好多人，这就是对此最直观的体现。

在这些人当中，对我们比较关键的还是对接人和决策人。对接人是很好明确的，往往就是我们在项目中打交道最多的那个人，从开始沟通时他就会在场。他会和我们沟通项目的背景、陈述他们的想法、解答我们的问题、受理我们的合同……但很多时候，搞定他并不一定代表搞定了甲方。

其中的主要原因不难想见：这个对接人有时只是甲方派出的代表，做关键决策的并不是他，在项目中他背后仍然站着一个或者几个人，这位对接人所做的也只是在执行这些人的意志。

也许这个人作为项目的直接执行者和负责人能够对项目进行相当程度地自主处理，但关键决策人手中仍然具有"终审权"和"一票否决权"。于是我们便理解了为什么许多项目中我们感觉和对接人谈好了，执行过程中的反馈也很顺利，但最后却还是被否定了——显然，对接人和关键决策人并没有真正统一好意见。

不过这也确实无法强求，人和人的立场不同、口味不同、年龄和经历背景不同，对于同一件事看重的点也不同，即便经过充分地沟通，也不见得可以让两个人把所有信息对称、达成十足的默契。因此除非遇到对接人和关键决策人刚好是一个人的情况，否则一定要在沟通项目时多考虑一道，除了解决对接人，还要关心、考虑一下关键决策人的立场和想法。

仍然举一个我们做过的项目的例子：前不久一个地方性的官媒找到我们，希望我们可以帮助他们策划一个关于5G技术的宣传片，起因是当地的一个科研团队率先在这一方面实现了一项技术突破，使5G的商用进程进展到了另一个阶段。

这个项目的对接人是这家媒体的总编辑，是一位资深的媒体前辈。虽然对于新媒体涉猎不多，但从传统媒体时代继承下来的责任、严谨和对内容优劣的评判水准都是让人肃然起敬的。在沟通中发现，他并不希望把这条视频做成一个官方语气的传统宣传片，而是希望用创意来组织，真正把这项技术突破对社会民生的意义用大众都能接受的方式讲出来并使其身有所感。

但受时长所限，我们判断介绍技术、描绘场景和介绍该地科研团队在这一领域的成绩无法同时讲透，因此及时提了出来，想看一下对接人关于取舍剪裁有什么想法。没想到这位前辈果断地决定可以把第三部分拿掉，只从宏观的层面讲述这项技术对于社会的重大价值，这样也避免了视频在内容上格局先大后小、产生割裂之感。

但在之前的基础沟通中我们了解到这个项目的关键决策人是该地市委宣传部，

并要在一个面向各省代表及业界的新闻发布会上播放这个视频，因此个人判断这样做或许有些冒险。直接拿掉第三部分相当于把这项技术和这座城市的特殊关联切断了，这个城市在这件大事件中的辉煌一笔也便无从体现了，这无疑与市委宣传部的职责以及举办新闻发布会的动机略有违背。因此建议这位对接人可以和宣传部进行一下特别确认，也看一下他们对于这几项内容的重视程度。

同时，对于对接人提出的"按抖音风格处理"的提议，我也没有立刻接纳，而是询问了一下这背后的缘故。原来宣传部门的领导是一位思维活跃并在宣传方面喜好尝试新意的人，他认为现在社会上的主体受众已经换了一代人，许多政务宣传却还在用面对上两代人的口吻与之对话。因此在这次会上特意提出要用时下年轻人喜欢的方式来构思，听说抖音很火，那就用抖音流行的风格来做。

了解到这一情况，我当即做出了判断。首先，这个片子应该不必真的创作成"抖音体"。应该只是在表达突破传统政务视频的沉闷、提升新意、增加可看度的意思。这一点有许多方法可以做到，而且个个都比真正的"抖音体"适合这个项目。

于是我把这个想法提了出来，并向对接人一一罗列了我所推荐的几种创意手法，他很认同，并选择了其中一种。但这还不够，我还在回到公司后将结合了这种手法的简要脚本配合一个我们同样使用这种手法制作的样片发给了他，让对接人先和宣传部门确认一下。

事实上，在这个案例中，我所做的行为分别对应了在项目中关键决策人的三个要点：

（1）判断其立场，判断对接人是否加入了过多的自主发挥，如果发现这或许会和对接人的需求方向产生冲突时应及时确认。好在这个项目中的对接人能够立刻同领导确认并做出让步。如果遇到对接人不愿确认或不愿让步（听起来匪夷所思，但确实也很常见）的情况，就要重点约定后续的确认节奏，尽量在项目早期就可以把体现方向的阶段成果（配音文案或脚本）向决策人提一次，同时想办法在创意和制作环节想办法自然融入符合决策人立场的内容，比如用几句文案、几个镜头不着痕迹地"点"一下，只要和对接人强势要求的方向没有明显冲突，他们往往也不会那么较真。

（2）了解其基本情况，判断对接人所传达的需求中是否存在误传。误传中十分常见的一个是断章取义，想一下综艺常做的传话接龙游戏就不难理解了。还有一种是夸大程度，在许多层级分明的单位中，下级对于上级所说的话往往都是宁可多做绝不少做，为了保险而夸大、甚至危言耸听。当我们发现这种情况，我们就要遵循上一节讲过的应对甲方不靠谱的"想要的"的办法，巧妙而不失礼貌地解决。

（3）想清对面的汇报层级后预判项目后续进展中的可能性。 这个案例中，我坚持提前把和对接人共识的方向整理成更直观的形式先过领导，是担心这种从常识上还是有些冒险的行为会和关键决策人有所冲突，如果是这样，等视频做好后再给他看，很容易迎来的是"连根刨"的完全返工。正常来说，呈现效果、接受风险、审核对工期的占用、可能出现的冲突都是一个成熟的短视频项目经理在做出决定时需要在头脑中预演的——不怕多想，有备才能无患。

这三个要点看起来很好理解，但却非常考验乙方代表的情商、逻辑、判断和专业，并不容易。对于新手来说，也许暂时还没有办法做到面面俱到，但至少在下次发现项目对接人与决策人不是同一位时可以及时想到这些方向，而不是马马虎虎、被甲方完全带跑。

6.3
项目中的有效沟通技巧

沟通是维系人际关系的重要手段。通过沟通，我们能彼此相识、彼此熟悉，并避免误会的发生。可以说，沟通是增进人与人之间情感维系、提高做事效率最有效的方法。无论是亲情、友情、爱情还是工作中的人与人之间，沟通都像是一道光，照亮着我们的生活和工作，温暖每个人的内心。

同时，沟通又是一门深奥的学问，它虽然时时刻刻存在于我们的生活和工作中，但有水平的沟通却不是随随便便就能达到的。如果有一份关于沟通的试卷，许多人，甚至是一些平时口若悬河的人也会为之"抠脑壳"。日常生活与工作中，沟通着、沟通着，非但事情没搞清楚，最终还迎来争吵、愤怒、迷茫的情况也并不少见。

在短视频商业项目中，沟通可以说是乙方代表最重要的一个武器，不仅是在前期的需求获取，还是在执行中的日常对接，有效地沟通都能帮助项目避免许多麻烦。同时，广告项目的对接本就是个极其消耗精力的工作，如果因为沟通不当带来更多情绪上的负能量，这会让作为乙方的工作更加难熬。因此成熟的项目管理通常会把大多数工作重心放在与他人的沟通中，并需要实时提升自己的沟通能力。

这一部分，我们就向乙方朋友们分享一些我们团队在常年项目沟通中总结的经验之谈，帮助大家可以更加顺利地开展项目。

:: 6.3.1 技巧一：不从自己出发，避免"知识诅咒"

1990年，正在就读斯坦福大学心理学专业的伊丽莎白·牛顿（Elizabeth Newton）做了一项研究：她把参与试验的人分为"敲击者"和"听众"，并使之配对、两两一组。接下来，她要求敲击者在她指定的歌单中选定一首歌，并在桌子上敲击它的节奏；此时听众需要根据节奏猜出这到底是什么歌。

这项实验歌单上指定的歌曲都是诸如生日歌这样对于大家来说再耳熟能详的，可神奇的是，实验的结果却是在120首歌曲的敲击中，只有3首被猜中，也就比什么也不听直接蒙答案高那么"一丢丢"。

这个结果看起来是惊人的，但仔细想想又非常好理解。因为"敲击者"进行敲击时，心里是会默默唱着这些歌曲的，这时每一下敲击都是有音调的，以此为条件就会觉得这么吻合的敲击，对方一定会轻松猜到这是什么歌。然而作为听众来说，他们听到的只是没有差别的一下下的"嗒嗒嗒"，和平时听到工地施工时的敲击也没什么两样，仅凭这样的一声一声想象出这背后关联着怎样一首歌曲，对于普通人来说真的是很难的。

显然，敲击者和听众之间出现了严重的信息不对称，而这一不对称导致双方对于这件事难度评估的天差地别。

由此，伊丽莎白·牛顿便揭示了一个有趣的社会心理学现象：当掌握了某种知识，人们往往会不自觉地认为其他人也会掌握这种知识，于是在沟通时便总会把它作为默认前提。但此时，如果这种知识刚巧是对方所完全不具备的，即出现了所谓的"信息的不对称"，这很可能导致他完全理解不到你基于这一前提做出的一系列推论。

多懂一项知识，反而使得沟通更不明白了，这个人仿佛受到了来自这个知识的诅咒，于是这个社会心理学现象便有了一个特别的名字："知识的诅咒（The Curse of Knowledge）。

认识到这个理论对短视频项目的管理和沟通来说至关重要。因为前面说过，包括短视频在内的广告传媒项目本身就是一个非常依赖专业性的事情，横亘在甲方、乙方之间的知识鸿沟既大且深，这就使这一行的沟通中有了更多被知识诅咒的可能性。

为了避免掉进这种"诅咒"中，强大的同理和共情能力是非常必要的。作为乙方，一定要时刻提醒自己：你接下来所说的这件事很可能是甲方原本并不熟悉的，要站在甲方的认知条件下思考沟通策略。具体来说，可以试一试下面几点：

1.不要抽象，少抛术语

在项目沟通中，如果你判断坐在对面的甲方并不是同行或相关专业出身的，一定首先要注意少抛概念术语和专有名词，尽量用普通人都能理解的方式来表达。遇到实在无法避免的时候，要对它进行解释。

对于这一点，我们很多时候觉得自己是做到了的，但事情并没有那么简单。比如在我入行的第二年，我才在一次沟通中刚刚解释完关"脚本"的呈现方式，甲方就问了一句"除了这个，我希望你们可以提前把一些关键的镜头要么写下来、要么画个示意图和我们确认一下"……之后他又在我解释"后期"环节的解决方案时，问了我一句："后期是干什么的呢？是指收尾款吗？"于是我发现即使是"脚本""后期"这样相对比较"出圈"的名词，对于许多圈外人来说仍然是没有确切概念的。因此，需要解释的"术语"远比我们想象中的多。

同时，对于每个新出现的语义，建议也可以进行解释和补充，不要一句话一个意思、下一句话又讲了另一个意思。这样我们就可以最大限度地把一件具有一定专业性的问题向一个非专业的人讲清楚。

我们可以看一下下面的例子，这里模拟的是甲乙双方就一次内容营销的对话：

> 甲方：我们传统企业第一次尝试电商营销，你有什么建议吗？
>
> 乙方：这个我们建议使用内容营销配合效果营销的方式来做。内容方面，我们会基于"人-货-场"的理念给你们找到定位，然后进行系列策划。分发方面，站内可以合作一些KOL，站外可以重点考虑和头条系做CPS或CPM……

看完这段话，不知你是什么感受？是不是云里雾里呢？

虽然这个只是我模拟的，但也是有着很强的参考依据的，如果你和广告、营销行业有所接触，就会发现许多乙方代表就是这么讲话的。这里通常有三个原因：

第一，也许只是单纯的"知识的诅咒"，没有做到很好的共情；

第二，为了凸显自己的专业度，让云里雾里的甲方虽然没有听懂但相信他是无比专业的；

第三，他还是个"菜鸟"，还不能把公司教授的话灵活地转化成自己的语言，并拿来解决你的问题。

以上无论哪一点都是要不得的。所以要怎么表达呢？我们来看下正确的示范：

> 甲：我们传统企业第一次尝试电商营销，你有什么建议吗？
>
> 乙：这个我们建议使用内容营销配合效果营销的方式来做【语义一】，先给你们做一些有创意的图文、视频之类的内容，然后投放在一些平台上面【解释语义一】。内容方面，我们会充分分析贵方的产品、目标客户和使用场景给你们找到定位，然后根据这个来策划内容【语义二，通俗】，因为现在的广告"我想说什么"不再重要，更多应该根据"我的客户需要什么"来构思【补充语义二】。做好了的内容我们会通过一些大众普遍喜欢看的平台来投放【语义三，通俗】：比如可以在"天猫"的平台上找一些粉丝多、观看量大的账号发【语义四，通俗】；也可以在"今日头条"上做【语义五】，可以精准地播放给你的目标客群【补充语义五】，付费方式可以选择他们点开看到了这条内容就付费，也可以选择看完并且通过链接购买了产品再付费【语义六，通俗】……

怎么样？是不是懂了呢？

2.信息表达一定要清楚明白

不要"禅趣"、不要"朦胧美"、不要"心有灵犀"、不要说了上句让人猜下句——这样的表达也许很有趣，但都在给人和人的沟通制造困难。比如下面这个案例：

> 乙方：抱歉呀，这个项目我们也许接不下来。因为它画面量大、精度高、时间又赶。
>
> 甲方：那为什么做不了呢？你们就帮帮忙嘛，我们后续还找你们，这个完成后请你们喝奶茶。

你看，乙方跟甲方谈客观情况，甲方却以为这是乙方主观意愿上出现了问题，想要通过后续合作和请喝茶的形式说服他做出改变。希望通过主观的方式改变一件不以人主观意志为转移的事情，这显然是不靠谱的。但为什么这里的甲方还是会这么想呢？是他太天真了吗？

当然不是。如果你告诉他只需要不断鼓励，就可以让一头牛长出翅膀，他一定是不会信的。

之所以甲方会这样反映，主要是因为甲方真没听懂你想表达的意思。也许在字面上确实没有什么专业术语了，但这种情况背后的结论他们并不能靠一己之力推导出来。所以这也是需要我们耐心解释的，比如下面这样的：

> 乙方：抱歉呀，这个项目也许我们接不下来。因为它画面量大、精度高，这样工作量是我们正常的3倍，需要3倍的时间来做。但现在时间这么赶我们只能用3倍人手做，人力成本一下就高了。所以在这种预算的情况下，我们也确实没有找到更好的办法。
>
> 甲方：哦，好的，那我和领导反映一下，看看加些预算或者延长时间是否可行，这个项目还是挺重要的。

切记：把你的意思掰开了、揉碎了，直接"喂"给对方吃，越重要的信息越要如此。或许你会觉得这样太啰唆或多此一举，但要知道，这个行业最顶尖的职业项目经理都是这样做的。为了项目的顺利推进、减少不必要的成本损耗，用这样看似傻傻的方法来工作又有什么关系呢？

3.叙事逻辑很重要

有效的沟通，一种是以情感之，一种是以理服人。客观地看，在实际的短视频项目沟通中，这两者都是必须具备的手段。但相比之下，以理服人是更为常态的。这个也很好理解，毕竟甲方、乙方是一种商业关系，甲方出钱要的主要还是乙方硬桥硬马的服务，本身不见得有什么交情，感情也无从谈起。

那么在以讲道理为主的沟通中，逻辑就非常重要了。因为这种沟通会有许多信息堆叠输出，因为信息差的问题，本身已经造成很多信息点是甲方所不熟悉的、需要边听边消化，此时如果它们的呈现还是错乱的，就会造成非常严重的"理解灾难"。

通常在叙述和介绍问题时，我们会建议先讲整体情况，再讲具体细节，切忌以局部信息开篇。介绍细节时，或遵循时间顺序、或遵循流程顺序、或遵循构成顺序。

我们来看下面这个案例：

> 甲方：你可以说一下这个账号接下来你打算怎么做吗？
>
> 乙方：这个账号需要找一只猫，至少拍到36条视频。
>
> 甲方：所以这是宠物做主角的账号吗？是萌宠号吗？我们是个家居品牌，和我们有什么关系呢？
>
> 乙方：不是，这里的主角仍然是人，一个技术宅。因为这个号的定位是家庭情景剧，所以产品会在剧情中有很多方式呈现。那只猫是主人公的宠物，他们会有许多有趣的互动。

案例中的这种表达方式就是典型的上来就讲局部细节，反而没有交代清楚项目的形式、主思路这些大前提。这样一通"蛮横输出"，对面的听众是很难准确把握到你所要讲的事情的。

所以按照我们所说的先整体后细节的形式该怎么展开呢？请看下面：

> 甲方：你可以说一下这个账号接下来你打算怎么做吗？
>
> 乙方：我们现在替您规划的定位是家庭情景剧，每期都会讲述一个在居家环境下发生的小故事。这里的主人公是个技术宅，为了增强可看性、做出差异化，我们建议搭配一只猫作为他的宠物。因为全剧都是在居家的环境下展开的，展现贵方的品牌亮点和心智是非常容易的。目前第一批我们计划先做到36条……

这样是不是就很清晰了呢？

∷ 6.3.2　技巧二：不要高估对方的接受能力

技巧二看起来和技巧一有些相似，但实际上它们讲的完全是两件事：

技巧一讲的是不要认为对方和我们是拥有一样的认知条件，要正视并想办法克服沟通中的信息差。而技巧二则强调的是不要高估对方的接受能力，这和他是否专业没有什么关系，作为一个普普通通的人，我们都会出现某些情况阻碍我们接受和反馈信息。

在正常的沟通中，很难做到"完全理解"这件事。沟通必然存在信息减损或错误接收：误解、漏听、没听懂都会造成减损，走神、没跟上、理解偏差，都是可能造成出现这种情况的原因。所谓良好的沟通也不是满分的，是指信息的传递达到一个比较良好的程度，或许是70%、或许是80%，但它一定是被过滤掉了一部分的。

与技巧一所针对的问题不同，信息差导致的沟通困难也许在面对一个和你同样知识背景的人时就会消失，但技巧二针对的问题却是人本身的生理和心理结构导致的，与人性相关，是人类自古至今便没有克服的小"漏洞"，无论对面坐的是什么人，或许都会遇到的。

针对这种情况，我们就要有心理准备，不要自认为逻辑清晰、表述精准了你就一定能把沟通做好。具体怎么做，我们接着往下看。

1.多互动，多归纳，多提示

面对信息的减损，这是最直接有效的解决办法。

误解、漏听、走神、没跟上……也许这些问题听起来有点儿"小儿科"，你会想到我们年富力强、耳聪目明，也许还具备一定的高素质、高学历，没有理由会犯这样的错误。但真的当一个人坐在你对面喋喋不休超过一定时间的时候，你的注意力可能还是会招架不住，就这样不知不觉地跑了……从某种程度上来说，我们很难遏制大脑做出这样的反应。

我们都是这样，无论甲方还是乙方。和甲方沟通时，乙方就要格外注意避免这种情况。具体可以尝试做到以下这几点：

（1）多互动提问

不要单方面地口若悬河、喋喋不休。把你想说的话拆散，说几句就停一下，给他设置一个小提问，或开一句小玩笑，总之让听你说话的人喘口气，同时参与到这场交流当中。在第一时间立刻意识到对方大脑"开小差"是很难的，所以我们要通过这种方式时不时地就去"抓"一下听众的注意力。

（3）多强调重点

"敲黑板，划重点"，上学时我们是不是常常听见老师这么讲？

其实学校里的老师是很理解人的大脑会不自觉"开小差"的情况的，所以他们在讲一些不那么重要的内容时一般也就不会太强制大家集中注意力，不过一旦接下来要讲的是至关重要的内容，这句话就出场了。而这个时候，不管之前我们走神到了何种地步，是不是也会抬头看一下？

在短视频项目沟通中，我们也要体会并应用这一思想，在讲到重点时注意做一下特别的提醒强调。你可以直接提出来"这里比较关键，咱们要注意喽""这个事情很关键哦，您看看是否需要我再给您解释一下呢？"，也可以使用设问和"第一……第二……第三""所以""但是"这样的重要逻辑词。我们从小的训练使得即便在头脑"待机"的情况下也会本能地集中一下注意力。

（3）多归纳阐释

运用这种表达："也就是说……""举个例子……""如果这样就怎样、如果那样又会怎样……""总结一下……"，这些都是对你所表达的东西进行归纳或阐释的方式。这样做有助于帮助甲方更好、更快地理解你所表达的信息，也能尽量帮助他即使出现了一些漏听时也不妨碍理解大体的意思。比如你之前说了1、2、3三个小点，其中有一个对方没有听见，但最后你说了一句"总之，有这三点保证，咱们这个作品的传播效果怎么都不会差"，这时没有听到的那个点还重要吗？

2.不要指望一次性达到目的

因为之前说过的种种原因，一件事你讲清楚了不代表对方就能听明白，因此在项目沟通中，指望只说一次就能达到沟通的目的是不现实的。不信我们来看一下下面的案例：

> 乙方：哈喽，这个项目我们还需要您看下A、B、C几个方面有没有问题，哦，对了，还有D。有问题和我说哦。
>
> 甲方（内心）：D是吗？嗯……好像没有问题，就这样吧。
>
> 甲方：没什么问题，就这么做吧。
>
> 乙方（内心）：天啊……他竟然通过了A这么新颖的方向，这个甲方要比我们预想得开放得多啊。
>
> ——一周后——
>
> 甲方：唉，这个项目怎么是这么做的？A有明显问题，这样给我们的风险很大！
>
> 乙方：嗯？当时和您确认，不是说没有问题吗……

这个案例中，很显然在乙方提出确认重点时甲方是有短暂走神的，只听到了要确认一下D方面，于是因为D没有问题就表示可以继续了，最后的"惨剧"也由此酿成。

但在这个过程中，乙方明明觉得甲方选择了A是有些意外的，如果这个时候可以机智地再次提出确认一下，最后这个结局也就可能避免了。

在沟通中，我们要清楚沟通内容中的哪些环节是重中之重，对于这些问题一定不要吝惜口舌，除了要当场讲透，还要在事情进展中不失时机地重申和确认，尤其是在这件事马上要开展或出现了阶段性成果的时候。

事实上，我们在日常工作中这样做时，很少有甲方表示这个之前已经说过、嫌我们太烦的，相反，许多甲方会表现得像第一次听说一样，并发表一些在之前沟通中没有表达的观点。导致出现这个，也许是之前他们确实没有太听懂就含混过去了，也可能是因为在项目早期他们对于这点的理解还没有特别深刻，而随着合作进展并呈现出具体成果，甲方也开始对此产生了新的想法。

此外，如果乙方凭经验便像上面的案例探查到甲方的某些决定有一些风险或不对劲儿，一定要把它用适当的方式重新提出来确认，并解释清楚你所顾虑的地方。短视频的项目合作虽然乙方占据专业优势，但毕竟还是服务方，服务就是这样，怎么都要我们主动一些。

:: 6.3.3　技巧三：养成沟通的好习惯

在项目沟通中，要点千千万、方法万万千。在进行沟通前，时刻提醒自己按照方法理性地"设计"聊天，对新人来讲是个必要的过程，但长此以往会累"死"的。很显然，如果毫不注意地纯凭感觉聊，是很容易聊出许多问题、达不到有效沟通。

因此，我们会建议自己的项目经理团队在进入公司的时候用心地体会、记忆和熟悉这一章讲的各种方法，一定达到把它真正吸收、形成"肌肉记忆"的程度，然后轻装上阵，看似随机应变、灵活自如地沟通，实际也是规范得体、切中要点的。《倚天屠龙记》中张三丰传授张无忌太极功法，张无忌回顾了一下却说他慢慢忘光了，张三丰反而抚须大笑，就是这个道理。

同样是内化，不同的知识点难度是不同的。上面提到的这些大多是要靠项目经理逐渐丰富自己的专业能力和项目经验才能真正做到的，这显然有点儿难。但还是有一些入门级的小技巧是不大依赖专业度、让新入行的朋友拿来就可以执行的。

对于这些内容，我们内部是会作为项目团队的基础守则做成"死纪律"，在新人完成培训后就严格执行的。在这样的情况下，那些用功的新人大多都能把这些内化成自己的习惯，对于之后的个人成长帮助很大。这一部分我们就来给大家介绍几条这样的原则。

1.永远不要露出第一根刺

自我防御是人类的一种自我防卫功能，存在于我们和他人、我们和自己的交往过程中。当我们初识某个人时，潜意识里会存在较强的自我防御——这件事是人类基因里带出来的本能，不论你我，无不如此。但随着接下来的接触、沟通、熟稔，这一机制会暂时潜伏，不会占据主导。

不过这并不代表着万事大吉。事实上，一旦我们因为一些刺激再次唤醒了它，我们会在心理上建立起更高级别的防御机制，从而做出逃避、敌对甚至过激的举动。显然，这对甲乙方的合作而言是致命的。

短视频服务大多数属于一种非标准的服务，同时评判的标准又很主观，因此在甲乙双方合作中的争议会比许多标准化的产品型服务交易更多，其中就会有很多上升为不友好的冲突，广告圈常年存在的乙方对甲方的抱怨就由此而来。

但是，越是这个时候我们越要注意，即使你的内心受了委屈、愤怒达到了一定的临界值，也要尽量忍住、不要发作。争吵、回怼、暴怒这些"刺"一旦开始显现，往往就会使得我们的防御机制正式进入下一个阶段。

在这种情况下，我们自己不会变得更痛快，反而会因为逐渐高筑的防卫机能，使得接下来的服务变得格外痛苦；同时沟通的和谐被彻底破坏，在仍然以甲方居上风的合作中，我们自己也难免会多出许多阻力。

所以控制自己的情绪，从控制"第一根刺"开始。

2.沟通情感，用微笑拉近距离

微笑是一种表情，人与人沟通时，大多数情况下都不会错的表情（当然除了讽刺的时候）。它可以在陌生人初见时给对方留下好印象、可以帮助对方放下心里的芥蒂，也可以在对方出现负面情绪时给予安慰。可以说微笑是各种表情中性价比最高的一个。在微笑的表情下，我们想表达的是一种积极、正面的情绪态度，所以保持微笑会在沟通的过程中拉近彼此之间的距离。

我们在沟通的过程中，有必要适当配合积极正面的情感交流。沟通的一大目的是沟通情感、营造融洽氛围，有意识地在密集的项目沟通中插入一些不那么"硬核"的闲话打趣、在逢年过节的时候发些有温度的诚恳问候、在看到一些与短视频相关的好内容时记得给甲方分享一下，这些都能有效拉近你们彼此的距离。如果你们的关系可以在冷冰冰的甲乙方关系基础上更加入一些人情味，项目自然会顺利很多。

那么我们在使用通信工具进行沟通的过程中，隔着冰冷的机器又该如何表达准确情绪呢？

这就要祭出我们的撒手锏了：表情包。表情包是信息时代的产物，人们在研发文字聊天的软件之后，发现仅仅是文字沟通，趣味性和信息表达的准确性都是不够的，所以几乎每一款聊天软件都会有创作特色表情包。发展到现在，表情包已经不仅仅是表达基础情感了，甚至可以直接用来进行趣味对话。

在我们项目团队的新人规范中，微笑、情感交流和使用表情包是三件强制的事情，看起来有些教条强硬，但是你真的这样做了就会慢慢体会到其中的妙处了。

3.注意你的常用词

你有没有研究过自己语言的习惯？当你与他人沟通时，习惯怎么称呼自己或者对方呢？会频繁地使用"我觉得""我以为""那你看""随便吧""行吧""哦"这样的词吗？

我们在几十年的成长历程中，或多或少是能通过一个人的语言风格判断出他的性格、情绪、态度等。

比如，当你过多地使用"我""我觉得""你"这样表明立场的称呼时，证明你的自我意识很强，比较容易保持理性。但如果过度使用这类词语，对方的潜意识会接收到一个信息：你将他放在对立面。这种时候，对方的潜意识会驱使他形成比你们初识时更高一级的自我保护意识。

形成这样的潜意识之后，或许对方丝毫注意不到自己的变化，可对于你的每句话、每一个用词，都会形成更高一级的审视标准。一旦你的某句话被对方认定是在敷衍，他就会有更强烈的情绪反馈给你。

如果你常用"哦""行吧"这样的词，会让对方觉得你的态度略显敷衍；如果你常用"我跟你讲""你先听我说嘛"这类的口头语，会让对方觉得你的控制欲相对较强……每个人说话的习惯都在表达自己的性格，通过调整自己的说话习惯来控制对方对你的感受和对你发出信息的理解是沟通中一个非常细节却非常重要的技巧。

在沟通中使用"咱们""很棒啊""那您看我这么理解对吗"之类的表达，总是将对方与自己放在同一阵营，或针对对方表达的意见想法给予肯定，对于沟通无疑是有很大帮助的。

如果跟对方意见不同，或者对方建议不合理时，建议也不要急着表达出否定的态度，而是要先予以肯定，再用"与此同时，我们还会进一步建议……""如果是这样，也许我们还可以试试这种调整，项目会更完美"这样的说话技巧来引出自己的不同观点。人们潜意识里对于否定的信息会更敏感，这种敏感有的时候往往并不是一件好事。

如果我们是通过线上聊天的方式来沟通，建议大家尽量避免过于简单的回答方式，比如"好的""在弄了""没有"，这会给人一种冷漠、轻视的感觉。想要避免这一情况，多加半句话是比较直接的方式，如"好的，您尽管放心""在弄了，敬请期待哦""没有，可能还需要再等一下呢"，如果可以，在这些多出来的字句中多多加入带有温度的敬语、关心和表示友好的语气词。如果还是怕生硬，在末尾打上波浪号（～）或友好俏皮的表情也可以。

我们还要清楚：不同的语言表达方式，除了字面的意思，也会蕴含深层次的表达，这种"潜台词"也是应该引起重视的。有些时候我们会遇到一种情况：明明沟通双方都是平心静气地讨论问题，却突然出现了一方情绪的大爆发。

语言承载了一个民族千百年来积淀传承的心态、意识与人文习惯，这也就是为什么我们会说它是文化的结晶。在项目沟通中，不光要注意明面上的遣词造句，也要考虑这背后是否会传达出不合时宜的"弦外之音"。

"细节决定成败"，绝不只是随口说说，这是一句经得起推敲和打磨的格言，值得我们细细品味。

4.该打电话就要打电话

俗话说"书不尽言"，是说通过书面的形式很难把我们能用语言表达的信息量完全传递。这是因为在使用语言沟通时，我们可以加入语气、节奏和更丰富的语境细节来帮助我们传递信息，而如果能够面对面地对话，还可以加入表情和肢体动作，使得信息传达得更多、更准确。

因此，我们会要求项目人员在进行远程的项目对接中，遇到急事、复杂的事、重要的事，一定要打电话沟通。对于许多项目经理而言，躲在电脑屏幕的背后沟通太久，惰性会使得他们更加习惯于依靠打字来沟通，遇到事情无非是把简短回复变成长篇大论的回复、把从容回复变成火急火燎的回复……

但我并不认同这种做法。

急事、复杂的事、重要的事，遇到这种情况的沟通就是我们常说的"关键沟通"，这种沟通要么信息量大、要么紧急、要么难度大，这就需要我们更好地发挥语言的魅力来沟通，这时详细、实时、富有感染力的语音表达当然要比冰冷的文字更具有优势——知道这是一场硬仗，当然要直接拿出最好的那把"枪"。

此时，如果仍然因为习惯或害怕尴尬而不选择语音沟通，第一会效率低下；第二会出现关键信息漏看的问题；第三也容易引起歧义，运气不好因此而耽误了项目的沟通效果那就真是得不偿失了。

:: 6.3.4　技巧之外：关于沟通的三条"心法"

我们一直相信，所有的东西，不光要"做对"，也要能"想对"。不能"想对""做对"就可能是偶然的、一时的，那终究不是真的懂得。所以我们讲东西总离不开说"心法"。

项目沟通也有"心法"，这是我们在具体沟通时所默默依从的纲领、是我们看待沟通的根本观点、是驾驭上述种种技巧的"道"。当然，每个人对于沟通的体会不同，我们的"心法"也只是我们团队在工作中体会总结的共识看法，但却支撑着我们与各种甲方长达五年的配合、帮助我们解除了许多"心结"，并生长出了上面所说的所有技巧。

因此，在这一部分即将结束的末尾，我们想要在这里也来讲讲它们，它们虽不是技巧，却不逊于技巧的分量。

1.如何理解沟通的目的

我们很多时候会说："好好沟通，用沟通解决问题"，但对此我有不同的看法。

我认为，沟通是为了解决问题，但单靠沟通是不能真正解决问题的。许多乙方的项目经理很专业，逻辑也很清晰，却还是在与甲方的沟通中沉沦挣扎、备受"凌虐"，这就是实证。

那么我们为什么要沟通呢?

首先，沟通在于了解问题，而了解问题在于"解决问题"，而不是"回答问题"。

怎么理解呢？比如你的甲方问你"这个预算、这个时间，你能把视频做到这种程度吗？"，"不能"就是典型回答问题的做法。

但这是应该的吗？显然不是。

通过这样的询问，甲方实际想要你给到一个评估，并帮他明确可以采取的解决方案，归根结底他是希望能够在有限的条件下把事情最终完成，即便原来的效果达不到，他也希望你能告诉他有没有能够达到、效果也不错的其他方案——而关于这些回答，就是在"解决问题"。

其次，不要拘泥于对方抛出的问题是对是错，而要看到它背后的需求、促成事情的解决。

沟通在于表达感情。良好的沟通不一定能直接解决问题，但却总能让沟通双方的感情升级；在这基础之上如果还能够更进一步把事情直接搞定那当然是最好，但即使没有也没什么，这本身也就是一道额外的"加分题"，通过沟通建立好情感基础才是我们的原有之义。

所以不要争执，发现通过沟通达不到目的的时候就停下来想想别的办法，别往死聊。很多时候我们在沟通中反应激烈、面红耳赤地大吼："你能不能好好沟通？你这样根本不能解决问题"，这时其实你已经背离了沟通的本来要义。

不过，虽然沟通并不一定能够直接解决问题，但没有沟通也是绝对解决不了问题的。因此对待项目中的沟通，我们仍需耐心细致、用我们的理性调理配合诚挚感情，去做好每个细节。

2.如何看待项目沟通中的"笨功夫"

在上面讲述的项目沟通方法中，我们发现很多都是"笨功夫"：明明得到了甲方的回复却还是要再问一次；明明确信自己已经理解了需求，却还是要确认一次；明明知道自己说的东西已经足够基础，却还是要想办法再解释一下；明明信息已经表达完全了，却还是要为了得体和准确再做一些修饰……

我们常说要耐心，把甲方默认成一张"白纸"来沟通和引导，但这样的"笨功夫"做久了，仿佛我们自己也变成了一个"笨人"。所以这个行业里从业很久的职业项目经理，或多或少都会留下讲话周到且啰唆的"职业病"。

这些，真的有必要吗？

我想说：或许是的。

在项目当中，项目经理的工作本无绝对的必要，因为他既不一定擅长写脚本，也不见得会拍、会剪。但这个岗位之所以在行业里长久存在，是因为其他具体职能人员永远无法保证实现理想无差漏的配合，必须要这种以沟通为核心竞争力的工种以全力去预防、弥补很多本不该发生的事情。

因此一旦你成了项目经理，或在项目中扮演了对接甲方、负责用沟通把项目这台"大车"开好、开稳的职责，就不要嫌累、不能偷懒、不要想当然、不要把出事的后果轻易归因在别人身上。这时的你就像瓷砖胶，不渗到每块砖缝里就是工作无效、没有实现功能。

聪明人难得，但不会用笨的办法做事的聪明其实是愚蠢的表现，因为职场和人生永远都只看做事的结果，而不会单纯因为谁聪明而给他嘉奖。

3.沟通并非万能的

上面我们用了大段的篇幅来讲述项目进展当中的沟通，它重要、有技巧、不可或缺，是每个想要做好项目的人员所必须重视和苦修的。但同时我们也必须看到：沟通也不是万能的。

沟通只是项目中维持甲乙双方情感氛围、弥合双方信息差的一种基础手段，但这场合作（或说交易）归根结底唱主角的还是专业。因此绝对不要忽略上述有效沟通中专业知识在其中发挥的作用；也必须重视在通过沟通"搞定"甲方后，团队后续能够匹配到的核心服务的能力。

就像我们说品牌宣传再好，最后拼的也是产品一样，打铁还要自身硬。对于短视频服务来说，没有专业，再漂亮的沟通也只是场面上的"空忙"罢了。作为一个合格的乙方，想要通过短视频作品获得更多的赞誉与利益，绝不要忘了"内外兼修"！